Kohlhammer

Der Autor

Prof. Dr. Harald Ansen ist Diplom-Sozialpädagoge und Hochschullehrer für Theorien und Methoden der Sozialen Arbeit an der Hochschule für Angewandte Wissenschaften Hamburg. Er lehrt und forscht in den Bereichen Armut und soziale Teilhabe sowie Beratung in der Sozialen Arbeit.

Harald Ansen

Soziale Schuldnerberatung

Prävention und Intervention

Verlag W. Kohlhammer

Dieses Werk einschließlich aller seiner Teile ist urheberrechtlich geschützt. Jede Verwendung außerhalb der engen Grenzen des Urheberrechts ist ohne Zustimmung des Verlags unzulässig und strafbar. Das gilt insbesondere für Vervielfältigungen, Übersetzungen, Mikroverfilmungen und für die Einspeicherung und Verarbeitung in elektronischen Systemen.

Die Wiedergabe von Warenbezeichnungen, Handelsnamen und sonstigen Kennzeichen in diesem Buch berechtigt nicht zu der Annahme, dass diese von jedermann frei benutzt werden dürfen. Vielmehr kann es sich auch dann um eingetragene Warenzeichen oder sonstige geschützte Kennzeichen handeln, wenn sie nicht eigens als solche gekennzeichnet sind.

Es konnten nicht alle Rechtsinhaber von Abbildungen ermittelt werden. Sollte dem Verlag gegenüber der Nachweis der Rechtsinhaberschaft geführt werden, wird das branchenübliche Honorar nachträglich gezahlt.

Dieses Werk enthält Hinweise/Links zu externen Websites Dritter, auf deren Inhalt der Verlag keinen Einfluss hat und die der Haftung der jeweiligen Seitenanbieter oder -betreiber unterliegen. Zum Zeitpunkt der Verlinkung wurden die externen Websites auf mögliche Rechtsverstöße überprüft und dabei keine Rechtsverletzung festgestellt. Ohne konkrete Hinweise auf eine solche Rechtsverletzung ist eine permanente inhaltliche Kontrolle der verlinkten Seiten nicht zumutbar. Sollten jedoch Rechtsverletzungen bekannt werden, werden die betroffenen externen Links soweit möglich unverzüglich entfernt.

1. Auflage 2018

Alle Rechte vorbehalten
© W. Kohlhammer GmbH, Stuttgart
Gesamtherstellung: W. Kohlhammer GmbH, Stuttgart

Print:
ISBN 978-3-17-031711-6

E-Book-Formate:
pdf: ISBN 978-3-17-031712-3
epub: ISBN 978-3-17-031713-0
mobi: ISBN 978-3-17-031714-7

Vorwort zur Reihe

Mit dem so genannten »Bologna-Prozess« galt es neu auszutarieren, welches Wissen Studierende der Sozialen Arbeit benötigen, um trotz erheblich verkürzter Ausbildungszeiten auch weiterhin »berufliche Handlungsfähigkeit« zu erlangen. Die Ergebnisse dieses nicht ganz schmerzfreien Abstimmungs- und Anpassungsprozesses lassen sich heute allerorten in volumigen Handbüchern nachlesen, in denen die neu entwickelten Module detailliert nach Lernzielen, Lehrinhalten, Lehrmethoden und Prüfungsformen beschrieben sind. Eine diskursive Selbstvergewisserung dieses Ausmaßes und dieser Präzision hat es vor Bologna allenfalls im Ausnahmefall gegeben.

Für Studierende bedeutet die Beschränkung der akademischen Grundausbildung auf sechs Semester, eine annähernd gleich große Stofffülle in deutlich verringerter Lernzeit bewältigen zu müssen. Die Erwartungen an das selbständige Lernen und Vertiefen des Stoffs in den eigenen vier Wänden sind deshalb deutlich gestiegen. Bologna hat das eigene Arbeitszimmer als Lernort gewissermaßen rekultiviert.

Die Idee zu der Reihe, in der das vorliegende Buch erscheint, ist vor dem Hintergrund dieser bildungspolitisch veränderten Rahmenbedingungen entstanden. Die nach und nach erscheinenden Bände sollen in kompakter Form nicht nur unabdingbares Grundwissen für das Studium der Sozialen Arbeit bereitstellen, sondern sich durch ihre Leserfreundlichkeit auch für das Selbststudium Studierender besonders eignen. Die Autor/innen der Reihe verpflichten sich diesem Ziel auf unterschiedliche Weise: durch die lernzielorientierte Begründung der ausgewählten Inhalte, durch die Begrenzung der Stoffmenge auf ein überschaubares Volumen, durch die Verständlichkeit ihrer Sprache, durch Anschaulichkeit und gezielte Theorie-Praxis-Verknüpfungen, nicht zuletzt aber auch durch lese(r)-freundliche Gestaltungselemente wie Schaubilder, Unterlegungen und andere Elemente.

Prof. Dr. Rudolf Bieker, Köln

Inhalt

Vorwort zur Reihe 5

1 Einleitung 9

2 Überschuldung privater Haushalte 11
   2.1 Abgrenzung Ver- und Überschuldung natürlicher Personen   11
   2.2 Ausmaß der Überschuldung 13
   2.3 Ursachen und Folgen der Überschuldung 16
   2.4 Herausforderungen für die Soziale Schuldnerberatung 21

3 Arbeitsfeld Soziale Schuldnerberatung 24
   3.1 Entstehung und Entwicklung 24
   3.2 Arbeitsansätze und Profile 26
   3.3 Gesetzliche Rahmenbedingungen 32
   3.4 Finanzielle Rahmenbedingungen 37
   3.5 Aktuelle Diskussionen 41

4 Zentrale Schuldenvarianten in der Sozialen Schuldnerberatung 43
   4.1 Schuldenvarianten 43
   4.2 Konsequenzen der Schuldenvarianten für Ratsuchende
        und Beratungspraxis 45
   4.3 Zwangsmaßnahmen der Gläubiger 53
   4.4 Implikationen für die Soziale Schuldnerberatung 55

5 Prävention von Überschuldung 59
   5.1 Prävention und Soziale Schuldnerberatung 59
   5.2 Strukturbezogene Prävention 62
   5.3 Personenbezogene Prävention 65
   5.4 Herausforderungen für die Soziale Schuldnerberatung 69

6 Grundzüge der Schuldenregulierung in der Sozialen
   Schuldnerberatung 72
   6.1 Soziale Diagnose und Hilfeplanung 72
   6.2 Existenzsicherung und ökonomische Krisenintervention 78
   6.3 Außergerichtliche Schuldenregulierung 83
   6.4 Privatinsolvenzverfahren 87
   6.5 Konsequenzen für die Soziale Schuldnerberatung 90

7	Gesprächsführung in der Sozialen Schuldnerberatung		93
	7.1	Arbeitsbeziehung und Gesprächsführung	93
	7.2	Gesprächsführung in Erstgesprächen	100
	7.3	Motivationsförderung durch Gesprächsführung	105
	7.4	Ressourcenorientierte Gesprächsführung	113
	7.5	Wissensvermittlung in der Gesprächsführung	120
	7.6	Konfliktdeeskalierende und verhandlungsorientierte Gesprächsführung	125
	7.7	Krisenbewältigung und Gesprächsführung	132
	7.8	Handlungsleitende Maximen in der Gesprächsführung	136
8	Ausblick		138
Literatur			139

1 Einleitung

Die Soziale Schuldnerberatung wird in diesem Buch insbesondere aus der Perspektive der Sozialen Arbeit erörtert. Sie wird in ihrer spezialisierten Variante als Schuldner- und Insolvenzberatung und in ihrer integrierten Form in so unterschiedlichen Arbeitsfeldern wie Suchtkrankenhilfe, Straffälligenhilfe, Wohnungslosenhilfe, Sozialpsychiatrie und Allgemeinem Sozialen Dienst dringend gebraucht. Rund sieben Millionen Menschen sind in Deutschland überschuldet, also zahlungsunfähig, viele weitere sind hoch und damit prekär verschuldet. In der Praxis der Sozialen Arbeit ist das Thema Schulden vielfach präsent. Kenntnisse in den Themenbereichen Überschuldung und Soziale Schuldnerberatung erweitern das Handlungsspektrum der Sozialarbeiterinnen und Sozialarbeiter sowie anderer Fachkräfte und Ehrenamtlicher in Diensten und Einrichtungen der Sozialen Arbeit.

In der Auseinandersetzung mit der Überschuldung privater Haushalte (▶ Kap. 2) wird deutlich, dass es um weit mehr geht als um finanzielle Probleme. Überschuldung als soziales Problem strahlt auf viele Lebensbereiche der betroffenen Personen aus, wie die Erfassung der Ursachen, der Auslöser und der Konsequenzen unterstreicht. Familien und das soziale Umfeld werden in Mitleidenschaft gezogen, persönliche und gesundheitliche Belastungen treten auf, soziale Ausgrenzungen werden von den Betroffenen ebenso berichtet wie berufliche Nachteile. Wer sich auf die Soziale Schuldnerberatung einlässt, ist mit einer Fülle von Problemen und Themen konfrontiert, die mehr erfordern als unstreitig wichtiges juristisches und ökonomisches Handlungswissen.

Das Arbeitsfeld Soziale Schuldnerberatung (▶ Kap. 3) hat eine lange Geschichte in der Sozialen Arbeit, wenn man sie in die Armenfürsorge einordnet, in der es schon immer auch um Schulden ging. Als eigenständiges Arbeitsfeld zeichnet sich die Soziale Schuldnerberatung in den 1970er Jahren ab. Seither hat sie sich als fester Bestandteil der sozialen Infrastruktur etabliert, ihre Arbeitsansätze immer weiter professionalisiert und ihre Wirksamkeit ausweislich diverser Evaluationen unter Beweis gestellt. Gleichwohl bleibt sie noch immer hinter ihren Möglichkeiten zurück angesichts weiterhin offener Fragen in Bezug auf die rechtlichen und finanziellen Rahmenbedingungen, die den Wirkungsradius der Sozialen Schuldnerberatung begrenzen.

Wer sich mit der Sozialen Schuldnerberatung befasst, muss bereit sein, mit juristischen und ökonomischen Themen umzugehen, anders können die Schuldenvarianten und ihre Implikationen für den Alltag der Ratsuchenden (▶ Kap. 4) nicht angemessen nachvollzogen werden. Zu erkennen, welche Risiken beispielsweise von Miet- oder Energieschulden ausgehen oder welchen Zwangsmaßnahmen Ratsuchende bei Zahlungsunfähigkeit unterworfen sind, erfordert einen interdisziplinären Blick, der die Soziale Schuldnerberatung auszeichnet. Vielfach arbeiten in den Beratungsstellen multiprofessionelle Teams, wobei die Berufsgruppe der Sozialarbeiterinnen und Sozialarbeiter dominiert.

Die anhaltend hohe und zunehmende Überschuldung lenkt den Blick auf die Frage, welche präventiven Möglichkeiten bestehen (▶ Kap. 5). Die Soziale Schuldnerberatung setzt üblicherweise erst ein, wenn hohe Verschuldung oder Überschuldung vorliegen und betroffene Personen und Haushalte um Unterstützung nachsuchen. Daneben bestehen jedoch auch vorbeugende Handlungsmöglichkeiten auf der strukturellen und der persönlichen Ebene, die längst noch nicht ausgereizt werden. Politisch und ökonomisch wäre es rational, die Soziale Schuldnerberatung stärker als bisher präventiv auszurichten, das würde vielen Menschen die massiven mit einer Überschuldung verbundenen Probleme ersparen und die öffentlichen Haushalte spürbar entlasten.

Das breite Handlungsspektrum der Sozialen Schuldnerberatung ist Gegenstand des sechsten Kapitels. Hierzu zählen die Sicherung der existenziellen Lebensgrundlagen und unterschiedliche Vorgehensweisen in der Schuldenregulierung. Entscheidend für die Auswahl der Interventionsschritte ist die individuelle Fallkonstellation mit Blick auf die rechtlichen Handlungsmöglichkeiten. Erwägungen zur Schuldenregulierung werden heute maßgeblich von den Regelungen der Privatinsolvenz beeinflusst, auch dann, wenn außergerichtliche Maßnahmen präferiert werden. Für die Schuldenregulierung ist daneben viel Verhandlungsgeschick im Umgang mit den Gläubigern erforderlich, denn ohne deren Kooperation kommt man in der Sozialen Schuldnerberatung nur schwer voran.

Für Verhandlungen mit den Gläubigern und vor allem für die Arbeit mit den Ratsuchenden sind umfängliche Kompetenzen der Gesprächsführung gefragt (▶ Kap. 7). Sie umfassen Aspekte der Beziehungsgestaltung, der Exploration von Überschuldungsproblemen, der Förderung von Motivation und Ressourcenbewusstsein, der systematischen Vermittlung von Wissen, des Umgangs mit unweigerlich auftretenden Konflikten und der Begleitung von Ratsuchenden in Krisensituationen. Um einer rein technischen Handhabung der Gesprächsführungsansätze vorzubeugen, werden handlungsleitende Maximen vorgeschlagen, die einen reflektierten Umgang mit dem Problemkomplex nahelegen.

2 Überschuldung privater Haushalte

Was Sie in diesem Kapitel lernen können

Prekäre Verschuldung und vor allem Überschuldung sind Gegenstand der Sozialen Schuldnerberatung. Zunächst könnte man davon ausgehen, dass es in der Beratungspraxis vor allem um eine Finanzberatung mit dem Schwerpunkt Schuldenregulierung geht. Um diesen Trugschluss zu vermeiden, sind Hinweise auf das Grundverständnis, das Ausmaß sowie die Hintergründe und Folgen von Überschuldungsprozessen geboten. Am Ende dieses Kapitels werden zentrale Herausforderungen für die Soziale Schuldnerberatung aus der Analyse der Überschuldung abgeleitet.

2.1 Abgrenzung Ver- und Überschuldung natürlicher Personen

Bei einer Verschuldung gehen Menschen Zahlungsverpflichtungen beispielsweise gegenüber Banken und Kreditinstituten, Versand- und Autohäusern oder Rechtsanwälten in Verbindung mit einer Sach- oder Dienstleistung ein, die erst zu einem späteren Zeitpunkt beglichen werden müssen. Juristisch handelt es sich um Forderungen, die solange kein Problem darstellen, wie die fristgemäße Begleichung erfolgt. Die Verschuldung privater Haushalte gehört in einem kreditbasierten Wirtschaftssystem zum Alltag, der Konsumentenkredit ist mithin Teil gesellschaftlicher Normalität (vgl. Herzog 2015, S. 17f.). Seit Ende der 1960er Jahre nimmt der kreditfinanzierte Konsum deutlich zu, insgesamt steigt die Bereitschaft, Schulden zu machen. Die Gründe für den Ausbau des Konsumentenkredits aufseiten der Kreditwirtschaft werden darin gesehen, dass Banken aufgrund einer Ende der 1950er Jahre rückläufigen Kreditnachfrage der Wirtschaft, bedingt durch den allmählichen Abschluss der Wiederaufbauphase nach dem Zweiten Weltkrieg, einen Liquiditätsüberschuss hatten, für den ein Markt gesucht wurde. In Verbindung mit der Massenproduktion und in dieser Zeit als sicher geltenden Arbeitsverhältnissen wurde der Konsumentenkredit erfolgreich propagiert und dann auch breit in Anspruch genommen (vgl. Ebli 2015, S. 55). Die folgenden Faktoren haben diese Entwicklung wesentlich begünstigt:

- 1967 werden die gesetzlichen Werbebeschränkungen für Kredite aufgehoben, seit dieser Zeit wächst der Kreditmarkt in Deutschland, aggressive Vergabestrategien sind zu beobachten.
- Seit Ende der 1960er Jahre werden Girokonten breit angeboten, damit entstehen die Grundlagen für den Dispositionskredit, der seinerseits die Kreditschwelle durch die leichte Inanspruchnahme weiter herabsetzt.
- Hinzu kommt der Ausbau persönlicher Kleinkredite und weiterer Finanzdienstleistungsprodukte, die insbesondere durch die engere Zusammenarbeit zwischen Banken und Versicherungsunternehmen begünstigt werden (vgl. Praxishandbuch Schuldnerberatung, Kap. 1, Oktober 2008, S. 3f.).

Geraten Verbraucher in Zahlungsschwierigkeiten, kommt es zu einer drohenden oder manifesten Überschuldung, die im Mittelpunkt der weiteren Ausführungen steht. Überschuldung bedeutet für Privatpersonen bzw. Privathaushalte, dass ihre Zahlungsfähigkeit nicht mehr gegeben ist. Folgt man dem Fünften Armuts- und Reichtumsbericht der Bundesregierung (Bundesministerium für Arbeit und Soziales 2017), sind Privathaushalte dann überschuldet, wenn Anzeichen für eine verfestigte Schuldensituation vorliegen, die kaum noch zu bewältigen ist. Die Betroffenen sind demnach nicht mehr in der Lage, Zahlungsverpflichtungen dauerhaft zu erfüllen (vgl. ebd., S. 484). Hinweise auf eine Überschuldung bieten in der Regel Kreditkündigungen, Miet- und Energieschulden, Pfändungen, die Abgabe eines Vermögensverzeichnisses, unstreitige Inkassofälle und/oder die Eröffnung einer Privatinsolvenz. Während Schulden bzw. zu bedienende Forderungen zum Alltag in unserer Gesellschaft gehören, Schuldenmachen für die Wirtschaft geradezu unverzichtbar ist, um die Nachfrage nach Konsum- und Gebrauchsgütern sowie Immobilien aufrecht zu erhalten, stellt die Überschuldung eine Störung dar, die Unterstützung erfordert. Die Betroffenen können diese Situation vielfach nicht mehr allein bewältigen. Neben der Sozialen Schuldnerberatung kommt für sie bei nachgewiesener Zahlungsunfähigkeit auch ein Privatinsolvenzverfahren in Frage, dessen Details in Kapitel 6.4 erläutert werden. Der Eröffnungsgrund Zahlungsunfähigkeit ist in § 17 Abs. 2 Insolvenzordnung definiert: »Der Schuldner ist zahlungsunfähig, wenn er nicht in der Lage ist, die fälligen Zahlungspflichten zu erfüllen. Zahlungsunfähigkeit ist in der Regel anzunehmen, wenn der Schuldner seine Zahlungen eingestellt hat.« In dieser formalen Annäherung an Überschuldung dominieren Zahlungsprobleme als ausschlaggebendes Kriterium. Für die Soziale Schuldnerberatung ist diese Engführung nicht ausreichend, um die Lage der Betroffenen angemessen zu erfassen.

Überschuldung bedeutet nicht nur, dass Zahlungsverpflichtungen nicht mehr fristgemäß und dauerhaft bedient werden können, den Betroffenen fehlt auch das Geld, neben der Schuldentilgung den eigenen Lebensunterhalt zu bestreiten (vgl. SchuldnerAtlas Deutschland 2017, S. 1). Überschuldung stellt eine ökonomische Krise mit weitreichenden Auswirkungen auf andere Lebensbereiche der Betroffenen dar. Die Hinweise auf die Lebenslage Überschuldung werden in der folgenden Definition komprimiert auf den Punkt gebracht:

> »Überschuldung liegt bei einem Privathaushalt dann vor, wenn dauerhaft bzw. auf unabsehbare Zeit nach Abzug der fixen Lebenshaltungskosten (Beiträge für Dauerschuldverhältnisse wie Miete, Energie, Versicherung, Telekommunikation) zzgl. Ernährung und sonstigem notwendigen Lebensbedarf (Geld zum Leben) der verbleibende Rest des gesamten Haushaltseinkommens nicht ausreicht, um die laufenden Raten für eingegangene Verbindlichkeiten zu decken und somit Zahlungsunfähigkeit eintritt.« (Praxishandbuch Schuldnerberatung, Kap. 1, Oktober 2008, S. 8)

Ausgehend von diesem Grundverständnis der Überschuldung stellt sich die Frage nach dem empirischen Ausmaß. Wie die Analyse der Daten zeigt, steht die Soziale Schuldnerberatung vor einem auch im Umfang enormen Problem, das viel mehr Ressourcen erfordert, als gegenwärtig zur Verfügung stehen.

2.2 Ausmaß der Überschuldung

Überschuldung im Sinne der erläuterten Definition besteht in Deutschland seit vielen Jahren in beträchtlichem Umfang (▶ Tab. 1). Die Profile der betroffenen Haushalte verweisen auf ein gesellschaftliches Problem, das in den meisten Fällen nicht auf privates Fehlverhalten im Umgang mit den eigenen Finanzen zurückgeführt werden kann.

Private Haushalte waren 2016 in der Summe mit 209 Mrd. EUR überschuldet, die durchschnittliche Schuldenhöhe lag bei rund 31.613 EUR mit Schwankungen je nach Haushaltsgröße. Der größte Teil der Schuldner (39,5 Prozent) hatte Schulden unter 10.000 EUR, gefolgt von 28,5 Prozent der Betroffenen mit Schulden zwischen 10.000 und 25.000 EUR, während 18,1 Prozent mit ihren Schulden zwischen 25.000 und 50.000 EUR lagen und 8,2 Prozent Schulden von 50.000 bis 100.000 EUR sowie 5,7 Prozent sogar Schulden über 100.000 EUR zu bewältigen hatten (vgl. Statistisches Bundesamt 2017, S. 5f.). Zur Beurteilung der Überschuldungssituation wurde der Indikator Überschuldungsintensität neu eingeführt. Er sagt aus, wie stark die Schuldenbelastungen im Verhältnis zum verfügbaren Einkommen sind, d. h., der Quotient aus Verbindlichkeiten und verfügbarem monatlichem Einkommen ergibt die Überschuldungsintensität. Liegen die Schulden beispielsweise bei 34.000 EUR und das monatliche Einkommen bei 1.000 EUR, beträgt die Überschuldungsintensität 34 (vgl. Joachimiak 2016, S. 32). Die durchschnittliche Überschuldungsintensität lag für die überschuldeten Personen im Jahr 2016 bei 30 (vgl. Statistisches Bundesamt 2017, S. 5).

Tab. 1: Durchschnittliche Schulden privater Personen 2016. Ergebnisse der Überschuldungsstatistik (Statistisches Bundesamt 2017)

Durchschnittliche Schulden bei/aus in EUR	
Insgesamt	31.613
Kreditinstitute	14.839
Versandhäuser	510
Inkassobüros	2.966
Telekommunikationsunternehmen	964
Vermietern	871
Unterhaltsverpflichtungen	479
Privatpersonen	582
Anderen Gläubigern	10.423

Die exakte sozialstatistische Erfassung des Ausmaßes der Überschuldung bereitet wegen der lückenhaften gesetzlichen Grundlagen Schwierigkeiten. Nach dem am 1. Januar 2012 in Kraft getretenen Überschuldungsstatistikgesetz ist die Teilnahme der Schuldnerberatungsstellen an der jährlichen Erhebung ihrer Daten freiwillig. Die Adressatinnen und Adressaten der rund 1.400 gegenwärtig bestehenden Beratungsstellen der Kommunen sowie der Verbraucher- und Wohlfahrtsverbände müssen der Datenweitergabe an das Statistische Bundesamt zustimmen. Bei der letzten Erhebung der »Statistik zur Überschuldung privater Personen 2016« vom Juni 2017 haben sich 461 Beratungsstellen beteiligt, die insgesamt rund 118.000 Ratsuchende repräsentieren (vgl. Statistisches Bundesamt 2017, S. 5). Nach den neuesten Daten waren im Jahr 2016 6,91 Mio. Personen in 3,41 Mio. Haushalten überschuldet, darunter 2,68 Mio. Frauen und 4,24 Mio. Männer (vgl. Creditreform Wirtschaftsforschung 2017, S. 5f.). Die Anzahl der Betroffenen ist trotz der günstiger gewordenen wirtschaftlichen Rahmenbedingungen und der Erholung auf dem Arbeitsmarkt im Vergleich zu den Vorjahren nach diesen Daten erneut gestiegen. Die Zahlen basieren teilweise auf Schätzungen, teilweise auf der Auswertung amtlicher Statistiken. Da bislang keine eindeutige Definition der Überschuldung entwickelt wurde, beispielsweise auch zwischen dauerhafter und temporärer Überschuldung zu unterscheiden wäre und der Übergang von der Ver- in die Überschuldung nicht immer trennscharf ist, werden Bedenken gegen die diskutierten Werte vorgebracht, die möglicherweise deutlich niedriger liegen (vgl. Mantseris 2017, S. 238f.). Die Ungenauigkeiten können hier nicht aufgelöst werden. Gleichwohl lassen sich die folgenden robusten Tendenzen ausmachen, die für die Soziale Schuldnerberatung bedeutsam sind:

- Unterschieden wird zwischen einer hohen *Überschuldungsintensität*, bei der bereits juristische Sachverhalte wie eine Pfändung oder die Abgabe eines Vermögensverzeichnisses vorliegen (Quote von 4,22 Mio. Betroffenen), und Überschuldungsfällen mit geringer Intensität, die sich noch auf der Ebene von bereits nachhaltigen Zahlungsstörungen bewegen. Hier liegt die Zahl der Betroffenen bei rund 2,69 Mio. Personen (vgl. Creditreform Wirtschaftsforschung 2017, S. 3f.). Für die Soziale Schuldnerberatung ist diese Differenzierung des Intensitätsgrades insoweit bedeutsam, als es darauf ankommt, überschuldete Personen möglichst frühzeitig zu erreichen, um eine Schuldeneskalation und damit verbundene Kosten und Komplikationen möglichst zu vermeiden.

- Betrachtet man die *Erwerbssituation* der überschuldeten Personen, ist festzuhalten, dass 46,3 Prozent der erfassten Ratsuchenden zum Zeitpunkt der Schuldnerberatung arbeitslos sind, wobei 43 Prozent Arbeitslosengeld II beziehen, also ganz überwiegend von Langzeitarbeitslosigkeit betroffen sind. Daneben sind 29,1 Prozent erwerbstätig, 11,2 Prozent befinden sich bereits im Ruhestand (vgl. iff-Überschuldungsreport 2016, S. 29).
- Für die Soziale Schuldnerberatung ist die *finanzielle Situation* der Adressatinnen und Adressaten bedeutsam. 45,7 Prozent liegen nach den statistischen Angaben mit ihrem Einkommen unter 900 EUR, 26,3 Prozent erreichen 900 bis 1.300 EUR, 9 Prozent liegen bei 1.300 bis 1.500 EUR, 12,7 Prozent zwischen 1.500 und 2.000 EUR, 4,7 Prozent zwischen 2.000 und 2.600 EUR und nur 1,4 Prozent zwischen 2.600 und 3.600 EUR (vgl. Statistisches Bundesamt 2017, S. 15). Diese Zahlen verdeutlichen, dass die Zielgruppe der Sozialen Schuldnerberatung mit ihrem Einkommen in Armut oder ganz überwiegend im armutsnahen Bereich liegt. Für die Soziale Schuldnerberatung hat dies grundlegende Implikationen, denn Menschen in Armut sind in vielen Fällen nicht nur ökonomisch benachteiligt, sie sind häufig mit zahlreichen weiteren Problemen wie alltäglichen Entbehrungen, schlechten Wohnverhältnissen, Ausgrenzung und Stigmatisierung, gesundheitlichen Einschränkungen und dem Verlust von attraktiven Lebensperspektiven konfrontiert (vgl. Ansen 2016, 267f.), Belastungen, die in der Sozialen Schuldnerberatung unbedingt beachtet werden müssen.
- Hinsichtlich der *Altersgruppen* streuen die Adressatinnen und Adressaten breit, was für die Soziale Schuldnerberatung bedeutet, dass sie ihr Profil an Ratsuchenden sehr unterschiedlichen Alters mit unterschiedlichen Bedürfnissen und Verarbeitungsmöglichkeiten komplexer Beratungsinhalte auszurichten hat. Das durchschnittliche Alter liegt bei 41 Jahren, wobei 27,6 Prozent der Ratsuchenden zwischen 25 und 35 Jahre und 34,9 Prozent zwischen 35 und 50 Jahre alt sind (vgl. iff-Überschuldungsreport 2016, S. 25f.).
- In Bezug auf die *Haushaltsformen* fällt auf, dass 55,8 Prozent der Ratsuchenden allein leben, 27,8 Prozent mit einem Partner mit oder ohne Kinder; 16,7 Prozent sind alleinerziehend mit steigender Tendenz, sie sind besonders gefährdet (vgl. iff-Überschuldungsreport 2016, S. 26).
- Schließlich sind in der Beratungspraxis auch Hinweise über die *Bildungsabschlüsse* der Ratsuchenden zu berücksichtigen. 15,5 Prozent haben keinen Schulabschluss, 45,4 Prozent der überschuldeten Personen verfügen über einen Hauptschulabschluss, 32 Prozent über einen Realschulabschluss und

7,1 Prozent über Abitur oder Fachabitur. Interessant ist der Befund aus der Beratungsanalyse, dass bei Ratsuchenden mit Realschulabschluss oder Abitur bzw. Fachabitur überdurchschnittlich häufig außergerichtliche Teil- oder Gesamtregulierungen gelingen, während insbesondere Ratsuchende ohne Schulabschluss sehr häufig in ein Insolvenzverfahren begleitet werden (vgl. iff-Überschuldungsreport 2016, S. 34). Neben den Schulabschlüssen sind auch die Berufsabschlüsse beachtenswert. 54,5 Prozent haben eine Ausbildung bzw. ein Studium abgeschlossen, während 42,9 Prozent ohne Ausbildung und 2,6 Prozent noch in einer Ausbildung sind (vgl. Statistisches Bundesamt 2017, S. 6).

> Überschuldung trifft seit Jahren rund zehn Prozent der Bevölkerung in Deutschland.

Die empirischen Daten zeichnen ein differenziertes Bild der betroffenen Bevölkerungsgruppen, das schon für sich genommen die Soziale Schuldnerberatung facettenreich fordert. Noch anspruchsvoller wird die Aufgabe, wenn man die Ursachen und die Folgen der Überschuldung einbezieht.

2.3 Ursachen und Folgen der Überschuldung

Die Entstehung der Überschuldung ist in der Regel die Folge eines *langfristigen Prozesses*. Ausschlaggebend sind auf der einen Seite strukturelle Faktoren wie Armut oder Arbeitslosigkeit, die mit geringen finanziellen Mitteln im Alltag verbunden sind, und auf der anderen Seite in der Person liegende Faktoren wie eine zu geringe Finanzkompetenz oder Konsummuster, die mit den vorhandenen finanziellen Handlungsspielräumen kollidieren (vgl. Mantseris 2012, S. 21). *Ursachen* und *Auslöser* werden dahingehend unterschieden, dass als Ursachen langfristige Faktoren wie beispielsweise Armut oder Langzeitarbeitslosigkeit gelten, während Auslöser Ereignisse sind, die wegen ihrer Auswirkungen auf das verfügbare Einkommen unmittelbar zu einer Überschuldung führen. Hierbei handelt es sich vor allem um kritische Lebensereignisse wie Trennung, eine schwere Erkrankung oder der Verlust des Arbeitsplatzes (vgl. Zier/Letzel/Münster 2015, S. 223f.). Die Unterscheidung zwischen Ursachen und Auslösern gelingt nicht immer trennscharf. So kann Arbeitslosigkeit einerseits als Auslöser, andererseits, vor allem bei einem langfristigen Verlauf, als Ursache einer Überschuldung angesehen werden. Im Folgenden ist von Ursachen der Überschuldung die Rede, die immer auch Auslöser sein können; die Zuordnung hängt von der individuellen Fallkonstellation ab.

Ursachen und Auslöser

Die *sechs zentralen Ursachen* eines Überschuldungsprozesses, die aus der Analyse von Beratungsstellendaten zusammengestellt worden sind, dokumentieren, dass vor allem strukturelle Einflüsse eine Rolle spielen. Der wichtigste Grund ist nach wie vor Arbeitslosigkeit, die in 27,5 Prozent der Fälle als Ursache angegeben wird. An zweiter Stelle steht die Einkommensarmut mit 10,4 Prozent, gefolgt von gescheiterter Selbstständigkeit, die in 9,1 Prozent der Fälle ausschlaggebend ist. Das sogenannte unwirtschaftliche Verhalten machen 8,9 Prozent für Überschuldung verantwortlich, während Krankheit mit steigender Tendenz in 8,6 Prozent der Fälle und Trennung und Scheidung in 8,1 Prozent ausschlaggebend für den Einstieg in den Überschuldungsprozess sind (vgl. iff-Überschuldungsreport 2016, S. 8f.). Daneben werden – allerdings mit nur sehr geringen Prozentwerten – u. a. Unfälle, Straffälligkeit oder die Nichtinanspruchnahme von Sozialleistungen angegeben. Im Einzelfall muss ohnehin immer geprüft werden, welche Konstellationen zur Überschuldung geführt haben; die zentralen sechs Faktoren treten gleichwohl gehäuft auf und werden deshalb hier aufgegriffen. Dabei ist immer zu berücksichtigen, dass vielfältige Überschneidungen wie beispielsweise von Arbeitslosigkeit und Krankheit oder Armut und Trennung zu beobachten sind, sodass die sechs Faktoren allenfalls eine Orientierung für den Fallzugang darstellen.

Die statistisch signifikante Ursachenhäufung in den genannten Bereichen ist gut nachvollziehbar. Der Verlust der Arbeit und damit des Erwerbseinkommens bedeutet für die Betroffenen, dass sie in der Regel für ein Jahr, abhängig von der familiären Situation, Arbeitslosengeld I in Höhe von 67 bzw. 63 Prozent ihres letzten Nettoeinkommens erhalten und danach Leistungen nach dem SGB II, die nicht mehr im Sinne des Äquivalenzprinzips nach dem früheren Einkommen berechnet werden, sondern nur noch das soziokulturelle Existenzminimum abdecken. Wer in der Erwerbsphase alltägliche finanzielle Verpflichtungen etwa für ein Auto oder für die Wohnungsausstattung eingegangen ist, ist nach dem Verlust der Arbeit vielfach schlagartig nicht mehr in der Lage, die Zahlungsfristen einzuhalten, soweit keine Rücklagen vorhanden sind, mit denen Zahlungsprobleme zumindest vorübergehend kompensiert werden können. Menschen in armutsgeprägten Lebenslagen – der zweithäufigste Auslöser von Überschuldung – kommen teilweise gar nicht umhin, ihren notwendigen Lebensunterhalt auch durch Schulden abzudecken, insbesondere bei unvorhergesehenen Ereignissen oder auch in Verbindung mit den steigenden Lebenshaltungskosten, die beispielsweise in der Miet- und Energiepreisentwicklung zum Ausdruck kommen. Schulden sind mitunter der einzige Weg, um Engpässe zumindest vorübergehend zu überbrücken. Bei gescheiterter Selbstständigkeit handelt es sich ganz überwiegend um ehemals Selbstständige, die häufig schon in dieser Zeit in prekären Umständen gelebt haben, selten Rücklagen bilden konnten und sukzessiv immer neue Schulden aufgenommen haben, um ihr Unternehmen oder kleines Gewerbe aufrecht zu erhalten.

Wie die soziodemografischen Daten im vorigen Abschnitt ausweisen, sind alleinerziehende Frauen überproportional von Überschuldung betroffen; die dahinterstehende Trennung bedeutet sehr häufig, dass erhebliche Einkommensanteile wegfallen, eine neue Wohnung bezogen werden muss etc. Schulden sind dabei nur selten zu vermeiden. Der überdies genannte Auslöser unwirtschaftliches Verhalten ist wegen seiner normativen Konnotation umstritten, denn diese Formulierung unterstellt überflüssigen oder irrationalen Konsum, während die Einkommensseite ausgeblendet wird (vgl. Zier/Letzel/Münster 2015, S. 226). Unter den sechs zentralen Auslösern wird auch Krankheit genannt. Dies überrascht angesichts der finanziellen Folgen nicht, da die Betroffenen nach der in der Regel sechswöchigen Lohn- und Gehaltsfortzahlung bei tarifvertraglicher Beschäftigung Krankengeld erhalten, das in der Regel 70 Prozent ihres Brutto-Arbeitsentgelts, maximal 90 Prozent des letzten Netto-Entgelts entspricht. Bei einer längerfristig verlaufenden Erkrankung geht bis zu einem Drittel des Einkommens verloren, das dann für die Bedienung von Schulden fehlt, häufig steigen auch bedingt durch Zuzahlungsregelungen die Ausgaben für Krankheit bzw. Gesundheit. Die kurzen Kommentare zu den sechs zentralen Auslösern vermitteln bereits einen Eindruck von den Belastungen, denen überschuldete Personen ausgeliefert sind und die sämtlich für den Beratungsprozess relevant und dort zu berücksichtigen sind, auch wenn es schwerpunktmäßig um die Schuldenregulierung geht.

Von den Ursachen kann nicht linear auf eine manifeste Überschuldung geschlossen werden. In den meisten Fällen steht dahinter ein längerer Prozess. Betroffene versuchen bei auftretenden Zahlungsschwierigkeiten häufig zunächst, die Probleme durch Einsparungen, die Verwertung von Vermögen, neue Kredite oder die Vereinbarung von Ratenzahlungen sowie Stundungen zu lösen. Gelingt dies nicht, eskaliert die Schuldenproblematik. Es kommt u. a. zu Kreditkündigungen, Mahnbescheiden, Inkassomaßnahmen oder juristischen Schritten der Gläubiger wie Pfändungen. Jetzt erst sucht ein – immer noch sehr geringer – Teil der Betroffenen eine Schuldnerberatungsstelle auf (vgl. iff-Überschuldungsreport 2016, S. 7). In der Verlaufsperspektive einer Überschuldung spielen komplexe Wechselwirkungen zwischen sozioökonomisch prekären Lebenslagen, institutionellen und gesetzlichen Rahmenbedingungen, belastenden Lebensereignissen und subjektiv unterschiedlichen Reaktionen ebenso eine Rolle wie die Frage nach den Wegen in und durch die Überschuldung sowie aus der Überschuldung hinaus (vgl. Schwarze 2011, S. 79).

Folgen der Überschuldung

Noch unübersichtlicher wird das Bild, wenn man die verbreiteten Folgen einer Überschuldung einbezieht, was für eine nachhaltige Beratung unerlässlich ist. Um die Folgen zu ermessen, ist es zunächst hilfreich, die vielfältigen Funktionen eines ausreichenden verfügbaren Einkommens, das im Fall einer Überschuldung nicht mehr vorliegt, für den Alltag und die soziale Teilhabe zu betrachten. Einkommen dient der Sicherung der existenziellen Lebensgrundlagen wie Wohnen, Güterversorgung und der Finanzierung gesundheitlicher Dienstleistungen. Es ermöglicht Konsum und Mobilität und unterstützt soziale Kontakte und Aktivitäten. Einkommen vermittelt ein Gefühl von Sicherheit, es trägt dazu bei, akute Belastungen zu bewältigen und begünstigt attraktive Lebensperspektiven. Hinzu kommt, dass Einkommen Bildungsinvestitionen sowohl für die Betroffenen als auch ihre Kinder ermöglicht und die Regeneration durch die Finanzierung von Erholungszeiten flankiert. Betrachtet man die in Evaluationen der Sozialen Schuldnerberatung zum Ausdruck kommenden zentralen Konsequenzen der Überschuldung, wird ersichtlich, dass die anhaltenden Zahlungsprobleme zu Funktionsverlusten auf der Einkommensseite führen, die ihre Spuren bei den Betroffenen hinterlassen. Zu den zentralen Folgen einer Überschuldung zählen die Gefährdung der Existenzgrundlagen insbesondere durch Miet- und Energieschulden, soziale Auswirkungen, die vor allem das Familienleben und das soziale Umfeld betreffen, seelische Belastungen wie Schlafstörungen oder Ängste und auch gesundheitliche Auswirkungen, die sich vor allem in Befindlichkeitsstörungen manifestieren (vgl. Ansen/Schwarting 2015, S. 183f.).

Überschuldung führt in der Zusammenschau von Ursachen und Folgen, die sich wechselseitig beeinflussen, bei den Betroffenen zu massiven Belastungen, die in soziale Erschöpfung münden und die Anfälligkeit für weitere Probleme vergrößern (vgl. Lutz 2014, S. 87f.). Überschuldung führt im Spiegel der Theorie der Ressourcenerhaltung durch den Verlust unterschiedlicher Ressourcen bei den Betroffenen zu einer Stresssituation, die ihre rationalen Handlungsmöglichkeiten verringert. Zu den objektiven Verlusten bei einer Überschuldung wie dem Verlust von Geld, Kontakten oder Gesundheit kommen subjektive Faktoren hinzu, also das Erleben der prekären Lebenssituation und die häufig pessimistische Einschätzung der Bewältigungsmöglichkeiten. In diesem Prozess der manifesten und der zusätzlich drohenden Ressourcenverluste kommt eine Verlustspirale mit hoher Eigendynamik in Gang, die zu einer weiteren Zuspitzung der Belastungen führt. Wenn überdies Ressourcengewinne ausbleiben, die Bemühungen um eine Problemlösung also wirkungslos bleiben, gelingt der eigenständige Ausstieg aus der Verlustspirale immer seltener (vgl. Hobfoll/Buchwald 2004, S. 1f.). Die Soziale Schuldnerberatung steht danach vor der Aufgabe, gemeinsam mit Ratsuchenden Wege eines Stopps der Verlustspirale zu finden und vor allem Ressourcengewinne zu ermöglichen.

Verdichtet man die Ursachen und Folgen der Überschuldung unter sozialarbeitstheoretischer Perspektive, handelt es sich nach dem prozessual-systemischen Zugang um ein soziales Problem, mit dem Ausstattungslücken, problematische Austauschbeziehungen, machtbedingte Unterlegenheit und eine negative Beurteilung auf der Basis von Wert- und Kriterienentscheidungen der Mehrheitsgesellschaft einhergehen (vgl. Staub-Bernasconi 2007, S. 180f.). Hinsichtlich der Ausstattungslücken fehlen nach diesem sozialarbeitstheoretischen Zugang sozioökonomische Mittel, um Bedürfnisse des täglichen Lebens und Bedürfnisse der sozialen Teilhabe befriedigen zu können. Die finanziellen Einschränkungen und die damit verbundenen Folgen schwächen die Betroffenen in ihren Austauschbeziehungen, sie sind anfälliger für Unterdrückung und Ausbeutung, ihnen fehlen gewissermaßen Tauschmedien für horizontale, auf Augenhöhe angelegte Beziehungen. In Bezug auf Machtfragen unterliegen die Betroffenen einer Behinderungsmacht. Gemeint ist damit, dass sie strukturell durch Benachteiligungen und belastende Regelungen beispielsweise im Pfändungsrecht oder im Katalog der Obliegenheiten im Verbraucherinsolvenzverfahren daran gehindert werden, ihre Interessen und Bedürfnisse erfolgreich zu vertreten. Mit Blick auf Kriterien und die Beurteilung ihrer überschuldungsbedingten Lebensumstände sind die Betroffenen anfällig für Stigmatisierungen, schließlich können sie in den Augen derer, die über sie urteilen, nicht mit Geld umgehen, sind leichtsinnig im Konsum und nicht bereit, ihren Lebensstandard den finanziellen Gegebenheiten anzupassen.

Die systematische Zusammenschau der Ursachen und Folgen einer Überschuldung leitet über zu den multiplen Herausforderungen, vor denen die Soziale Schuldnerberatung steht. Zuvor werden die Ursachen und Folgen einer Überschuldung an einem Fallbeispiel illustriert:

Fallbeispiel

Herr Müller, 43 Jahre alt, ist seit nunmehr eineinhalb Jahren nach einer betriebsbedingten Kündigung arbeitslos. Er war in seiner früheren Firma als Lagerarbeiter tätig, eine Berufsausbildung hat Herr Müller nicht abgeschlossen. Er ist verheiratet, Jan, der gemeinsame Sohn des Ehepaars, ist neun Jahre alt. Herr Müller war Alleinverdiener. Die Familie kam immer nur sehr knapp über die Runden, im Laufe der Jahre sind Schulden entstanden, u. a. für die Anschaffung eines PKW (Restschulden 4.500 EUR), einige Möbel (Restschulden bei einem Möbelhaus 2.300 EUR) und den letzten Familienurlaub (Restschuld des dafür aufgenommenen Bankkredits 900 EUR). Neben laufenden Krediten für diese Anschaffungen bzw. die Reise wurde auch der Dispositionskredit mit 1.000 EUR ausgeschöpft. Im sondierenden Beratungsgespräch werden auch Schulden bei den Eltern von Frau Müller in Höhe von 2.500 EUR angegeben. Bis zur für Herrn Müller völlig unerwarteten Kündigung (von den Problemen seines Betriebes wusste er nichts) war es mehr oder weniger gelungen, die einzelnen Zahlungsverpflichtungen einzuhalten. Seit dem Bezug von zunächst Arbeitslosengeld I und mittlerweile von Grundsicherung und Sozialgeld nach SGB II schaffen es die Eheleute Müller nicht mehr, die Kreditraten fristgemäß zu tilgen.

Zur Überbrückung haben sie unterdessen den Dispositionskredit ausgeschöpft und sich auch Geld von den Eltern von Frau Müller geliehen. Eine weitere finanzielle Unterstützung von dieser Seite ist nicht möglich. Die Bank hat sich mittlerweile mehrfach wegen des hohen Dispositionskredits und der zuletzt ausgebliebenen Kreditrate gemeldet und um Rücksprache gebeten. Das Möbelhaus hat schon die zweite Mahnung geschickt und droht mit einem Mahnbescheid. Herr und Frau Müller sind sehr beunruhigt, sie haben bisher darauf noch nicht reagiert, schämen sich sehr für ihre Lage und suchen händeringend nach einer Lösung. Herr Müller erzählt, dass er schon seit einiger Zeit wegen der drängenden Schulden nicht mehr richtig schlafen könne. Frau Müller würde gerne arbeiten gehen, doch ein chronisches Rückenleiden macht es ihr unmöglich, in den früheren Beruf als Bäckereifachverkäuferin zurückzukehren. Zwischen den Eheleuten treten in letzter

Zeit wegen aus ihrer Sicht nichtiger Anlässe gehäuft Streitigkeiten auf. Sie erzählen im Beratungsgespräch, dass sie sich auch große Sorgen um ihren Sohn machen, der sich immer mehr zurückzieht und auch seine Aktivitäten wie Fußballspielen vernachlässigt. Frau und Herr Müller haben sich auch von ihren Freunden zurückgezogen, mit denen sie früher immer gerne unterwegs gewesen sind, ihnen fehlt dafür das Geld und sie wollen auf keinen Fall, dass diese etwas über ihre finanzielle Situation erfahren.

2.4 Herausforderungen für die Soziale Schuldnerberatung

Die mit einer Überschuldung verbundenen anhaltenden Zahlungsprobleme überschatten den Alltag der Betroffenen in vielfältiger Weise. Abläufe und Routinen geraten aus dem Gleichgewicht, Sicherheiten gehen teilweise verloren, die alltäglichen Lebensumstände und Abläufe müssen neu geordnet werden. In der Sozialen Schuldnerberatung ist der Blick auf den Alltag der Ratsuchenden zu richten, denn dort erleben sie die Folgen der Überschuldung unmittelbar. Erst eine alltags- bzw. lebensweltsensible Soziale Schuldnerberatung findet Anschluss an Ratsuchende, die vor einer Vielzahl von Problemen stehen und ein hohes Maß an Durchhaltevermögen benötigen, um diese zu bewältigen.

Wie die Hinweise über das Ausmaß der Überschuldung in Deutschland einschließlich der soziodemografischen Merkmale der betroffenen Personen zeigen, handelt es sich um eine sehr heterogene Zielgruppe, die von der Sozialen Schuldnerberatung angesprochen wird. Sie unterscheidet sich in Bezug auf das Alter, den Familienstand, die soziale Lage, den biografischen und den Bildungshintergrund und die Überschuldungsintensität. Für die Soziale Schuldnerberatung bedeutet dies, dass ein differenziertes Angebot für ganz unterschiedliche Ratsuchende vorzuhalten ist. Die Soziale Schuldnerberatung braucht ein breites inhaltliches und methodisches Spektrum, um dieser Herausforderung gerecht werden zu können.

In der Sozialen Schuldnerberatung sind die Beratungsfachkräfte mit den juristischen, finanziellen, sozialen, psychischen und gesundheitlichen Implikationen konfrontiert, die mit einer Überschuldung in unterschiedlichen Kombinationen einhergehen. Berücksichtigt man überdies die breit gestreuten Ursachen, wird unmittelbar ersichtlich, dass diese Themenvielfalt in der Beratungspraxis nicht angemessen berücksichtigt werden kann. Zum einen ist es erforderlich, sich auf die Überschuldung und deren unmittelbare Bewältigung zu konzentrieren, gleichzeitig kommt es darauf an, jene Faktoren aufzugreifen, die den Beratungsablauf verbessern und die Möglichkeiten der Ratsuchenden optimieren, sich auf den Prozess der Schuldenregulierung einzulassen und dafür Lösungen zu erarbeiten. Dies bedeutet, dass die Soziale Schuldnerberatung teilweise mit anderen Fachdiensten eng kooperiert. Methodisch geht es um eine Vernetzung im Hilfesystem und um ein Case Management, soweit die Koordination unterschiedlicher Varianten der Unterstützung im Rahmen der Sozialen Schuldnerberatung erfolgt.

Angesichts der hohen Nachfrage und des Zeitdrucks, unter dem die Soziale Schuldnerberatung auch mit Blick auf die noch darzustellenden Finanzierungsgrundlagen steht, ist die Tendenz zur Standardisierung des Beratungsprozesses nur verständlich. Für eine gelingende Beratung ist gleichwohl ein individualisierendes Vorgehen unerlässlich, das den Besonderheiten des Einzelfalls Rechnung trägt. Die Hinweise auf die Ursachen und Folgen der Überschuldung können nur einen allgemeinen Einblick vermitteln. Die vielfältigen Kombinationen dieser Faktoren im Einzelfall und ihre hoch komplexen Wechselwirkungen erfordern eine sorgfältige Fallerfassung und Analyse der individuellen Verläufe, anders kann die Beratung kaum gelingen.

Die Anmerkungen zum Prozess der Überschuldung unterstreichen, dass viele Betroffene zunächst in Eigenregie über die Runden zu kommen versuchen. In dieser Zeit verschärfen sich durch Zahlungsverzögerungen und nicht tragfähige Umschuldungen die Probleme teilweise so massiv, dass Zwangsmaßnahmen gegen die Ratsuchenden eingeleitet werden, das Verhältnis zu den Gläubigern weiteren Belastungen ausgesetzt ist und Spielräume für eine einvernehmliche Lösung immer enger werden. Für die Soziale Schuldnerberatung erwächst die Aufgabe, möglichst frühzeitig in Kontakt mit von Überschuldung bedrohten oder betroffenen Personen zu kommen, um vermeidbare Schwierigkeiten, die in der Regel auch mit erheblichen Kosten verbunden sind, frühzeitig zu bewältigen. Die Soziale Schuldnerberatung hat mithin einen Präventionsauftrag, auf den in Kapitel 5 näher einzugehen ist.

Überschuldung ist in den allermeisten Fällen auf *strukturelle* Ursachen zurückzuführen. In der Beratungspraxis ist es deshalb unverzichtbar, die übergeordneten Zusammenhänge in die Fallanalyse einzubeziehen und Ratsuchende zu entlasten, indem sie nicht individuell für ihre Probleme verantwortlich gemacht werden. Die Soziale Schuldnerberatung ist an der Schnittstelle von Subjekt und Gesellschaft einschließlich ihrer ökonomischen Funktionsbedingungen angesiedelt, sie hat insofern per se ein politisches Mandat, aus dem der Einsatz für Lebensbedingungen abgeleitet werden kann, die Überschuldungsrisiken so weit wie möglich vermeiden. Gleichzeitig resultiert aus dem strukturellen Blick die Aufgabe, den Wirkungsradius der Sozialen Schuldnerberatung angemessen abzustecken; die Ursachen der Überschuldung können durch die Beratung nicht behoben werden, sehr wohl aber gelingt es, individuelle Probleme zu lindern und zu lösen. Über die Fallarbeit hinaus ist die Soziale Schuldnerberatung auch mit ihren verbraucher- und sozialpolitischen Initiativen gefordert, die für eine mittelbare Fallarbeit stehen. Die Soziale Schuldnerberatung stellt in der Sprache des prozessual-systemischen Ansatzes der Sozialen Arbeit eine Begrenzungsmacht dar, indem sie Ratsuchende stärkt, sich für faire Regeln im Umgang mit überschuldeten Menschen einsetzt und es ihnen so erleichtert, ihre Interessen zu verfolgen und Bedürfnisse zu befriedigen (vgl. Staub-Bernasconi 2007, S. 374f.).

📖 Weiterführende Literatur

iff-Überschuldungsreport 2016 – Überschuldung in Deutschland. Hrsg. vom Institut für Finanzdienstleistungen e. V., erstellt von: Ulbricht, Dirk u. a. Online (29.03.2018)

3 Arbeitsfeld Soziale Schuldnerberatung

 Was Sie in diesem Kapitel lernen können

Die Soziale Schuldnerberatung steht vor vielfältigen Herausforderungen. Wie die Hinweise auf ihre Entstehung und Entwicklung zeigen, ist die Unterstützung von verschuldeten Menschen ein Thema seit den Anfängen der Sozialen Arbeit und der darin eingelassenen Vorformen der Schuldnerberatung. Daraus sind Arbeitsansätze und Beratungsschwerpunkte hervorgegangen, die das gegenwärtige Profil der Sozialen Schuldnerberatung prägen. Die Umsetzung der fachlich begründeten Arbeitsansätze erfordert allerdings gesetzliche und finanzielle Rahmenbedingungen, die nicht immer gegeben sind, wie aktuelle Diskussionen zeigen. Schließlich ist zu fragen, inwieweit es bisher gelungen ist, das professionelle Profil der Sozialen Schuldnerberatung zu konturieren.

3.1 Entstehung und Entwicklung

Den Beginn der Sozialen Schuldnerberatung in der Sozialen Arbeit zu datieren, bereitet Schwierigkeiten. Die Unterstützung von Menschen in Armut ist nahezu immer auch mit Schuldenfragen verbunden. Die Schuldnerberatung bzw. ihre Vorläufer sind mithin ein integraler Bestandteil der Sozialen Arbeit, die aus der Armenfürsorge hervorgegangen ist. Frühe Formen der Schuldnerberatung sind im Zusammenhang mit Konsumentenkrediten zu beobachten, die in der sogenannten industriellen Revolution seit etwa der Mitte des 19. Jahrhunderts aufkommen. So wurde beispielsweise schon in dieser Zeit der Absatz von Fahrrädern, Möbeln und Nähmaschinen für die Heimarbeit durch den Ratenverkauf forciert. Wer dann die Raten nicht vereinbarungsgemäß tilgen konnte, war vielfach mit außergerichtlichen Rateneintreibern konfrontiert, die eine Vorform moderner Inkassounternehmen darstellten. Im Rahmen der Armenhilfe wurden Lösungen für diese Probleme gesucht. Es wurde zwischen Schuldnern und Gläubigern vermittelt, in Armut geratene Menschen in der Haushaltsführung und im Umgang mit Geld unterstützt und es wurden Wege zur Rückzahlung aufgelaufener Schulden gesucht (vgl. Schwarze 1998, S. 32f.).

Wählt man hingegen bei der Suche nach dem Beginn der Sozialen Schuldnerberatung den Zeitpunkt, von dem an der Begriff explizit gebraucht wurde, beginnt ihre Geschichte in den 1970er Jahren. 1977 wurde die erste allgemeine Schuldnerberatungsstelle der Stadtverwaltung Ludwigshafen eröffnet, seit Mitte der 1980er Jahre erfolgte dann ein rasanter Ausbau. Jetzt wurden nicht mehr nur spezielle Zielgruppen wie Wohnungslose oder Straffällige angesprochen, sondern allgemein Menschen mit Schuldenproblemen. Die Soziale Schuldnerberatung etablierte sich in dieser Zeit als Arbeitsfeld der Sozialen Arbeit (vgl. Schruth 2011a, S. 18f.). Zwei Varianten sind bis heute zu unterscheiden. Zum einen die integrierte Soziale Schuldnerberatung, die in Verbindung mit der Bearbeitung von Problemen wie Sucht, Wohnungslosigkeit oder Erwerbslosigkeit erfolgt, die vielfach auch mit Schulden einhergehen; zum anderen die spezialisierte Soziale Schuldnerberatung, bei der das Thema Schulden im Mittelpunkt steht. In der integrierten Sozialen Schuldnerberatung werden in der Regel solche Ausschnitte des Beratungsspektrums umgesetzt, die der Existenzsicherung dienen (Sicherung des Einkommens, Pfändungsschutz und Lösung von Primärschulden, also vor allem Miet- und Energieschulden). Soweit darüberhinausgehende Formen der Unterstützung erforderlich sind, erfolgt die Überleitung in die spezialisierte Soziale Schuldnerberatung, in der eine grundlegende finanzielle Sanierung einschließlich der Schuldenregulierung gemeinsam mit den Ratsuchenden angestrebt wird (vgl. Stark 2012, S. 8).

Die Soziale Schuldnerberatung entwickelte sich aus der Praxis für die Praxis, die Suche nach Arbeitsformen für den Umgang mit überschuldeten Ratsuchenden stand und steht im Mittelpunkt. Eine theoretische Fundierung auf der Grundlage der Theorien der Sozialen Arbeit gibt es bis heute nicht, allenfalls werden Theorieausschnitte importiert, die aber nicht zu einem theoretisch kohärenten Verständnis der Sozialen Schuldnerberatung geführt haben. Entwicklungsimpulse gehen bisher vor allem von äußeren Faktoren aus. Mit dem Anstieg und der Verfestigung von Arbeitslosigkeit wuchs der Druck auf die Soziale Schuldnerberatung, die der steigenden Nachfrage bis heute nicht angemessen gewachsen ist, wie Wartezeiten und der Zeitdruck in der Beratung belegen. Ein weiterer Entwicklungsschub ging von der Einführung des Verbraucherinsolvenzverfahrens 1999 aus. Im Zuge dieser Entwicklung erfährt die Soziale Schuldnerberatung eine Erweiterung ihres Aufgabenfeldes, sie ist nun auch zuständig für den außergerichtlichen Einigungsversuch, der dem gerichtlichen Entschuldungsverfahren vorgeschaltet ist, sowie für die Anbahnung des Verbraucherinsolvenzverfahrens (▶ Kap. 6.4). Die Soziale Schuldnerberatung wird nach § 305 Insolvenzordnung, soweit die gesetzlich definierten Voraussetzungen erfüllt sind, zur Schuldner- und Insolvenzberatung. Wenn also hier von Sozialer Schuldnerberatung die Rede ist, sind fortan immer diese beiden Arbeitsebenen gemeint.

Die Einführung des SGB II und SGB XII hat zu weiteren Veränderungen der Sozialen Schuldnerberatung beigetragen. Insbesondere die Nennung der Schuldnerberatung in § 16a SGB II als Beitrag zur Überwindung von Vermittlungshemmnissen bei erwerbsfähigen Leistungsberechtigten beinhaltet die Gefahr, dass die Soziale Schuldnerberatung als Instrument der Jobcenter wahrgenommen wird und ihre Beratungshoheit verliert (vgl. Stark 2012, S. 8f.). Die Einbindung der Sozialen Schuldnerberatung in das Verbraucherinsolvenzverfahren und in das SGB II hat Auswirkungen auf die Inhalte der Sozialen Schuldnerberatung, die damit zumindest teilweise mehr den rechtlichen Vorgaben als den sozialarbeiterisch-beraterischen Erkenntnissen unterliegt. Für die fachliche Weiterentwicklung ist diese Konstruktion mit Risiken behaftet.

Die Entstehung und Entwicklung der Sozialen Schuldnerberatung als spezialisiertes Arbeitsfeld der Sozialen Arbeit seit den 1970er Jahren war keineswegs selbstverständlich. In der Anfangszeit konkurrierten unterschiedliche Akteure um die Deutungshoheit. Überschuldung hatte vor unterschiedlichen verbraucherrechtlichen Reformmaßnahmen zunächst viel zu tun mit sittenwidrigen Kreditverträgen, Zinswucher und der Übervorteilung von Verbrauchern. Folgerichtig stand das Thema Überschuldung sowohl bei der Anwaltschaft als auch in der Verbraucherarbeit auf der Tagesordnung. Die Soziale Arbeit hat allerdings im Ergebnis die Soziale Schuldnerberatung zu ihrer Sache gemacht, sie wurde und wird darin von den politisch Verantwortlichen unterstützt. Gelungen ist ihr dies mit der vertieften Ausrichtung auf die Schuldner und nicht auf die Kreditwirtschaft und die strukturellen Rahmenbedingungen, unter denen Überschuldungsrisiken zugenommen haben. Mit der Betonung der psychosozialen Folgen, die aus einer Überschuldung resultieren, ist es der Sozialen Arbeit gelungen, ihre exklusive Zuständigkeit dafür zu sichern, insbesondere die persönlichen Belastungen der Betroffenen im Beratungsprozess zu bearbeiten (vgl. Ebli/Herzog 2016, S. 724f.). In den einzelnen Arbeitsansätzen kommt diese Ausrichtung zum Ausdruck.

3.2 Arbeitsansätze und Profile

Fokussierte Beratung

Die Soziale Schuldnerberatung und allen voran die Ratsuchenden sind in vielen Fällen mit einer Fülle von Problemen konfrontiert, die immer wieder auch Kooperationen mit anderen sozialen Diensten und Einrichtungen des Gesundheitswesens oder der Justiz erfordern. Typologisch kann grob unterschieden werden zwischen Ratsuchenden, die lediglich Sachinformationen über Schulden und Möglichkeiten der Regulierung benötigen, die sie in Eigenregie umsetzen, und Ratsuchenden, die daneben auf punktuelle Hilfe wie Anschreiben an Gläubiger oder auf Unterstützung in der Beantragung von Sozialleistungen angewiesen sind. Hinzukommen als dritte Gruppe Ratsuchende, die auf eine umfängliche Unterstützung im Umgang mit den wirtschaftlichen, rechtlichen, familiären, sozialen und persönlichen Implikationen einer Überschuldung angewiesen sind (vgl. Just 2012, S. 15f.). Die dritte Gruppe dominiert im Alltag der Sozialen Schuldnerberatung. Die Soziale Schuldnerberatung ist mit dieser Ausrichtung als *fokussierte Beratung* zu verstehen, die auf Schwerpunkte wie hier die Bearbeitung von Schulden in einer breiten Perspektive ausgerichtet ist und im Idealfall eine multiprofessionelle Besetzung begründet. Fokussierte Beratung wird vor allem in kommunalen oder gemeinnützigen Einrichtungen unter gesetzlichen Rahmenbedingungen mit einem formalisierten Zugang auf der Basis eines theoretischen und methodischen Hintergrundes angeboten (vgl. Stimmer/Ansen 2016, S 49). Die Soziale Schuldnerberatung erfüllt diese Kriterien vollständig.

> **Beratung**
>
> In der Grundform handelt es sich bei der Beratung um eine Interaktion zwischen einem Ratsuchenden und einem Berater. Der Ratsuchende ist mit einer konkreten Frage bzw. einem drängenden Problem alleine überfordert, er ist für die Lösung oder zumindest Linderung seiner Schwierigkeiten auf die Vermittlung von Wissen, Orientierung und/oder Lösungskompetenzen angewiesen. Hierbei wird der Ratsuchende je nach dem Beratungsanlass kognitiv, emotional und/oder praktisch mit dem Ziel unterstützt, wieder selbständig in seinem Alltag zurechtzukommen (vgl. Sickendiek/Engel/Nestmann 2008, S. 14). In der Beratung sind vier allgemeine Interventionsformen besonders relevant. Hierbei handelt es sich erstens um die Problemlösung durch einen Perspektivwechsel, der neue Sichtweisen auf belastende Lebensumstände ermöglicht. Erreicht wird diese Veränderung von Sichtweisen u. a. durch die gemeinsame Problemanalyse, in der bisher von Ratsuchenden übersehene Aspekte aufgegriffen werden. Eine zweite Intervention zur Problemlösung besteht in der Wissensvermittlung. Im Beratungsgespräch werden falsche Informationen korrigiert, Lösungswissen wird vermittelt und nicht verstandene Zusammenhänge werden aufgehellt. Entscheidend ist eine konsequent fallbezogene und verständliche Aufbereitung von Wissen. Zu den problemlösenden Interventionen der Beratung zählt drittens die gezielte Kompetenzförderung, die im Rahmen einer Bestandsaufnahme vorhandener und aus dem Blick verloren gegangener Fähigkeiten erfolgt. Schließlich werden Ratsuchende viertens durch konkret unterstützende Maßnahmen wie den Umgang mit Behörden oder den mit komplexen Antragsverfahren auf Sozialleistungen begleitet (vgl. Dewe/Schwarz 2013, S. 80f.).

Neben der formellen Einordnung der Sozialen Schuldnerberatung als *fokussierte Beratung* und der Rückbindung an das allgemeine Beratungsverständnis ist ihre inhaltliche Nähe zur *Sozialen Beratung* als systematischer Hintergrund hervorzuheben.

Soziale Beratung

Die Ausrichtung der Sozialen Beratung an sozial bedingten lebenspraktischen Problemen zieht sich durch den Beratungsdiskurs. In einer frühen Konzeption aus den 1970er Jahren wird die Beratung in der Sozialen Arbeit vor allem in Bezug auf die Arbeiterschicht bzw. die untere Mittelschicht gesehen, wobei in der Beratung psychosoziale Methoden und gesellschaftspolitische Strategien mit dem Ziel verknüpft werden, Ratsuchende unter Würdigung ihrer alltäglichen Probleme zu emanzipieren (vgl. stellvertretend Seibert 1978, S. 18f. oder Frommann/Schramm/Thiersch 1976, S. 725f.). Der gesellschaftstheoretische Hintergrund der Sozialen Beratung ist in späteren Entwürfen in den Hintergrund getreten. Die Soziale Beratung wird ferner dahingehend verstanden, dass sie mit sozial typischen Problemsituationen konfrontiert ist, deren Bewältigung sozial- und erziehungswissenschaftliche Kenntnisse erfordert, um Ratsuchenden alternative Deutungsmöglichkeiten bereitzustellen und Handlungsalternativen zu entwerfen. Entscheidend für die Wirksamkeit ist, dass sich die vermittelten Inhalte lebenspraktisch bewähren (vgl. Dewe/Scherr 1990, S 489f.). In der aktuellen Diskussion wird der Sozialen Beratung die Aufgabe zugewiesen, Ratsuchende bei Schwierigkeiten in ihren sozialen Kontexten wie Familie, Schule und Beruf sozialen Netzen sowie bei materiellen, rechtlichen und institutionellen Problemen beizustehen. Die Soziale Beratung kann nach diesem Verständnis nur *lebensweltorientiert* praktiziert werden (vgl. Sickendiek/Engel/Nestmann 2008, S. 41).

Kennzeichnend für die Soziale Beratung ist ihre Ausrichtung an Ratsuchenden mit spezifischen sozialen Problemen und damit verbunden ihr breites Themenspektrum, in dem es immer darum geht, Menschen in ihrer alltäglichen Lebensführung zu unterstützen. Nicht die Methode, sondern die Probleme stehen im Mittelpunkt, von hier aus werden methodische Vorgehensweisen ausgewählt, die sich im Beratungsprozess bewähren. Insofern handelt es sich bei der Sozialen Beratung um ein Konzept, in dem unterschiedliche Methoden kombiniert werden (vgl. Galuske 2013, S. 172f.).

Im Ergebnis der kurzen Rückschau auf die Entwicklung der Sozialen Beratung ist festzuhalten, dass es sich um einen *methodenintegrativen* Ansatz handelt, der Ratsuchende in ihrer Lebenswelt adressiert, die durch sozial bedingte prekäre Lebensumstände auf Unterstützung angewiesen sind. Das Ziel der Sozialen Beratung besteht heute darin, die sozialen Teilhabechancen der Ratsuchenden unter besonderer Berücksichtigung von Fragen der sozialen Sicherung, der sozialen Unterstützung und der persönlichen Befähigung zu fördern. Die zentralen Themen im Bereich der sozialen Sicherung umfassen ein ausreichendes Einkommen einschließlich sozialer Transferleistungen, eine angemessene Wohnungsversorgung und eine den Fähigkeiten und Interessen entsprechende Arbeit. Hinsichtlich der sozialen Unterstützung geht es um den fallbezogenen Zugang zu formellen Netzen des Sozial-, Bildungs- und Gesundheitswesens sowie die Förderung informeller Netzwerkbeziehungen in der Familie und im Freundes- und Bekanntenkreis. Soweit Fragen der persönlichen Befähigung zur sozialen Teilhabe eine Rolle spielen, stehen die Förderung der sozialen Kompetenzen und der individuellen Lebensführungskompetenzen im Mittelpunkt (vgl. Stimmer/Ansen 2016, 310f.). Die Soziale Schuldnerberatung findet in der Sozialen Beratung bereits ein Themenspektrum, das für die mehrdimensionale Bearbeitung von Überschuldungsproblemen bedeutsam ist. In der Ausbuchstabierung der

Arbeitsansätze kommt es darauf an, spezifische Inhalte zu benennen, die Ursachen und Folgen der Überschuldung berücksichtigen.

Konzeptionelle Schwerpunkte

In der Fachliteratur werden konzeptionelle Schwerpunkte und Richtungen der Sozialen Schuldnerberatung diskutiert, die sich im Wesentlichen nur begrifflich und in Bezug auf Differenzierungen und Untergliederungen unterscheiden. Die hier herangezogene Einteilung überzeugt durch ihre Ausrichtung auf Kernthemen. Danach umfasst die Soziale Schuldnerberatung als sozialarbeiterisch spezialisiertes Arbeitsfeld folgende Richtungen.

- *Schwerpunkt Finanz- und Budgetberatung*: Bearbeitet wird die ökonomische Lage der Ratsuchenden mit Blick auf das Haushalts- und Ausgabenverhalten und die Reduzierung und Überwindung der Überschuldung. In Reinform wird dieser Ansatz eher in Schuldnerberatungsangeboten der Verbraucherzentralen vertreten. Auf der Grundlage einer Analyse von Einnahmen und Ausgaben werden in der Regel durch den Einsatz systematisierter Haushaltsbögen sowohl nicht ausgeschöpfte Einnahmequellen wie beispielsweise infrage kommende Sozialleistungen als auch Einsparpotenziale durch die Kündigung nicht zwingend erforderlicher Versicherungen mobilisiert. Nach der Ermittlung der Einkommenssituation geht es darum, Möglichkeiten der Schuldenregulierung zu erörtern. Dies umfasst die Prüfung bestehender Schulden und die Entscheidung für einen realistischen Weg der Schuldentilgung (für Details ▶ Kap. 4 und 6).
- *Schwerpunkt (ökonomische) Krisenintervention*: Vorrangig geht es im ökonomischen Bereich um die Sicherung der Wohnung und Energielieferung, die Grundsicherung, den Pfändungsschutz, die schuldenbedingte Haftvermeidung und die persönliche Stabilisierung. Insbesondere der mietschuldenbedingte drohende Verlust der Wohnung und die Sperre von Energielieferungen sind im Beratungsalltag häufig Thema. Ratsuchende sind in der Regel mit der eigenständigen Bewältigung dieser ökonomischen Krise überfordert. Gelingt es, die Lebensgrundlagen zu sichern, trägt dies vielfach auch zu einer persönlichen Stabilisierung bei, Ratsuchende gewinnen allmählich wieder die Übersicht und kehren zu ihren Handlungsmöglichkeiten zurück (für Details ▶ Kap. 4 und 6).
- *Schwerpunkt Soziale Arbeit*: In den Blick der Beratung werden die mit einer Überschuldung verbundenen persönlichen, familiären, sozialen, psychischen und gesundheitlichen Belastungen genommen, deren Berücksichtigung für eine wirksame Beratung in vielen Fällen unumgänglich ist. Dieser Schwerpunkt erfordert neben den ökonomischen und juristischen Kenntnissen, die zweifellos zur Reduktion von Belastungen beitragen, insbesondere differenzierte Kompetenzen der Gesprächsführung und der sozialen Netzwerkarbeit, die bisher in der Sozialen Schuldnerberatung noch nicht ausreichend entwickelt sind (für Details ▶ Kap. 7).

- *Schwerpunkt Verbraucherschutz*: Wie bereits erwähnt, sind Schulden in der Regel kein individuelles, gar ausschließlich auf Verhaltensprobleme zurückzuführendes Problem, vielmehr dominieren strukturelle Faktoren. Verbraucherschutz steht für strukturbezogene Prävention durch Informationen und Verbraucherpolitik im Bereich finanzieller Dienstleistungen unter Einbeziehung der Sozialen Schuldnerberatung, durch die Gründung von Fachverbänden, die Erfahrungen der Beratungspraxis gebündelt vertreten und sich in Gremien und Gesetzgebungsverfahren ebenso einbringen wie in die Öffentlichkeitsarbeit (für Details ▶ Kap. 5) (vgl. Schruth 2011, S. 22f.).

Kooperation und Vernetzung

In der Sozialen Schuldnerberatung werden die oben genannten Themen je nach den Besonderheiten des Einzelfalls in unterschiedlichen Kombinationen aufgegriffen und entweder vor Ort oder durch eine Vernetzung mit anderen Diensten und Einrichtungen bearbeitet. Soweit Schuldnerberatung als integriertes Angebot – beispielsweise in der Suchtkrankenhilfe, der Wohnungslosenhilfe oder der Sozialpsychiatrie – vorgehalten wird, werden nur Ausschnitte dieses Themenkatalogs bedient, insbesondere die ökonomische Krisenintervention. Die Themenpalette der Sozialen Schuldnerberatung unterstreicht ihren *interdisziplinären Charakter und den Bedarf an multiprofessioneller Zusammenarbeit* bzw. multiprofessioneller Kompetenz. Neben Sozialarbeitern sind Juristen und kaufmännisch gebildete Fachkräfte die am häufigsten vertretenen Berufsgruppen, die sich im Idealfall gegenseitig befruchten, sodass Sozialarbeiter juristische und kaufmännische, Juristen kaufmännische und sozialarbeiterische und Kaufleute juristische und sozialarbeiterische Kompetenzen erwerben. Nicht immer sind Beratungsstellen so groß, dass alle drei Berufsgruppen vertreten sind. In diesen Fällen sind der Erwerb fehlender Kompetenzen und die beratungsstellenübergreifende Zusammenarbeit beispielsweise mit der Verbraucherzentrale oder Juristen geboten. Am häufigsten ist die Berufsgruppe der Sozialarbeiterinnen und Sozialarbeiter in der Sozialen Schuldnerberatung vertreten, schließlich handelt es sich um ein Aufgabenfeld der Sozialen Arbeit. Mit ihrer interdisziplinären und methodenintegrativen Ausrichtung sind vor allem Sozialarbeiter mit entsprechender Fortbildung für dieses Arbeitsfeld geradezu prädestiniert. Kenntnisse der Überschuldungsproblematik und die Soziale Schuldnerberatung sind nicht nur für das spezialisierte Arbeitsfeld erforderlich, sondern auch in vielen anderen Arbeitsbereichen, in denen die Adressatinnen und Adressaten mit Schulden konfrontiert sind. Hierzu zählen beispielsweise der Allgemeine Soziale Dienst, die Wohnungslosen-, Suchtkranken-, Straffälligen- und Erwerbslosenhilfe oder auch die Sozialpsychiatrie.

Für die Umsetzung der Sozialen Schuldnerberatung in diesem breiten Themenzuschnitt sind aufseiten der Fachkräfte unterschiedliche Kompetenzen erforderlich. Auch hier erweist sich die Soziale Arbeit mit ihrem Handlungskompetenzmodell als ergiebige Quelle für die Soziale Schuldnerberatung. Mit Handlungskompetenz sind Potenziale der Fachkräfte gemeint, auf die sie zurückgreifen können, wenn es darum geht, komplexe Aufgaben zu bewältigen. Handlungskompetenz in der Sozialen Arbeit umfasst bereichsbezogene und prozessbezogene Kompetenzen. Bereichsbezogene Kompetenzen umfassen die *Selbstkompetenz* der/des Professionellen im Sinne von Haltung, Einstellung, Motivation und Qualifikation. Hinzu kommen die *Fallkompetenz*, die in den Fähigkeiten zur Fallanalyse und zur methodischen Fallbearbeitung zum Tragen kommt, und die *Systemkompetenz*, die auf den Umgang mit der Organisation und mit unterschiedlichen Leistungssystemen zielt. Von Bedeutung sind neben *prozessbezogenen Kompetenzen* für Planungs- und Analyseaufgaben in der Gestaltung eines Hilfeprozesses die *Interaktions- und Kommunikationskompetenz*, die zum Umgang mit unterschiedlichen Ratsuchenden befähigt, sowie die *Reflexions- und Evaluationskompetenz*, mit der ein Prozess hinsichtlich seines Verlaufs begleitet und bei Bedarf korrigiert oder feinjustiert wird (vgl. Heiner 2010, S. 12f.).

Kompetenzen

In der Sozialen Schuldnerberatung sind diese Kompetenzen regelmäßig gefordert. Die Selbstkompetenz steht in Bezug auf die Haltung für einen nicht verurteilenden, sondern akzeptierenden Umgang mit überschuldeten Personen, wie auch immer die Schulden entstanden sind. In der Sozialen Schuldnerberatung kann nur tätig werden, wer für ökonomische, juristische und im engeren Sinn sozialarbeiterisch-beratende Themen aufgeschlossen und angesichts des ständigen Wandels im Arbeitsfeld auch bereit zur Fortbildung ist.

Die Fallkompetenz impliziert ein fundiertes methodisches Wissen, das idealtypisch von den Erstgesprächen über das Fallverstehen und die Hilfeplanung bis zu darauf bezogenen Interventionen reicht. Verbunden ist damit die Bereitschaft, sich auf im Einzelfall immer unwägbare Entwicklungen einzulassen und sich von linearen Wirksamkeitsvorstellungen zu verabschieden.

Die Systemkompetenz als ein weiterer Bestandteil der bereichsbezogenen Kompetenzen betrifft den Umgang mit der eigenen Organisation; schließlich ist die Soziale Schuldnerberatung auf einen organisatorischen Rahmen wie Ressourcenausstattung, zeitliche Abläufe und Möglichkeiten der Fortbildung sowie kollegiale Beratung angewiesen, um ihr anspruchsvolles Programm zu realisieren. Wie die unterschiedlichen Schwerpunkte der Sozialen Schuldnerberatung zeigen, sind Kenntnisse angrenzender Leistungen einschließlich der Zugangswege ein integraler Bestandteil, beispielsweise wenn es darum geht, Wohngeld zu beantragen, den gerichtlichen Pfändungsschutz zu organisieren oder eine Privatinsolvenz zu initiieren.

Die Planungs- und Analysefähigkeiten als Bestandteil der prozessbezogenen Kompetenzen in der Sozialen Schuldnerberatung tangieren u. a. den Umgang mit der großen Nachfrage nach Beratungsangeboten und die zeitliche Einteilung ebenso wie die Personalplanung.

Interaktions- und Kommunikationskompetenzen sind die Basis für die Kooperation mit Ratsuchenden und den Aufbau einer Arbeitsbeziehung. Sie werden auch für die Kooperation mit anderen Diensten und Einrichtungen eingesetzt. Große Bedeutung haben sie überdies für Verhandlungen mit Gläubigern, mit denen Spielräume im Rahmen der Schuldenregulierung wie Verzicht auf Zinsen und Kosten bei Stundungen oder Tilgungen oder auch Teilerlässe von Forderungen sondiert werden.

Wie bereits erwähnt, laufen Beratungsprozesse selten nach einem vorgefertigten Schema. Die Reflexions- und Evaluationskompetenz dient dazu, den Prozess kritisch zu begleiten und fortgesetzt die Frage aufzuwerfen, ob der eingeschlagene Weg noch stimmig ist. Eine prozessbegleitende, also formative Evaluation liefert dafür Einsichten. In einer abschließenden, sogenannten summativen Evaluation wird der Beratungsprozess in der Rückschau ausgewertet. Auf diesem Weg gelingt es, Erkenntnisse für die weitere Ausgestaltung der Sozialen Schuldnerberatung zu gewinnen.

An dieser Stelle drängt sich die Frage auf, inwieweit die gesetzlichen und finanziellen Rahmenbedingungen die Umsetzung der Arbeitsansätze einschließlich der differenzierten bereichs- und prozessbezogenen Kompetenzen zulassen.

3.3 Gesetzliche Rahmenbedingungen

Die Ausdifferenzierung der Sozialen Schuldnerberatung bis hin zu den aktuellen Schwerpunkten erfolgte durchgängig mit Blick auf die aus dem mehrschichtigen Problem der Überschuldung resultierenden Beratungsanforderungen. Wie die Soziale Beratung insgesamt unterliegt auch die Soziale Schuldnerberatung gesetzlichen Rahmenbedingungen, die dahingehend zu betrachten sind, ob sie genügend Raum für die Umsetzung der fachlichen Standards lassen.

Sozialstaatliche Daseinsvorsorge

Die Soziale Schuldnerberatung ist Teil der Daseinsvorsorge und keine beliebige Unterstützung für überschuldete Personen, die man ebenso unterlassen wie bereitstellen kann. Zur Daseinsvorsorge, die eine Eingriffsverwaltung um die Leistungsverwaltung ergänzt, zählen Güter und Dienstleistungen, die Menschen für ihre Teilhabe an der Gesellschaft benötigen und die man wegen ihrer allgemeinen Bedeutung nicht allein dem Markt überlässt. Hierbei handelt es sich beispielsweise um Verkehr oder Energielieferungen sowie um soziale Dienstleistungen, darunter die Schuldnerberatung. Die Soziale Schuldnerberatung als Daseinsvorsorge verstanden steht für das in den Artikeln 20 und 28 des Grundgesetzes verankerte Sozialstaatsprinzip, das in einer konkretisierenden Lesart nach § 1 SGB I u. a. dazu auffordert, Leistungen bereitzustellen, die dazu beitragen, besondere Belastungen des Lebens auch durch die Förderung der Selbsthilfekräfte abzuwenden oder zu überwinden. Überschuldung stellt zweifellos eine besondere Belastung des Lebens dar und erfordert eine qualifizierte Unterstützung. Die Verpflichtung des Staates, dafür eine geeignete Infrastruktur bereitzustellen, kann aus § 17 SGB I abgeleitet werden, nach dem die Leistungsträger des sozialen Sicherungssystems u. a. aufgefordert sind, die für die Umsetzung der Sozialleistungen erforderlichen Dienste und Einrichtungen zur Verfügung zu stellen. Die Verantwortung für eine ausreichende Versorgung mit Sozialen Schuldnerberatungsstellen liegt also bei den für diesen Bereich zuständigen Sozialleistungsträgern, im Wesentlichen handelt es sich hierbei um die Träger der Grundsicherung und der Sozialhilfe. Forderungen nach einer angemessenen Ausstattung sind an diese Stellen zu adressieren, wobei anzumerken ist, dass es sich bei der Sozialen Schuldnerberatung nicht um eine mit einem Rechtsanspruch unterlegte Sozialleistung wie beispielsweise Krankengeld oder Sozialhilfe handelt, der subjektiv einklagbar ist.

Anspruch auf Beratung

Versteht man die Soziale Schuldnerberatung im weiteren Sinn als Teil der (sozial-)staatlichen Daseinsvorsorge, bedeutet dies für Ratsuchende, dass sie auf ein sozialstaatlich vorgehaltenes Beratungsangebot zurückgreifen, das der Bewältigung ihrer finanziellen und der damit vielfach verbundenen persönlichen Probleme dient. Ratsuchende haben u. a. ein Recht, soweit es wirtschaftlich vertretbar ist, selbst zu entscheiden, bei welchem Träger sie eine Soziale Schuldnerberatung in Anspruch nehmen. Als Sozialleistung verstanden ist die Soziale Schuldnerberatung den Zielen verpflichtet, die Eigenkräfte der Ratsuchenden zu stärken, ihre sozialen Teilhabechancen zu verbessern und für menschenwürdige Lebensbedingungen zu arbeiten. Diese Ziele kommen u. a. in den Fundamentalnormen der Grundsicherung und der Sozialhilfe zum Ausdruck.

Für die Rechtsstellung der Ratsuchenden ist überdies das sogenannte sozialrechtliche Dreiecksverhältnis bedeutsam. Als Leistungsberechtigte schließen Ratsuchende mit den Sozialen Schuldnerberatungsstellen, die als Leistungserbringer bezeichnet und von den Leistungsträgern dafür bezahlt werden, eine Verabredung, quasi einen Vertrag, in dem die Inhalte und Formen der Zusammenarbeit vereinbart werden. Die Einhaltung ist für beide Seiten verbindlich, Ratsuchende können auf Umsetzung insistieren, sie sind nicht auf die zufällige Bereitschaft der Beratungsfachkräfte angewiesen. Die Stellung der Ratsuchenden im Beratungsprozess wird durch diesen sozialrechtlichen Hintergrund gestärkt, sie begegnen Fachkräften zwar immer noch mit einer geringeren Macht, gleichwohl wurden in der Vergangenheit die reziproken Elemente des Umgangs gestärkt.

Vertrauensschutz

Bisher geht es in der Erörterung der Rahmenbedingungen um die Stellung der Ratsuchenden im Unterstützungsprozess, die darin als Leistungsberechtigte und damit als Vertragspartner verstanden werden. Dieses Verständnis der Ratsuchenden wird durch einschlägige gesetzliche Schutzbestimmungen flankiert. Für die Soziale Schuldnerberatung ist die *strafrechtliche Schweigepflicht nach § 203 Strafgesetzbuch (StGB)* bedeutsam, in der neben Juristen und Psychologen ausdrücklich auch Sozialarbeiter bzw. Sozialpädagogen genannt werden. Wird die Schweigepflicht verletzt, droht eine Geldstrafe oder eine Freiheitsstrafe bis zu einem Jahr. Die Schweigepflicht schützt Ratsuchende vor der unbefugten Weitergabe von Geheimnissen, die im Beratungsprozess offenbart wurden. Sie schützt überdies die sozialarbeiterischen Fachkräfte gegen Auskunftsersuchen Dritter. Der Schweigepflicht unterliegen mit Blick auf die Soziale Schuldnerberatung alle Daten und Informationen über eine natürliche Person, die nicht offenkundig und ohne Einschränkungen zugänglich sind. So dürfen schon die Namen der Ratsuchenden einer Schuldnerberatungsstelle ohne die ausdrückliche Einwilligung der Betroffenen nicht weitergebeben werden, von den Details der Beratungsgespräche ganz abgesehen. Ein der Schweigepflicht unterliegender Inhalt gilt dann als offenbart, wenn er, auch nicht beabsichtigt, in irgendeiner Weise an Dritte gelangt. Übertragen auf die Soziale Schuldnerberatung ist bereits eine nicht verschlossene Akte, die eine Reinigungskraft einsehen kann, ein Verstoß gegen die Schweigepflicht.

Für die Praxis der Sozialen Schuldnerberatung ist in diesem Zusammenhang die Datenweitergabe an Sozialleistungsträger nach SGB II und SGB XII relevant, denn diese Träger finanzieren in den allermeisten Fällen die Beratung. Auch hier gilt: Ohne Einwilligung der Ratsuchenden dürfen keine Daten über die Beratung weitergegeben werden. Ein Auskunftsersuchen über den Beginn, den Verlauf, den Abbruch oder die Beendigung der Beratung kann nur dann von der Sozialen Schuldnerberatung bedient werden, wenn eine sogenannte Offenbarungsbefugnis, also eine Entbindung von der Schweigepflicht durch Ratsuchende vorliegt (vgl. Papenheim 2015, S. 236f.). Ratsuchende der Sozialen Schuldnerberatung müssen sich darauf verlassen, dass Einzelheiten ihrer Lebensumstände nicht weitergegeben werden, erst dieses Vertrauen trägt dazu bei, dass sie sich öffnen und über ihre Situation sprechen. Die Soziale Schuldnerberatung kann nur funktionieren, wenn Ratsuchende umfänglich mitwirken. Fehlen den Fachkräften wichtige Informationen, besteht die Gefahr, dass Vorgehensweisen auf den Weg gebracht werden, die ihre geplante Wirkung nicht entfalten. Verschweigen Ratsuchende beispielsweise eine Suchterkrankung, die sie daran hindert, längerfristige Vereinbarungen mit Gläubigern einzuhalten, kann dies dazu führen, dass eine Entschuldungsstrategie gewählt wird, die von vornherein nicht umsetzbar ist.

Sozialrechtliche Beratungsstandards

Die Rolle der Ratsuchenden wird auch durch die Beachtung von *sozialrechtlich anerkannten Beratungsstandards* gestärkt; die methodischen Standards der Sozialen Schuldnerberatung werden unten erläutert. Von Interesse sind an dieser Stelle die aus den gesetzlichen Rahmenbedingungen abgeleiteten allgemeinen Prinzipien, an denen sich die Beratung messen lassen muss. Grundlegend ist die

Förderung der Selbsthilfe und Eigenverantwortung. Ratsuchende sollen darin unterstützt werden, ihre Schwierigkeiten möglichst selbstständig zu bewältigen. Ein bevormundendes Vorgehen in der Beratung ist mit den auch grundrechtlich gesicherten Rechten auf Selbstbestimmung und Achtung der Würde nicht vereinbar (vgl. Papenheim 2015, S. 212). Für den Umgang mit Ratsuchenden in diesem Grundverständnis wurden allgemeine Prinzipien formuliert, die folgende Aspekte umfassen.

- *Ergebnisoffenheit*: Eine Beratung kann nicht mit einem festen Ziel durchgeführt werden, denn häufig ergeben sich erst im Beratungsprozess neue Einsichten, die zu Beginn noch nicht bekannt waren, beispielsweise familiäre Umstände, eine Erkrankung oder psychosoziale Belastungen, die in den weiteren Überlegungen eine Rolle spielen müssen.
- *Freiwilligkeit*: Beratung kann nicht verordnet werden, die Umsetzung der Beratungsinhalte im Alltag liegt immer in den Händen der Ratsuchenden, von daher ist die freiwillige und motivierte Inanspruchnahme für den Verlauf der Beratung unabdingbar. So setzt die fristgemäße Einhaltung von Tilgungsraten einen intrinsischen Antrieb der Ratsuchenden voraus, der in Beratungsgesprächen thematisiert und gefördert, aber nicht erzwungen werden kann.
- *Vertraulichkeit*: Neben der bereits ausgeführten Schweigepflicht zählen hierzu auch der Datenschutz und die Gewissheit aufseiten der Ratsuchenden, dass die Beratungsfachkräfte über die Inhalte der Gespräche konsequent Stillschweigen bewahren. Anders ist eine offene Auseinandersetzung im Beratungsprozess nicht vorstellbar.
- *Kooperation*: Psychosoziale Probleme wie Überschuldung erfordern in vielen Fällen die Zusammenarbeit mit anderen Diensten und Einrichtungen sowie mit Sozialleistungsträgern, um mehrdimensionale Hilfeketten aufzubauen, die erst den Erfolg einer Beratung sichern. Insbesondere müssen die existenziellen Lebensgrundlagen gesichert sein, ehe eine Beratung mit ihren vielfältigen Anforderungen an Ratsuchende in die Tiefe gehen kann (vgl. Geiger 2017, S. 748f.).

Die allgemeinen Prinzipien stecken den Rahmen für das Beratungshandeln ab. Für die Soziale Schuldnerberatung sind für die Einhaltung und Umsetzung dieser Prinzipien inhaltliche Abgrenzungen vorzunehmen, die ihren Handlungsradius präzisieren. Zum einen geht es um die Erbringung rechtlicher Dienstleistungen, die im Alltag der Sozialen Schuldnerberatung unumgänglich sind, und zum anderen vor dem Hintergrund der häufig auftretenden psychosozialen Schwierigkeiten, mit denen Ratsuchende konfrontiert sind, um die Unterscheidung von Beratung und Psychotherapie.

Rechtsberatung

Für die Durchführung der Sozialen Schuldnerberatung ergeben sich aus dem Rechtsdienstleistungsgesetz, das 2008 in Kraft getreten ist, grundlegende Konsequenzen. Eine Rechtsdienstleistung als außergerichtliche Tätigkeit liegt nach § 2 Rechtsdienstleistungsgesetz (RDG) vor, wenn eine rechtliche Prüfung des Einzelfalls, also eine juristische Subsumtion, vorgenommen wird. Keine Rechtsdienstleistungen sind eine allgemeine Rechtsauskunft, eine schematische, nicht subsumierende Rechtsanwendung, allgemeine Informationen über zulässiges bzw. nicht zulässiges Handeln auf der Grundlage der Rechtslage, die Unterstützung im Antragsverfahren sowie bei einem Widerspruch, soweit Ausführungen getätigt werden, die auch ein juristischer Laie durch eine Sachverhaltsdarstellung leisten kann.

In der Sozialen Schuldnerberatung beginnt eine Rechtsdienstleistung schon dann, wenn einzelne Forderungen hinsichtlich ihrer Rechtmäßigkeit oder einer möglichen Verjährung überprüft werden. Von daher stellt sich die Frage, welche Voraussetzungen dafür erfüllt sein müssen, dass in der Sozialen Schuldnerberatung *Rechtsdienstleistungen* erbracht werden können. Der Sozialen Schuldnerberatung ist nach § 8 RDG als öffentliche oder öffentlich anerkannte Stelle die außergerichtliche nicht gewerbliche Rechtsdienstleistung erlaubt, soweit sie in der Trägerschaft der freien Wohlfahrtspflege erfolgt und in ihren Aufgaben- und Tätigkeitsbereich fällt, was bei der Schuldnerberatung der Fall ist. Die Erlaubnis zur Erbringung einer Rechtsdienstleistung gilt auch für Verbraucherzentralen und die nach Landesrecht anerkannten Stellen oder Personen im Sinne von § 305 Insolvenzordnung, die autorisiert sind, eine Bescheinigung über den erfolglosen Versuch einer außergerichtlichen Einigung mit den Gläubigern bei einer Überschuldung auszustellen, die für den Eröffnungsantrag einer Privatinsolvenz notwendig ist. Neben diesen formalen Voraussetzungen müssen in der Sozialen Schuldnerberatung, die Rechtsdienstleistungen erbringt, die Träger dafür sorgen, dass die Anleitung der nicht juristisch ausgebildeten Mitarbeiterinnen und Mitarbeiter sowohl in Form einer Einweisung als auch einer regelmäßigen Fortbildung durch einen zum Richteramt befähigten Juristen sichergestellt ist. Möglich ist sowohl die Anstellung eines Volljuristen in der Sozialen Schuldnerberatung als auch ein Kooperationsvertrag, der eine verlässliche Rückgriffsoption sicherstellt (vgl. Papenheim u. a. 2015, S. 223).

Abgrenzung zu psychotherapeutischen Interventionen

Psychosoziale Probleme sind häufig unentwirrbar mit rechtlichen Fragen verbunden, insoweit tragen die Regelungen des Rechtsdienstleistungsgesetzes zur Klärung der Tätigkeitsreichweite der Sozialen Schuldnerberatung bei. Auf der anderen Seite ist es notwendig, die Soziale Schuldnerberatung von psychotherapeutischen Interventionen abzugrenzen, die im Umgang mit psychosozialen Problemen teilweise nicht weit entfernt liegen von Beratungsinterventionen. Das Gesetz über die Berufe des Psychologischen Psychotherapeuten und des Kinder- und Jugendlichenpsychotherapeuten (Psychotherapeutengesetz) trägt zur Klärung bei. Nach § 1 Abs. 3 Psychotherapeutengesetz handelt es sich bei der Psychotherapie um eine Tätigkeit, die auf der Basis wissenschaftlich anerkannter psychotherapeutischer Verfahren die Feststellung, Heilung oder Linderung von Störungen mit Krankheitswert umfasst, für die eine Psychotherapie indiziert ist. Hinsichtlich der thematischen Fokussierung dient die Psychotherapie schwerpunktmäßig der Selbst- und Beziehungsklärung unter Beachtung des Erlebens und Verhaltens des Klienten in der Therapie, während die Beratung auf die Lösung akuter Probleme ausgerichtet ist (vgl. Sander/Ziebertz 2010, S. 28). Die Beratung, in welcher Form auch immer, ist per se keine Behandlung krankheitswertiger Störungen. Sie ist, soweit psychische Störungen begleitend zu Beratungsthemen wie Überschuldung oder Armut vorliegen, mit den Folgen für die Person in ihren Umweltbezügen befasst. Dass eine Beratungsintervention auch heilende Wirkungen entfalten kann, ist unstrittig, so beispielsweise, wenn die Klärung von Schulden Ängste und psychosomatische Störungen lindert oder wenn die Sicherung der Lebensgrundlagen neue Perspektiven eröffnet. Für die Soziale Schuldnerberatung ist festzuhalten, dass sie bei erkennbarem psychotherapeutischen Unterstützungsbedarf ihre Grenzen erkennt und die Kooperation mit geeigneten Fachdiensten sucht.

3.4 Finanzielle Rahmenbedingungen

Die Umsetzung der Schwerpunkte der Sozialen Schuldnerberatung unter Beachtung ihrer gesetzlichen Rahmenbedingungen einschließlich der darin angelegten formalen Standards kann nur bei ausreichender Ausstattung gelingen, für die finanzielle Rahmenbedingungen gebraucht werden, die seit den systematischen Anfängen des Arbeitsfeldes als *prekär* angesehen werden. Die Finanzierungsbedingungen sind nicht nur bundesweit betrachtet sehr disparat, sie sind teilweise sogar von Kommune zu Kommune unterschiedlich (vgl. Rein 2013, S. 116). Sie begünstigen durch ihre parzellierte Struktur und ein an der jeweiligen Perspektive der Leistungsträger orientiertes Denken eine Beratung, die die Lebensumstände der Ratsuchenden insgesamt zu wenig in den Blick nimmt, dafür aber bestimmte Zielgruppen wie Arbeitslose unter dem Aspekt der schuldenbedingten Überwindung eines Vermittlungshemmnisses fokussiert. Die unterschiedlichen Finanzierungsgrundlagen der Sozialen Schuldnerberatung werden deutlich, wenn man die erheblich voneinander abweichenden *Grundlagen* betrachtet. So werden Schuldnerberatungsstellen in den Bundesländern Nordrhein-Westfalen, Rheinland-Pfalz und Brandenburg durch Regelungen in den jeweiligen Sparkassengesetzen obligatorisch in unterschiedlicher Höhe mitfinanziert, in den Bundesländern Niedersachsen und Schleswig-Holstein beteiligen sich die Sparkassen- und Giroverbände freiwillig an der Finanzierung, in den anderen Bundesländern bestehen weder gesetzlich vorgeschriebene noch freiwillige Beteiligungen an der Finanzierung der Sozialen Schuldnerberatung. Zwar sind Soziale Schuldnerberatungsstellen, soweit sie »anerkannte geeignete Stellen« sind, am Insolvenzverfahren beteiligt (u. a. durch die verbindlich vorgesehenen außergerichtlichen Einigungsversuche), gleichwohl ist die Vergütung nach den Ausführungsgesetzen der Bundesländer sehr uneinheitlich. Das Spektrum umfasst Fallpauschalen und vor allem Finanzierungen auf der Grundlage des SGB II und SGB XII sowie Landesmittel, mit denen eine Trennung von Schuldner- und Insolvenzberatung vermieden werden soll, was angesichts der komplexen Materie auch sehr sinnvoll ist.

Die folgenden Ausführungen stellen die Finanzierung der Sozialen Schuldnerberatung bei freien Trägern als die eindeutig dominierende Konstruktion in den Mittelpunkt. Die Schuldnerberatung ist auf Zuwendungen oder Entgelte der öffentlichen Träger für die sachgemäße Erbringung dieser Dienstleistung angewiesen, die immerhin ein integraler Bestandteil der staatlich zu verantwortenden Daseinsvorsorge ist. Auch wenn freie Träger von öffentlichen Trägern finanziert werden, behalten sie ihre Selbstständigkeit in der Durchführung der übertragenen Aufgaben, sie sind nicht der verlängerte Arm einer Behörde. Die Finanzierung muss so bemessen sein, dass die Voraussetzungen für die eigenverantwortliche Erbringung der Leistung in Bezug auf die sachliche und personelle Ausstattung erfüllt sind (vgl. Papenheim u. a. 2015, S. 159f.). Diese allgemeine Orientierung über die Finanzierung ist für die Soziale Schuldnerberatung insofern relevant, als sie die Beratung in eigener fachlicher Verantwortung zu gestalten hat und die Ratsuchenden sicher sein sollen, dass Behörden keinen unmittelbaren Einfluss auf die Beratungsinhalte ausüben.

Grundsätzlich werden *Zuwendungen* und *Leistungsentgelte* unterschieden. Zuwendungen werden nach den Bestimmungen der Bundes- und der Landeshaushaltsordnungen Diensten und Einrichtungen der freien Wohlfahrtspflege zweckgebunden gewährt, die Maßnahmen und Projekte durchführen, an deren Erfüllung ein öffentliches Interesse besteht und die ohne Zuwendungen nicht in dem für erforderlich angesehenen Umfang realisiert würden. Auf Zuwendungen, die in der Regel Eigenanteile des umsetzenden Trägers implizieren (Vollfinanzierungen sind eher die Ausnahme) besteht kein Rechtsanspruch. Von Zuwendungen, die eine zweckbestimmte Förderung darstellen, werden Einzelfallvergütungen unterschieden, mit denen, wie der Name schon sagt, einzelfallbezogene Entgelte für eine bestimmte Fallzahl vereinbart werden (vgl. Bossong 2010, S. 21f.). In der Sozialen Schuldnerberatung sind beide Finanzierungsmodalitäten möglich. Die Soziale Schuldnerberatung wird, wie andere Anbieter sozialer Leistungen, zunehmend nicht mehr mittels Zuwendungen finanziert, sie ist vielmehr ein Anbieter auf dem Markt sozialer Dienstleistungen und regelmäßigen *Ausschreibungsverfahren* unterworfen, bei denen die Sozialleistungsträger die kostengünstigsten Anbieter bevorzugen (vgl. Schruth 2011b, S. 88f.). Gegenwärtig basiert die Finanzierung der Sozialen Schuldnerberatung im Wesentlichen auf Leistungen des SGB II für erwerbslose Überschuldete und des SGB XII für Berechtigte von Sozialhilfe sowie Grundsicherung im Alter. Folgende Einzelheiten sind dabei zu berücksichtigen:

Die *Schuldnerberatung nach § 16a Nr. 2 SGB II* ist Teil der kommunalen Eingliederungsleistungen für Erwerbslose, die Arbeitslosengeld II erhalten, und Angehörige ihrer Bedarfsgemeinschaft. Die Soziale Schuldnerberatung dient nach § 16a SGB II der Verwirklichung einer ganzheitlichen Betreuung und Unterstützung auf dem Weg zurück in die Erwerbstätigkeit, soweit diese Eingliederungsleistung erforderlich ist. Ein erheblicher Teil der SGB II-Haushalte ist überschuldet. Überschuldung gilt als Vermittlungshemmnis, insofern ist es folgerichtig, Betroffenen den Zugang zur Sozialen Schuldnerberatung zu eröffnen. Allerdings muss die Inanspruchnahme der Sozialen Schuldnerberatung, auf die im Einzelfall der persönliche Ansprechpartner bzw. der Fallmanager hinwirkt, freiwillig bleiben, um den Erfolg einer Beratung nicht zu gefährden. Die Nichtinanspruchnahme darf keine Sanktionen auslösen, das würde das Problem der Überschuldung nur noch verschärfen (vgl. Geiger 2017, S. 753f.). Soweit die Angebote der Sozialen Schuldnerberatung als Eingliederungsleistung nach dem SGB II erbracht werden, übernimmt das Jobcenter die Finanzierung. Eigene Einrichtungen sollen nach § 17 Abs. 1 SGB II dann nicht geschaffen werden, wenn bereits Angebote bestehen. In der Sozialen Schuldnerberatung ist dies in der Regel der Fall. Wird ein Träger mit der Erbringung der Schuldnerberatung beauftragt, erfolgt die Vergütung nach § 17 Abs. 2 SBG II auf der Grundlage einer Vereinbarung, in der Inhalt, Umfang und Qualität der Leistungen und entsprechende Pauschalen oder Beträge für einzelne Leistungsbereiche festgelegt werden.

Für die Berechtigten von Leistungen nach SGB XII (Hilfe zum Lebensunterhalt und Grundsicherung im Alter) wird der Anspruch auf die *Soziale Schuldnerberatung aus § 11 SGB XII* abgeleitet. Die Beratung nach § 11 Abs. 2 SGB XII umfasst Fragen der persönlichen Situation, der Stärkung der Selbsthilfekräfte und der Förderung der Teilnahme am Leben der Gemeinschaft. Die Schuldnerberatung wird ausdrücklich in § 11 Abs. 5 SGB XII erwähnt. Dort heißt es:

»Ist die weitere Beratung durch eine Schuldnerberatungsstelle oder andere Fachberatungsstellen geboten, ist auf ihre Inanspruchnahme hinzuwirken. Angemessene Kosten einer Beratung nach Satz 2 sollen übernommen werden, wenn eine Lebenslage, die Leistungen der Hilfe zum Lebensunterhalt erforderlich macht oder erwarten lässt, sonst nicht überwunden werden kann; in anderen Fällen können Kosten übernommen werden. Die Kostenübernahme kann auch in Form einer pauschalierten Abgeltung der Leistung der Schuldnerberatungsstelle oder anderer Fachberatungsstellen erfolgen.«

Zu klären ist, ob im Rahmen des SGB XII Kosten der Sozialen Schuldnerberatung für Erwerbstätige übernommen werden können, denn für sie kommen Leistungen nach dem SGB II gegenwärtig nicht in Frage. Grundsätzlich wird in der Rechtsprechung und der Kommentierung ein Rechtsanspruch Erwerbstätiger auf Soziale Schuldnerberatung mit Mitteln des SGB XII abgelehnt, Erwerbstätige werden auf ihre Selbsthilfekräfte verwiesen (vgl. Rein 2013, S. 119f.). Auch hier existieren im Bundesgebiet sehr unterschiedliche Vorgehensweisen. Teilweise wird die Soziale Schuldnerberatung für Erwerbstätige aus Sozialhilfemitteln finanziert, wenn bestimmte Einkommensgrenzen nicht überschritten werden. Infrage kommt eine vollständige Kostenübernahme oder auch eine Kostenbeteiligung durch die Ratsuchenden. Die aktuelle Situation ist für Erwerbstätige sehr unbefriedigend.

Wie bereits erwähnt, sind die Formen der Kooperation zwischen kommunalen Leistungsträgern, sei es das Jobcenter oder der Träger der Sozialhilfe, sehr unterschiedlich geregelt. Grundsätzlich umfassen *Leistungsvereinbarungen* mit den Trägern der Sozialen Schuldnerberatung eine Basisberatung, für die eine Grundpauschale gewährt wird, und eine umfängliche Soziale Schuldnerberatung, die mit einer Beratungspauschale mit teilweise abgestuften *Erfolgspauschalen* für Teilregulierungen, außergerichtliche Einigungsversuche und erfolgreiche außergerichtliche Einigungen hinterlegt ist. Für die Basisberatung werden in der Regel ca. fünf Stunden bewilligt, für die umfassende Schuldnerberatung rund 20 Stunden. Gegenstand der Basisberatung sind die Erfassung der Schuldensituation und der persönlichen sowie materiellen Lebensumstände, die Auseinandersetzung mit den unterschiedlichen Folgen der Schuldensituation, die Sicherung der existenziellen Lebensgrundlagen, die Sondierung möglicher Beratungsziele unter Einbeziehung der Selbsthilfekräfte und ggf. die Vereinbarung einer weitergehenden Zusammenarbeit. Die umfängliche Soziale Schuldnerberatung umfasst entsprechend den oben dargestellten Arbeitsschwerpunkten die Umsetzung der Existenzsicherungsmaßnahmen wie vor allem Sicherung der Wohnung und Energielieferung sowie den Pfändungsschutz, die Überprüfung und Klärung der Forderungen von Gläubigern sowie die Einleitung von Schuldenregulierungsmaßnahmen unter Berücksichtigung der individuellen Leistungsfähigkeit der Ratsuchenden (vgl. Schruth 2011b, S. 91f.).

Die im Ergebnis *problematischen Finanzierungsgrundlagen* der Sozialen Schuldnerberatung sind seit vielen Jahren Gegenstand einer kritischen Debatte, deren Verlauf hier nicht im Detail nachgezeichnet wird. Bündelt man die unterschiedlichen *Vorschläge*, zeichnet sich ab, dass der Rechtsanspruch auf Soziale Schuldnerberatung im SGB XII, dem Sozialhilferecht, zu verankern ist. Vorstellbar ist eine Erweiterung des § 11 Abs. 5 SGB XII um den Anspruch auf Hilfe für überschuldete Personen (vgl. Schruth 2011a, S. 33; Ansen/Krahmer 2015, S. 90) oder eine Erweiterung der »Hilfen zur Überwindung besonderer sozialer Schwierigkeiten« nach §§ 67ff. SGB XII. Einen entsprechenden Vorschlag, der in diese Richtung weist, hat beispielsweise die AG SBV (Arbeitsgemeinschaft der Verbände der Schuldnerberatung, der die Bundesarbeitsgemeinschaft der Schuldnerberatung, die Verbände der freien Wohlfahrtspflege und der Bundesverband der Verbraucherzentralen angehören) vorgelegt (vgl. AG SBV 2015). Dabei wird kritisiert, dass unter bestimmten Voraussetzungen eine Kostenbeteiligung der Ratsuchenden vorgesehen ist. Eine Platzierung im achten Kapitel des SGB XII ist gleichwohl wegen des Dienstleistungscharakters auch ohne einen Einkommens- und Vermögenseinsatz möglich (vgl. Ansen/Krahmer 2015, S. 90). Aus Gründen der Wirksamkeit der Sozialen Schuldnerberatung sollte auf eine Kostenbeteiligung verzichtet werden, überschuldete Personen verfügen in der Regel nicht mehr über die Mittel dafür und werden durch eine Kostenbeteiligung möglicherweise abgeschreckt, zumal diese Mittel dann auch für eine Schuldenregulierung fehlen. Entscheidend an einer möglichen Reform der sozialgesetzlichen Grundlagen der Finanzierung der Sozialen Schuldnerberatung ist, darin sind sich die Experten einig, die Vermeidung einer Aufspaltung in eine Schuldner- und eine Insolvenzberatung. In der Praxis sind diese beiden Bereiche ohnehin kaum getrennt zu handhaben.

3.5 Aktuelle Diskussionen

Ausbau des Angebots

Das Arbeitsfeld Soziale Schuldnerberatung hat sich seit seinen Anfängen systematisch weiterentwickelt und ist heute fester Bestandteil der sozialen Infrastruktur. Rund zehn Prozent der Bevölkerung sind überschuldet oder prekär verschuldet, vielen gelingt die Lösung ihrer finanziellen Probleme nicht in Eigenregie. Die gegenwärtig rund 1.400 Schuldnerberatungsstellen der Verbraucher- und Wohlfahrtsverbände und der Kommunen (vgl. Statistisches Bundesamt 2016, S. 3) erreichen gleichwohl nur einen Teil der Betroffenen. Nach Schätzungen geht man davon aus, dass aktuell ca. zehn Prozent der Betroffenen die Soziale Schuldnerberatung in Anspruch nehmen (vgl. iff-Überschuldungsreport 2016, S. 13). Sie müssen bezogen auf das Bundesgebiet für einen ersten Beratungstermin, einmal abgesehen von kurzfristig erreichbaren Notfallsprechstunden, eine Wartezeit von durchschnittlich zehn Wochen in Kauf nehmen, bei jeder zehnten Beratung dauert es bis zum ersten Termin etwa zwanzig Wochen (vgl. Creditreform 2017, S. 15f.). Diese Zahlen verweisen auf eine Unterversorgung mit Schuldnerberatungsstellen, die von den Fachverbänden schon lange moniert wird. Die Arbeitsgemeinschaft Schuldnerberatung der Verbände AG SBV hat in ihrem Positionspapier zur Finanzierung der Schuldnerberatung (Mai 2011) auf der Grundlage von Schätzungen und Erfahrungen der Bundesarbeitsgemeinschaft Schuldnerberatung sowie der Spitzenverbände der Freien Wohlfahrtspflege und des Bundesverbandes der Verbraucherzentralen einen Bedarf von zwei Beratungsfachkräften je 50.000 Einwohner festgestellt. Daraus resultiert ein Bedarf von 3.300 Beratungsfachkräften. Diese Kennzahl ist heute längst noch nicht erreicht (vgl. AG SBV 2011, S. 10f.). Nimmt man die Gewährleistungsverpflichtung als Teil des sozialstaatlichen Gestaltungsauftrages ernst, der sich an die politisch Verantwortlichen in den Kommunen, den Ländern und dem Bund richtet, besteht hier akuter Handlungsbedarf.

Professionelle Standards

Neben der Auseinandersetzung mit der chronischen Unterfinanzierung und der lückenhaften Ausstattung mit Schuldnerberatungsstellen im Bundesgebiet besteht ein Klärungsbedarf hinsichtlich der professionellen Standards der Sozialen Schuldnerberatung. Kennzeichnend für die Profession ist das nicht-technologisierbare berufliche Handeln in komplexen Situationen, das vor allem für die Interpretation von Rechtsnormen, von Moralvorstellungen wie Gerechtigkeit oder die Behandlung erkrankter Menschen erforderlich ist. Bezogen auf die Soziale Arbeit bedeuten Interventionen Eingriffe in die Lebenspraxis von Menschen, die auf Unterstützung bei der Bewältigung lebenspraktischer Probleme in Form von Verstehensangeboten und Entscheidungsbegründungen angewiesen sind. Vorhandenes Alltagswissen reicht für die Bearbeitung jener Probleme nicht mehr aus, für die Menschen die professionelle Hilfe der Sozialen Arbeit in Anspruch nehmen (vgl. Dewe/Otto 2018, 1191f.). Für die Auswahl von Interpretationsangeboten und von konkreten unterstützenden Maßnahmen etwa bei einer Überschuldung stehen ganz unterschiedliche theoretische und methodische Zugänge zur Verfügung, auf die eine Fachkraft je nach dem Verständnis des Einzelfalls zurückgreifen kann. Es obliegt ihrer inhaltlichen Ausrichtung und ihrer Einschätzung des konkreten Handlungsbedarfs, welchen Weg sie einschlägt. Um die Interessen der Ratsuchenden einschließlich ihres Rechts auf Selbstbestimmung und auf lebenspraktische Autonomie nicht zu unterminieren, ist neben der fachlichen Orientierung im engeren Sinn auch eine ethische Haltung gefragt, die das Handeln anleitet (vgl. Becker-Lenz/Müller-Herrmann 2013, 207f.). Genau darum geht es auch in der professionsethischen Reflexion des Vorgehens in der Sozialen Schuldnerberatung.

Berufsethisch stehen in der Sozialen Arbeit und damit auch in der Sozialen Schuldnerberatung Fragen der individuellen Verantwortung der Fachkräfte für das Wohlergehen der Ratsuchenden, die Reflexion des gesellschaftlichen Mandats und die Auseinandersetzung mit Einrichtungen und Institutionen hinsichtlich der Ausrichtung und Abläufe, die sowohl Fachkräfte als auch Ratsuchende tangieren, im Vordergrund (vgl. Schmid Noerr 2012, S. 100f.). Ethische Konflikte in der Sozialen Arbeit entstehen u. a., wenn das fachliche Handeln mit den ökonomischen Interessen einer Einrichtung kollidiert, wenn inhumane Folgen rechtlicher Regelungen wie beispielsweise die Versagung von Grundsicherungsleistungen zu bearbeiten sind, wenn Eingriffe in das Wertesystem ratsuchender Menschen drohen oder wenn die für notwendig gehaltene Intervention potenziell mit den Normen und Werten der Gesellschaft kollidiert (vgl. ebd., S. 30). In der Praxis der Sozialen Schuldnerberatung geht es um weit mehr als die technische Regulierung von Schulden, eine ethische Ausrichtung ist angesichts der Dilemmata, die fortlaufend zu bearbeiten sind, unabdingbar.

Weiterführende Literatur

Gastiger, Sigmund/Stark, Marius (Hrsg.): Schuldnerberatung – eine ganzheitliche Aufgabe für methodische Sozialarbeit. Freiburg 2012

4 Zentrale Schuldenvarianten in der Sozialen Schuldnerberatung

Was Sie in diesem Kapitel lernen können

Nach orientierenden Hinweisen über zentrale Schuldenarten, die im Beratungsalltag eine Rolle spielen, folgen ausgewählte Schuldenportraits. Herausgestellt werden Hintergründe und Risiken, mit denen Ratsuchende konfrontiert sind. Unabhängig von den einzelnen Schuldenarten mit ihren Besonderheiten drohen aus einer übergreifenden Perspektive Pfändungs- und Vollstreckungsmaßnahmen, die eigens in den Grundzügen erläutert werden.

4.1 Schuldenvarianten

In der Sozialen Schuldnerberatung sind die Beratungsfachkräfte mit einer Fülle unterschiedlicher Schuldenvarianten befasst (▶ Abb. 1), deren gesetzliche Details hier nicht dargestellt werden. Soweit es um die Rechtmäßigkeit von Forderungen in Gänze oder auch um Teilforderungen einschließlich unterschiedlicher Verjährungsfristen geht, sind im Zweifelsfall Juristen gefordert. Es ist ohnehin immer ratsam, bei komplexeren juristischen Fragen Experten einzuschalten. Juristische Laien überblicken weder die Gesetzeslage noch die Rechtsprechung und die aktuellen rechtspolitischen Diskussionen, die für die Beurteilung einer komplexen Situation ausschlaggebend sind. Wer an dieser Stelle dilettiert, schadet den Ratsuchenden und bringt sich schlimmstenfalls in Schwierigkeiten, wenn Ratsuchende Beratungsfachkräfte auf Schadensersatz verklagen oder anderweitig in Haftung nehmen. Die damit zusammenhängenden Fragen überschreiten im Einzelfall die sozialarbeiterische Kompetenz. An dieser Stelle wird erneut deutlich, dass die Soziale Schuldnerberatung ihrem komplexen Auftrag nur interdisziplinär und multiprofessionell gerecht werden kann. Gleichwohl benötigen Sozialarbeiterinnen und Sozialarbeiter in der Sozialen Schuldnerberatung ein fundiertes Grundlagenwissen, mit dem sie einerseits in der Lage sind, strittige Probleme zu erkennen und juristischen Sachverstand hinzuziehen und andererseits in unstrittigen Fällen gemeinsam mit den Ratsuchenden Wege der Schuldenregulierung zu finden und methodisch umzusetzen (▶ Kap. 6).

4 Zentrale Schuldenvarianten in der Sozialen Schuldnerberatung

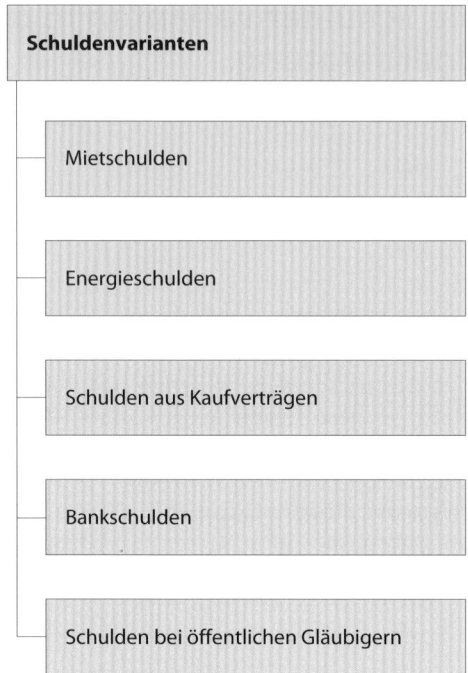

Abb. 1: Übersicht Schuldenvarianten

Nach jüngsten Daten beträgt die *durchschnittliche Schuldenhöhe* für das Jahr 2015 auf der Grundlage des Medians 14.400 EUR, wobei anzumerken ist, dass teilweise erhebliche Abweichungen von diesem Wert zu verzeichnen sind. So haben 17 Prozent der Ratsuchenden Schulden von über 40.000 EUR. In der Gesamtschau ist ein Rückgang der individuellen Schuldenhöhe zu verzeichnen. Interessant für die Soziale Schuldnerberatung ist überdies die Anzahl der Gläubiger, mit denen es Ratsuchende und Fachkräfte zu tun haben. Rund 59 Prozent sind bei weniger als zehn Gläubigern verschuldet, etwa 15 Prozent haben dagegen mehr als 20 offene Forderungen zu begleichen (vgl. iff-Überschuldungsreport 2016, S. 21f.). Unter den Gläubigergruppen dominieren Banken mit 28 Prozent, gefolgt von öffentlich-rechtlichen Gläubigern wie Sozialleistungsträgern oder Finanzämtern mit 18 Prozent, gewerblichen Gläubigern mit 13 Prozent, Inkasso- und Telekommunikationsunternehmen mit je zwölf Prozent. Zahlenmäßig eine deutlich geringere Rolle spielen Versicherungsunternehmen oder Unterhalts- sowie Privatschulden (vgl. ebd., S. 23). Auf eine weitere statistische Auffälligkeit ist hinzuweisen: Während Forderungen von Gerichten und öffentlich-rechtlichen Gläubigern durchschnittlich durch zusätzliche Belastungen um etwa vier bis fünf Prozent steigen, liegt die zusätzliche Belastung mit Zinsen und Kosten im Versandhandel bei rund 25 Prozent (vgl. ebd., S. 25). Schulden bergen mithin das Risiko, die ursprünglichen Forderungen durch Kosten von Zahlungsverzögerungen und Beitreibungsmaßnahmen zu übersteigen, zumal dann, wenn Betroffene erst sehr spät eine Beratungsstelle aufsuchen, was in vielen Fällen zu beobachten ist. Eine gelingende Prävention würde dazu beitragen, die Gesamtbelastungen überschuldeter Personen deutlich zu verringern.

In der statistischen Erfassung zentraler Schuldenarten fehlen Miet- und Energieschulden, die wegen ihrer existenziellen Bedeutung auch als Primärschulden bezeichnet werden. Mietschulden bergen das Risiko des Wohnungsverlusts, Energieschulden führen unbearbeitet zur Einstellung von Energielieferungen. Dies hat jeweils massive Auswirkungen auf die alltäglichen Lebensumstände. Der Verlust von Wohnung und Energielieferungen ist mit menschenwürdigen Lebensbedingungen nicht zu vereinbaren, diese Schulden genießen deshalb im Beratungsprozess neben Geldbußen und Geldstrafen, die zu Inhaftierungen führen können, höchste Priorität. Wer eine Soziale Schuldnerberatung mit Miet- und/oder Energieschulden aufsucht, hat in der Regel weitere Schulden, denn die Tilgung von Miet- und Energiezahlungen wird wegen ihrer existenziellen Bedeutung häufig erst zuletzt eingestellt, wenn quasi alle anderen Stränge schon gerissen sind. Diese Schulden werden deshalb auch Indikatorschulden genannt (vgl. Praxishandbuch Schuldnerberatung, Teil 4, Juni 2013, S. 3).

4.2 Konsequenzen der Schuldenvarianten für Ratsuchende und Beratungspraxis

In den Schuldenportraits werden entsprechend ihrer quantitativen und qualitativen Relevanz Miet- und Energieschulden ebenso aufgegriffen wie Schulden aus Kaufverträgen, Bankschulden und Schulden bei öffentlich-rechtlichen Gläubigern.

Mietschulden

Mietschulden berechtigen den Vermieter nach § 543 Abs. 2 Nr. 3 BGB dann zur *fristlosen* Kündigung des Mietvertrages, wenn eine der folgenden Mietschuldengrenzen vorliegt.

- *Zwei-Monats-Rückstand*: Bleibt der Mieter an zwei aufeinander folgenden Mietzahlungsterminen einen nicht unerheblichen Teil der Miete (Warmmiete) schuldig, gemeint ist mehr als eine Miete, kann der Mietvertrag fristlos gekündigt werden. Dies ist der Fall, wenn beispielsweise die folgende Konstellation vorliegt: Die Miete beträgt warm 550 EUR. Im Januar wird keine Mietzahlung geleistet, im Februar werden nur 540 EUR überwiesen. Der Mietrückstand beträgt nun an zwei aufeinander folgenden Terminen 560 EUR, sodass eine fristlose Kündigung gesetzlich zulässig ist.

- *Gesamtrückstand*: Gelingt es dem Mieter, immer wieder einen Teil der Miete zu bezahlen, ist die fristlose Kündigung dann zulässig, wenn der über einen längeren Zeitraum entstandene Mietrückstand zwei Monatsmieten (Warmmiete) entspricht. Diese Situation liegt unter Verwendung der gleichen Ausgangslage, also einer Miete von 550 EUR, vor, wenn der Mieter im Januar 300 EUR Miete überweist (Mietrückstand 250 EUR), im Februar die volle Miete, im März nur 200 EUR (Gesamtmietrückstand zu diesem Zeitpunkt 600 EUR), und im April 50 EUR (jetzt liegt der Gesamtrückstand bei 1.100 EUR).

Mit der schriftlich erforderlichen fristlosen Kündigung endet das Mietverhältnis, wenn diese dem Mieter zugegangen ist. Bleibt der Mieter in der Wohnung, was dringend zu raten ist, um die Wohnung möglichst zu erhalten, ist von diesem Zeitpunkt an eine Nutzungsentschädigung in Höhe der ortsüblichen Miete nach § 546a BGB zu entrichten, mindestens in Höhe der bisherigen Miete. Der Mieter ist nun Nutzer der Wohnung, er genießt nicht mehr die Mieterschutzbestimmungen, ihm droht unmittelbar der Verlust der Wohnung. Um eine Räumung der Wohnung zu vermeiden, stehen dem Betroffenen und mit ihm verbunden der Sozialen Schuldnerberatung unterschiedliche Interventionswege zur Verfügung. Zum einen kann mit dem Vermieter eine individuelle Lösung wie Stundung oder Tilgung bzw. beide Varianten in Kombination verhandelt werden, vorzugsweise bevor eine fristlose Kündigung ausgesprochen wird. Wieder zeigt sich, wie wichtig eine möglichst frühzeitige Unterstützung ist, um eine Eskalation, die bei Mietschulden mit dem Risiko des Verlusts der Wohnung verbunden ist, zu vermeiden. Der Vermieter verliert sein Kündigungsrecht, wenn die rückständigen Mieten vor einer Kündigung beglichen werden.

Führt der Weg von der fristlosen Kündigung zur Räumungsklage, die der Vermieter erhebt, besteht immer noch die Chance, die Wohnung zu erhalten und den alten Mietvertrag wieder aufleben zu lassen. Nach dem Zugang der Räumungsklage wird dem Mieter nach § 569 Abs. 3 Nr. 2 BGB noch eine Frist von zwei Monaten eingeräumt, um die Mietschulden zu begleichen. In diesem Fall wird die fristlose Kündigung unwirksam, der Mietvertrag tritt wieder in Kraft, soweit eine vergleichbare Lage in den zurückliegenden zwei Jahren nicht schon einmal aufgetreten ist. Die Zweijahresfrist muss in der Sozialen Schuldnerberatung mit Blick auf die Frage, ob eine Wohnung bei der Übernahme der Mietschulden erhalten werden kann, geklärt werden.

Fehlen die Eigenmittel für die Begleichung der Mietschulden, kommt eine *Mietschuldenübernahme* im Rahmen der Grundsicherung für Erwerbsfähige und für die Bezieher von Sozialgeld nach § 22 Abs. 8 SGB II oder der Sozialhilfe für Sozialhilfeberechtigte sowie Erwerbstätige mit geringem Einkommen nach § 36 SGB XII in Betracht. Das Amtsgericht ist nach § 22 Abs. 9 SGB II und nach § 36 Abs. 2 SGB XII bei einer eingehenden Räumungsklage wegen Mietschulden sogar verpflichtet, den Sozialleistungsträger am Wohnsitz des Mietschuldners zu informieren, damit er auch ohne einen Antrag des Betroffenen tätig werden kann, um die Wohnung möglichst zu erhalten. Soweit die persönlichen Voraussetzungen erfüllt sind und durch die Übernahme der Mietschulden die Wohnung gesichert werden kann, sollen diese übernommen werden. Im Rechtskreis des SGB II erfolgt die Mietschuldenübernahme obligatorisch als Darlehen, im Rechtskreis des SGB XII ist sowohl ein Darlehen als auch eine Beihilfe, je nach der Konstellation des Einzelfalls, möglich. Ausschlussgründe für die Mietschuldenübernahme sind insbesondere gegeben, wenn die Wohnung damit nicht dauerhaft gesichert werden kann, wenn die Mietschulden gemacht wurden, um öffentliche Mittel zu erhalten, oder wenn dies schon häufiger vorgekommen und eine Besserung unwahrscheinlich ist. In der Beantragung einer Mietschuldenübernahme bei den Jobcentern bzw. den Sozialämtern oder den vielerorts eingerichteten *Kommunalen Fachstellen zur Wohnungssicherung*, die für die Sozialleistungsträger diese Aufgabe übernehmen, sind sozialarbeiterische Begründungen, die nachvollziehbar machen, wie die Mietschulden entstanden sind und dass davon auszugehen ist, dass eine vergleichbare Notlage beispielsweise durch die Beratung der Betroffenen wahrscheinlich nicht erneut auftreten wird, für die Bewilligung hilfreich.

Gelingt es nicht, die Wohnung zu erhalten, erfolgt die *Räumung* auf Antrag des Vermieters. Jetzt geht es in der Sozialen Schuldnerberatung darum, gemeinsam mit den Ratsuchenden eine Alternative zu entwickeln und, bis diese gefunden ist, die Räumung der Wohnung möglichst zu verhindern. Nach den Bestimmungen der Zivilprozessordnung (ZPO) kann die Räumung einer Wohnung auf Antrag nach § 721 ZPO in der Regel maximal bis zu einem Jahr unter Angabe insbesondere persönlicher und sozialer Gründe wie Erkrankung, Schwangerschaft oder andere Härten verhindert werden. In jedem Fall sollte eine Zwangsräumung auch wegen der damit verbundenen weiteren Kosten für den ehemaligen Mieter vermieden werden. Wird keine neue Wohnung gefunden, enden die Mietschulden mit der Einweisung in eine kommunale Notunterkunft, das Hab und Gut der Betroffenen wird vorübergehend eingelagert und dann entweder entsorgt oder veräußert (vgl. zum gesamten Komplex Langenbahn 2012, S. 35f.).

Energieschulden

Energieschulden sind Zahlungsrückstände, die aus privatrechtlichen Verträgen mit Energieversorgungsunternehmen resultieren. Die Mieter einer Wohnung schließen mit den Energieversorgungsunternehmen individuelle Lieferverträge. Ein menschenwürdiges Leben ist ohne eine Energieversorgung, die beispielsweise für die Heizung, die Nahrungszubereitung oder die Warmwasserversorgung erforderlich ist, nicht möglich. Dieser Hintergrund unterstreicht die primäre Relevanz der Energieversorgung und erklärt auch, warum trotz der privatwirtschaftlich organisierten Energieversorgung die Anschluss-, Liefer- und Zahlungsbedingungen durch Rechtsverordnungen geregelt sind. Bundesweit gelten die Stromgrundversorgungsverordnung und die Gasgrundversorgungsverordnung.

Für die Soziale Schuldnerberatung bedeutsam sind die mit Zahlungsrückständen verbundenen Konsequenzen. Treten fortgesetzt Zahlungsverzögerungen oder Zahlungsausfälle auf, sind die Energieversorgungsunternehmen zur fristlosen Kündigung berechtigt, soweit diese mindestens zwei Wochen vorher angekündigt wurde. Die Einstellung der Versorgung setzt im Detail nach § 19 der Stromversorgungsgrundverordnung die folgenden Faktoren voraus:

- Die Zahlungsrückstände bei Stromlieferungen müssen mindestens 100 EUR betragen, eine entsprechende Grenze besteht nicht bei der Gasversorgung.
- Der Zahlungsrückstand muss angemahnt worden sein.
- Die Einstellung der Lieferung muss angekündigt worden sein.
- Zwischen der Androhung einer Stromsperre und der Ausführung müssen mindestens vier Wochen liegen.
- Der Vollzug der Stromsperre muss drei Tage vor der Ausführung mitgeteilt worden sein.

Mit Energieschulden sind neben der drohenden Unterbrechung der Lieferung auch Kostenrisiken verbunden. Mahngebühren, die Kosten der Sperrung des Anschlusses und des Wiederanschlusses sowie ggf. geforderte Sicherungsleistungen zählen hierzu. Wieder gilt, dass eine möglichst frühzeitige Intervention der Königsweg in der Sozialen Schuldnerberatung wäre, der allerdings häufig nicht beschritten werden kann, weil Ratsuchende erst sehr spät Hilfe in Anspruch nehmen. Zu den Interventionsmöglichkeiten der Sozialen Schuldnerberatung zählen wie bei den Mietschulden Stundungs- und Tilgungsvereinbarungen mit den Energieversorgungsunternehmen und bei fehlenden Eigenmitteln die Beantragung der Energieschuldenübernahme im Rahmen der Regelungen des § 22 Abs. 8 SGB II sowie § 36 Abs. 2 SGB XII. Energieschulden werden wie Mietschulden wegen ihrer existenziellen Bedeutung abweichend von dem Prinzip, dass in der Grundsicherung und der Sozialhilfe keine Schulden übernommen werden, dann als *Ermessensleistung* übernommen, wenn die Notlage anders nicht überwunden werden kann und dem Ratsuchenden kein vorsätzliches oder grob fahrlässiges Verhalten anzulasten ist. In der Beantragung der Übernahme von Energieschulden als Beihilfe oder als Darlehen (dies ist nur im SGB XII grundsätzlich möglich) spielen sozialarbeiterische Argumente eine wesentliche Rolle, um eine Ermessensentscheidung zugunsten der Ratsuchenden herbeizuführen. Darzustellen sind die Gründe für die Entstehung der Energieschulden, beispielsweise durch eine vorübergehende Überforderung, eine Krisensituation oder unerwartete Lebensereignisse, die Ratsuchende derart belastet haben, dass die Begleichung der Energiekosten nicht mehr gelungen ist. Überdies ist auf die negativen Folgen einer Energiesperre wie drohende Schäden für die Gesundheit oder eine unangemessene Versorgung der Kinder hinzuweisen (vgl. zum gesamten Komplex Langenbahn 2012, S. 42f.).

Schulden aus Kaufverträgen

Mit dieser Bezeichnung sind die in der Sozialen Schuldnerberatung weit verbreiteten Schulden bei Versandhäusern angesprochen, die weiter auf dem Vormarsch sind, nicht zuletzt deshalb, weil immer mehr Kaufhäuser mit Filialen ergänzende Online-Angebote vorhalten. Neben der klassischen Bezahlung einer Rechnung wurden Finanzierungsangebote in Form von Ratenzahlungen, die teilweise erst zu einem späteren Zeitpunkt als dem Kauf und der Lieferung der Konsumgüter einsetzen, etabliert, die auch vermehrt in Anspruch genommen werden. Für den Umgang mit einem Kaufvertrag einschließlich Zahlungsverzögerungen sind die §§ 433–479 BGB maßgeblich. Wieder werden hier lediglich die für die Soziale Schuldnerberatung zentralen Aspekte aufgegriffen. Zahlungsverzögerungen oder die Einstellung von Zahlungen stellen Verstöße gegen die Vereinbarungen im Kaufvertrag dar und führen zu Kosten des Verzugs und ggf. zur Kündigung des Kaufvertrags durch den Gläubiger, sodass die Restsumme in einem Betrag fällig wird. Ratsuchende in einer überschuldungsgeprägten Lebenslage sind damit finanziell überfordert.

Für den beraterischen Umgang mit Schulden aus Kaufverträgen ist zu beachten: Ein generelles Widerrufsrecht gegen Kaufverträge besteht nicht. Nur bei Kaufverträgen, die außerhalb der Geschäftsräume des Anbieters abgeschlossen werden, besteht grundsätzlich ein besonderer Verbraucherschutz. Das Widerrufsrecht beträgt 14 Tage nach Vertragsabschluss. In der Regel kommen Ratsuchende erst dann in die Soziale Schuldnerberatung, wenn diese Frist längst verstrichen ist. Für den eher seltenen Fall, dass Verträge in der Sozialen Schuldnerberatung bearbeitet werden, die erst in den zurückliegenden 14 Tagen geschlossen wurden, besteht immerhin die Möglichkeit, den Kaufvertrag ohne Angabe von Gründen aufzulösen.

In der Sozialen Schuldnerberatung kommen bei Schulden aus Kaufverträgen unterschiedliche Vorgehensweisen in Betracht:

- Soweit ein Rückgaberecht vereinbart wurde, können Schulden durch die Rückgabe der Ware ausgeglichen werden.
- Besteht kein Rückgaberecht, kann versucht werden, die Rücknahme der Ware frei zu verhandeln, um für beide Seiten, den Gläubiger und den Schuldner, den Schaden zu begrenzen.
- Handelt es sich bei der Ware um Gegenstände, für die ein Sozialleistungsträger ansonsten aufkommen würde, beispielsweise die Erstausstattung der Wohnung oder Kleidung bei Schwangerschaft sowie für ein neugeborenes Kind, kann versucht werden, die entstandenen Kosten als einmalige Bedarfe geltend zu machen, um auf diesem Weg die Bezahlung der Schulden zu realisieren.
- Wie bei allen Schulden sind auch bei Schulden aus Kaufverträgen Stundungen und Ratentilgungen einschließlich der Senkung von vereinbarten Ratenzahlungen möglich, soweit der Ratsuchende über die dafür erforderlichen Mittel verfügt.
- Eine weitere Variante ist die Mobilisierung von Mitteln aus dem Umfeld des Ratsuchenden, also von Angehörigen und Freunden, die ihn finanziell unterstützen, oder bei Stiftungen wie beispielsweise der Deutschen Krebshilfe. Die Mittel werden dann eingesetzt, um die Schulden zu begleichen, vielfach in Zusammenhang mit Vergleichsverhandlungen, die Gläubiger veranlassen sol-

len, nach der Tilgung einer Teilschuld die Restschuld zu erlassen (vgl. Praxishandbuch Schuldnerberatung, Kap. 4, Teil 12, Juni 2016, S. 77f.).

Bankschulden

Verbraucherkredite nehmen seit jeher in der Sozialen Schuldnerberatung breiten Raum ein. Unterschieden werden insbesondere Ratenkredite mit festgelegten monatlichen Tilgungsbeträgen und einem festen Zinssatz, Rahmenkredite, die bis zu einem Höchstbetrag ausgeschöpft werden können, Überziehungskredite, auch Dispositionskredite genannt, die hoch verzinst eine Überziehung des Girokontos ermöglichen und ursprünglich für kurzfristige Zahlungsengpässe konzipiert wurden, sowie Kreditkarten, die je nach Konzeption teilweise erst innerhalb einer Frist von vier Wochen ausgeglichen werden. In der Rekonstruktion von Kreditschulden fällt immer wieder auf, dass beanspruchte Überziehungskredite über einen längeren Zeitraum auf eine beginnende Überschuldung hinweisen. Ratsuchende, die nach einer anfänglichen Kreditverschuldung Umschuldungen mit neuen Krediten durchgeführt haben, so beispielsweise um einen Überziehungskredit auszugleichen, verlieren allmählich die Übersicht und verstricken sich immer weiter in einen *Verschuldungskreislauf*, der in die Überschuldung führt. Bei jedem neuen Kredit fallen Zinsen und Kosten an, sodass am Ende die Gesamtkosten teilweise über der zunächst erhaltenden Kreditsumme liegen. Die Banken sichern sich gegen Kreditausfälle u. a. mit folgenden Maßnahmen ab:

- Sie verlangen für den Abschluss eines Kreditvertrags, dass der Schuldner eine Restschuldversicherung abschließt, die unter sehr engen Voraussetzungen bei Zahlungsunfähigkeit des Kreditnehmers die Restschuld übernimmt.
- Verbreitet sind Lohn- und Gehaltsabtretungen, die im Krisenfall der Bank bei Pfändungen einen bevorzugten Zugang zu den pfändbaren Einkommensanteilen des Schuldners sichern.
- Vor allem bei Ehepaaren wird eine selbstschuldnerische Bürgschaft gefordert, die im Fall von Zahlungsproblemen dazu führt, dass die Bank entweder beim Schuldner oder beim Bürgen, der auf das Recht der Einrede verzichtet, Beitreibungsmaßnahmen ansetzt.

Soweit keine Formfehler des Kreditinstituts bei Vertragsabschluss gemacht worden sind, wozu auch angemessene Informationspflichten gehören, beträgt die Widerrufsfrist gegen einen abgeschlossenen Kreditvertrag 14 Tage. In der Praxis der Sozialen Schuldnerberatung spielt dieser Aspekt eine untergeordnete Rolle, hauptsächlich geht es um sogenannte notleidende Kredite, für die eine Regulierungslösung gefunden werden muss. Wird ein vereinbarter Zahlungstermin des Schuldners überschritten, beginnt ein Verzug auch ohne ausdrückliche Mahnung. Die Kreditinstitute sind jetzt berechtigt, Verzugszinsen zu berechnen, die fünf Prozent über dem Basiszinssatz liegen. Bei drohender oder bereits eingetretener Zahlungsunfähigkeit kann der Kreditvertrag durch die

Bank fristlos gekündigt werden. Entscheidend dafür ist, dass der Schuldner mit mindestens zwei aufeinander folgenden Raten ganz oder teilweise im Verzug ist, der gesamte Rückstand mindestens zehn Prozent des Kredits umfasst und eine Zahlung nach Aufforderung innerhalb von zwei Wochen nicht geleistet wird. Der noch fällige Restbetrag einschließlich der Verzugszinsen und möglicher Kosten wird dann in einer Summe fällig. Gelingt es nicht, diese Situation durch Tilgungsvereinbarungen, zu denen auch Umschuldungen gehören können, zu verhindern, kommt ein gerichtliches Mahnverfahren in Gang, das unten erläutert wird (▶ Kap. 4.3). Das gerichtliche Mahnverfahren wird von den Gläubigern in der Regel auch bei nicht erledigten Miet- und Energieschulden sowie Schulden aus Kaufverträgen beschritten (vgl. mit weiteren Hintergründen Westerath/Wolkowski 2011, S. 186f.).

Schulden bei öffentlichen Gläubigern

Schulden bei öffentlichen Gläubigern können gegenüber dem Finanzamt bei Steuerschulden, dem Gericht in Verbindung mit Geldauflagen und Geldstrafen, dem Jugendamt bei Unterhaltsschulden oder der Agentur für Arbeit, dem Jobcenter und dem Sozialhilfeträger bei Überzahlungen entstehen. Exemplarisch werden hier die häufiger in der Sozialen Schuldnerberatung vorkommenden Schulden beim Jobcenter und beim Sozialhilfeträger aufgegriffen.

Die Rückforderung von Sozialhilfeleistungen ist insbesondere durch ein gewährtes Darlehen, eine zu Unrecht erbrachte Leistung oder die schuldhafte Auslösung einer Notlage begründet. Ein Darlehen wird in der Regel gewährt, wenn eine Leistung erforderlich ist und der Antragsteller diesen Bedarf gegenwärtig nicht befriedigen kann, voraussichtlich aber zukünftig in der Lage ist, die Tilgung zu leisten. Die Annahme, dass der Antragsteller tilgen kann, resultiert aus einem vorhandenen oder in absehbarer Zeit zu erwartenden Einkommen oberhalb der Bedarfsgrenze für Sozialhilfeleistungen. Ändern sich die Verhältnisse, kann ein Darlehen nachträglich in eine Beihilfe umgewandelt werden. Für die Soziale Schuldnerberatung besteht hier eine Regulierungsmöglichkeit, die im Einzelfall zu prüfen ist. Hinsichtlich der Rückforderung einer zu Unrecht erbrachten Leistung ist zu berücksichtigen, dass diese dann nicht zurückgefordert werden kann, wenn der Ratsuchende davon ausgehen konnte, eine Leistung zu Recht erhalten zu haben, und wenn er im Vertrauen darauf die Mittel auch verwendet hat. Davon ist nach § 104 SGB XII nicht bei einer vorsätzlichen Täuschung des Leistungsträgers, bei bewusst falschen Angaben oder in einer Situation auszugehen, in der der Leistungsempfänger die Fehlerhaftigkeit des Bescheids hätte erkennen können. In der Sozialen Schuldnerberatung ist im Einzelfall zu prüfen, inwieweit eine Rückforderung zu Unrecht erbrachter Leistungen wegen der Schutzbedürftigkeit des Ratsuchenden im Nachhinein abgewendet werden kann. Der gesetzliche Rahmen muss in der sozialarbeiterischen Argumentation beachtet werden. In Bezug auf ein schuldhaftes Verhalten, aus dem ein Sozialhilfeanspruch zur Überwindung einer akuten Notlage wie völlige Mittellosigkeit hervorgeht, gilt nach § 26 SGB XII, dass die Hilfe auf das zum

Lebensunterhalt Unerlässliche gekürzt werden kann, bis der zur Verfügung gestellte Betrag zurückgezahlt ist. Soweit das schuldhafte Verhalten von den Ratsuchenden beispielsweise in Zusammenhang mit einer Abhängigkeitserkrankung oder einer Krise, die den Zugang zu üblichen Verhaltensweisen blockiert, nicht kontrolliert werden kann, ist die Kürzung der Hilfe nicht zulässig. In der Sozialen Schuldnerberatung sind die Hintergründe dieser Rückforderung aufzuklären und ggf. in Verhandlungen mit dem Sozialhilfeträger geltend zu machen, damit dieser von einem Kostenersatz absehen kann (vgl. Praxishandbuch Schuldnerberatung, Kap. 4, Teil 18, Juni 2011, S. 147f.).

In der Grundsicherung für Arbeitssuchende resultieren Rückforderungen im Wesentlichen aus Darlehen, zu Unrecht erbrachten Leistungen wegen schuldhaften Verhaltens und Aufrechnungen. Darlehen beispielsweise für die Übernahme von Miet- und Energieschulden oder einen unabweisbaren Bedarf, für den Eigenmittel fehlen, werden nur dann im Rechtskreis des SGB II gewährt, wenn auch das Schonvermögen aufgebraucht ist. Ein Darlehen wird durch die Einbehaltung von zehn Prozent der Regelleistung getilgt. Liegen mehrere Aufrechnungen vor, darf die Einbehaltung von Regelleistungsanteilen maximal 30 Prozent betragen (vgl. hierzu §§ 42, 43 SGB II). Ein schuldhaftes oder sozialwidriges Verhalten, das zu Rückforderungen führt, setzt vorsätzliches oder grob fahrlässiges Handeln voraus, aus dem ein Hilfeanspruch hervorgeht. Für die Feststellung eines solchen Fehlverhaltens sind die gesamten Umstände des Einzelfalls zu berücksichtigen. Infrage kommen etwa die Kündigung eines Arbeitsverhältnisses ohne wichtigen Grund oder falsche Angaben im Antrag bzw. die Nichtmitteilung von Änderungen in den Lebensumständen. Auch in diesen Fällen erfolgt beim weiteren Bezug von Leistungen eine Aufrechnung, ansonsten eine Rückforderung aus dem Einkommen und Vermögen. Je nach Fallkonstellation kann von einer Aufrechnung abgesehen werden, die auf insgesamt drei Jahre begrenzt ist. Wieder wird deutlich, dass in der Sozialen Schuldnerberatung der Einzelfall sorgfältig auch dahingehend zu prüfen ist, ob Ansprüche öffentlicher Leistungsträger begründet sind. Ist dies nicht der Fall, bestehen Handlungsmöglichkeiten auch im SGB II, denn auf die Rückzahlung eines Darlehens durch Aufrechnung kann auch verzichtet werden. Gelingt dies in Verhandlungen, stehen dem Ratsuchenden zumindest die für ein menschenwürdiges Leben unverzichtbaren Mittel zur Verfügung (vgl. mit weitergehenden Hinweisen Praxishandbuch Schuldnerberatung, Kap. 4, Teil 18, Juni 2011, S. 152f).

Sowohl bei den hier skizzierten Schulden als auch bei weiteren Schuldenarten wie Inkasso- und Rechtsanwaltsgebühren, Telekommunikationsschulden, Unterhaltsschulden oder Versicherungsbeitragsschulden drohen Zwangsmaßnahmen und Pfändungen, die im Folgenden wegen ihrer großen Bedeutung in der Sozialen Schuldnerberatung in einem eigenen Abschnitt umrissen werden (▶ Kap. 4.3). Die vielfältigen juristischen Klippen, die mit einem solchen Verfahren verbunden sind, können hier nicht erörtert werden. Wie in anderen Situationen auch, in denen differenzierte gesetzliche Regelungen zu beachten sind, ist juristischer Rat einzuholen.

4.3 Zwangsmaßnahmen der Gläubiger

Kommt der Schuldner seinen Zahlungsverpflichtungen trotz der Mahnungen des Gläubigers nicht nach, steht diesem der Weg zu einem gerichtlichen Verfahren offen, um seine Forderungen einzutreiben. In der Sozialen Schuldnerberatung hat man es regelmäßig mit sogenannten titulierten Forderungen zu tun (vollstreckbaren Forderungen), deren Implikationen in der Schuldenregulierung zu beachten sind. Jährlich werden über 5,5 Mio. Mahnverfahren durchgeführt (vgl. Mantseris 2017, S. 241); diese Zahl zeigt die Dimension, um die es im Alltag der Überschuldung für die Betroffenen geht.

Im ersten Schritt bringt der Gläubiger einen *Mahnbescheid* über das Gericht auf den Weg. Der Schuldner erhält den vom Gläubiger veranlassten Mahnbescheid, das Gericht stellt diesen zwar zu, prüft aber nicht, ob die Forderung zu Recht besteht. Falls daran seitens des Schuldners Zweifel bestehen, kann er binnen zwei Wochen Widerspruch gegen den Mahnbescheid einlegen. Hält der Gläubiger nach einer Entscheidung des Gerichts zugunsten des Schuldners an seiner Forderung fest, bleibt ihm der Klageweg. Gewinnt er den Prozess, trägt der Schuldner die Kosten. Insofern sollte ein Widerspruch nur begründet erfolgen, um das Kostenrisiko für den Schuldner zu begrenzen. Legt der Schuldner gegen den Mahnbescheid keinen Widerspruch ein, erlässt das Gericht einen Vollstreckungsbescheid mit einer ebenfalls vierzehntägigen Einspruchsfrist. Verstreicht diese Frist, wird der Vollstreckungsbescheid vollstreckbar, der Gläubiger kann mit diesem Titel den Schuldner pfänden. Eine *Pfändung* ist auch dann möglich, wenn der Gläubiger eine Klage gegen den Schuldner gewinnt und auf ein vollstreckbares Urteil zurückgreifen kann. Sowohl der Vollstreckungsbescheid als auch das gerichtliche Urteil verjähren erst nach 30 Jahren. Wie bereits mehrfach erwähnt, suchen Ratsuchende häufig erst in einer späten Phase des Überschuldungsprozesses die Soziale Schuldnerberatung auf, wenn Widerspruchs- oder Einspruchsfristen längst verstrichen sind und es darum geht, Schuldner im Umgang mit Pfändungen zu begleiten und ihre Interessen wahrzunehmen.

Der Gläubiger beauftragt mit dem *Vollstreckungsbescheid* oder Gerichtsurteil im Rücken einen *Gerichtsvollzieher* damit, seine Forderungen beim Schuldner einzutreiben. Auch diese Kosten trägt im Ergebnis der Schuldner. Die Eintreibung der Forderungen erfolgt durch Sach- und Forderungspfändungen. Sachpfändungen betreffen verwertbare Gegenstände wie hochwertige Möbel, Unterhaltungselektronik, Teppiche oder Autos, die sich in der Wohnung oder im Besitz des Schuldners befinden. Der Gerichtsvollzieher darf die Wohnung des Schuldners nur mit dessen Zustimmung betreten. Verwehrt der Schuldner dem Gerichtsvollzieher das Betreten seiner Wohnung, muss der Gläubiger einen gerichtlichen Durchsuchungsbeschluss beantragen. Auch diese Kosten neben der Rechnung eines ggf. erforderlichen Schlüsseldienstes fallen auf den Schuldner. Ein kooperatives Verhalten ist angezeigt. Dem Schuldner bleiben nach den Pfändungsschutzbestimmungen die für ein *menschenwürdiges Leben* erforderlichen Sachmittel, ggf. erfolgt eine Austauschpfändung, d. h., auf den Gegenstand an sich wie ein Fernsehgerät besteht ein Anspruch des Schuldners, nicht aber auf ein möglicherweise sehr kostbares vorhandenes Gerät, das dann gegen ein einfaches Gerät ausgetauscht wird. Details zu den pfändbaren und pfändungsgeschützten Gegenständen finden sich in den §§ 803, 811f. ZPO. Die beschlagnahmten Gegenstände werden, soweit der Gläubiger die Forderungen weiterhin nicht bezahlen kann, durch eine Versteigerung verwertet.

Forderungspfändungen umfassen Forderungen des Schuldners wie vor allem Kontoguthaben gegenüber der kontoführenden Bank oder Lohn und Gehalt gegenüber dem Arbeitgeber. Soweit die Beträge nicht pfändungsgeschützt sind, werden sie vom Gerichtsvollzieher eingezogen und dem Gläubiger zugeführt. Einzelheiten zur Forderungspfändung regelt § 850 ZPO. Der Schuldner ist in diesem Verfahren nicht schutzlos. Die Aufgabe der Sozialen Schuldnerberatung besteht darin, gemeinsam mit den Schuldnern Pfändungsschutzbestimmungen geltend zu machen.

Zunächst Hinweise zur *Kontopfändung*: Schuldnern steht ein pfändungsgeschützter Betrag zu, mit dem sie ein menschenwürdiges Leben führen können. Der pfändungsgeschützte Betrag richtet sich nach der Anzahl der unterhaltsberechtigten Personen, für die der Schuldner zu sorgen hat. Der Grundfreibetrag für einen Schuldner ohne unterhaltsberechtigte Angehörige wie Ehepartner oder Kinder beträgt derzeit 1.139,99 EUR. Um den Kontozugriff des Gläubigers auf den pfändbaren Betrag zu begrenzen, muss ein Pfändungsschutzkonto eingerichtet werden. Jede Person hat das Recht, ein Pfändungsschutzkonto zu führen. Auf Antrag muss die kontoführende Bank ein Girokonto innerhalb von drei Werktagen gebührenfrei in ein Pfändungsschutzkonto umwandeln. Da mittlerweile seit Juni 2016 ein Rechtsanspruch auf ein Girokonto für jeden besteht, dürfte die Einrichtung eines Pfändungsschutzkontos, das nur im Guthaben geführt wird, grundsätzlich kein Problem mehr sein. Bei einer Pfändung dürfen nur darüberhinausgehende Beträge anteilig eingezogen werden, der Rest verbleibt dem Schuldner. Liegen besondere Lebensumstände wie ein gesundheitlich bedingter erhöhter Ernährungsbedarf vor, kann der pfändungsgeschützte Betrag auf Antrag beim Amtsgericht erhöht werden. Eine entsprechende Bescheinigung, die u. a. von anerkannten Schuldnerberatungsstellen, Arbeitgebern, Familienkassen, Sozialleistungsträgern oder vom Vollstreckungsgericht ausgestellt wird, ist der Bank vorzulegen. Neben dem pfändungsgeschützten Betrag ist an dieser Stelle wissenswert, dass Sozialleistungen wie Arbeitslosengeld I oder II und Kindergeld in den ersten vierzehn Tagen nach Eingang nicht gepfändet werden dürfen. Dieser sogenannte Verrechnungsschutz soll sicherstellen, dass die Berechtigten die notwendigen Mittel für ihren Lebensunterhalt auch tatsächlich erhalten. Auf dem Pfändungsschutzkonto können keine Ersparnisse gebildet werden, denn die in einem Monat nicht verbrauchten Beträge sind nur noch im Folgemonat pfändungsgeschützt.

In Bezug auf die *Lohnpfändung* ist zu beachten, dass nun der Arbeitgeber auf der Grundlage eines vom Gläubiger veranlassten Pfändungs- und Überweisungsbeschlusses, den das Amtsgericht ausstellt, verpflichtet ist, den pfändbaren Teil des Lohnes einzubehalten und an den Gläubiger abzuführen. Der Arbeitgeber wird in diesem Verfahren zum Drittschuldner. Führt er den pfändbaren Betrag nicht oder falsch ab, haftet er dafür. Handelt es sich um einen öffentlichen Gläubiger wie das Finanzamt oder einen Sozialleistungsträger, gelten finanziell die gleichen Regelungen, nur der Verfahrensweg ist ein anderer. Anstelle eines Gerichtsvollziehers wird ein Beamter der Stelle tätig, die für die Eintreibung der Forderungen zuständig ist. Ganz überwiegend ist damit das Hauptzollamt beauftragt. Statt Pfändungs- und Überweisungsbeschluss spricht man hier von Pfändungs- und Einziehungsverfügung. Haben mehrere Gläubiger einen Pfändungs- und Überweisungsbeschluss bzw. eine Pfändungs- und Einziehungsverfügung erwirkt, ist der Gläubiger vorrangig vollständig zu bedienen, der den Beschluss zuerst beim Arbeitgeber vorlegt. Auch für die Lohnpfändung gilt die Lohnpfändungstabelle nach § 850c ZPO, auf die bereits in Zusammenhang mit der Kontopfändung hingewiesen wurde. Die Besonderheit besteht darin, dass nicht der volle Betrag über dem Grundfreibetrag gepfändet wird, sondern zusätzlich bleiben 30 Prozent unpfändbar, um den Arbeitsanreiz für Schuldner aufrecht zu erhalten. Es bestehen überdies unterschiedliche Möglichkeiten, den Pfändungsfreibetrag zu erhöhen; so bleiben beispielsweise Überstundenvergütungen zu 50 Prozent anrechnungsfrei, ebenso ein Teil des Weihnachtsgeldes bis 500 EUR, oder es können Fahrtkosten zur Arbeitsstelle geltend gemacht werden.

Auf eine dritte Komponente gerichtlicher Maßnahmen des Gläubigers, mit der Schuldner häufig konfrontiert sind, ist hier hinzuweisen: die *Vermögensauskunft*. Damit der Gläubiger verbindlich erfährt, über welche Vermögenswerte und welche Einkünfte ein Schuldner verfügt, veranlasst er eine Vermögensauskunft, in der der Schuldner an Eides statt Auskünfte über seine finanziellen Verhältnisse zu erteilen hat. Die Vermögensauskunft wird gegenüber dem Gerichtsvollzieher entweder in dessen Büro oder in der Wohnung des Schuldners erteilt. Auf die Abgabe einer Vermögensauskunft besteht aufseiten des Gläubigers ein Rechtsanspruch. Die Vermögensauskunft kann alle zwei Jahre erneut verlangt werden, eine vorzeitige Abgabe ist nur gesetzlich vorgesehen, wenn Anhaltspunkte dafür vorliegen, dass sich die Einkommens- und Vermögensverhältnisse des Schuldners verändert haben. Weigert sich der Schuldner, diese Auskunft zu erteilen, kann sogar ein Haftbefehl und Erzwingungshaft verhängt werden. In der Sozialen Schuldnerberatung sollten Ratsuchende dazu angehalten werden, die Vermögensauskunft nicht zu verweigern, denn am Ende werden sie doch dazu gezwungen und bis dahin unterliegen sie einem massiven Druck. In der Vermögensauskunft sind Angaben zur Person, zu Vermögenswerten, zu Einkünften und auch zu Schenkungen der vergangenen vier Jahre zu machen. Falsche Angaben, die unter Eid gemacht werden, sind strafbar.

4.4 Implikationen für die Soziale Schuldnerberatung

Die unterschiedlichen Schuldenarten und die damit verbundenen breit gestreuten rechtlichen Risiken und Konsequenzen erfordern von den Fachkräften umfängliches ökonomisch-finanztechnisches und juristisches Fachwissen, über das Sozialarbeiterinnen und Sozialarbeiter durch ihr Studium in der Regel nicht verfügen. Da das Problem der Überschuldung nicht in seine Einzelaspekte zerlegt und von je verschiedenen Fachkräften separat behandelt werden kann, was das Ende einer ganzheitlichen Sozialen Schuldnerberatung bedeuten würde, stellt sich die Frage, wie mit der Themenvielfalt im Beratungsalltag umzugehen ist. So wie von Ökonomen und Juristen in der Sozialen Schuldnerberatung erwartet werden kann, dass sie sich mit den Grundzügen des sozialen Systems von Dienst-, Sach- und Geldleistungen und der Beratung und Gesprächsführung vertraut machen, so kann von Sozialarbeiterinnen und Sozialarbeitern in diesem Arbeitsfeld erwartet werden, dass sie sich die auf die Belange der Ratsuchenden in der Sozialen Schuldnerberatung bezogenen erforderlichen ökonomisch-finanztechnischen und juristischen Kenntnisse über Fortbildungen, kollegialen Austausch und Selbststudium aneignen. Es kommt nicht darauf an, jedes Detail zu wissen, vor allem ist es notwendig zu erkennen, wann ergänzender Rat einzuholen ist, um mit den Ratsuchenden bestmögliche Lösungen für ihre Probleme zu entwickeln und bestmögliche Wege der Umsetzung zu beschreiten. Sozialarbeiterinnen und Sozialarbeiter sollten gleichwohl vermeiden, ihre professionelle Identität durch die Bearbeitung juristischer oder fachökonomischer Aufgaben zu vernachlässigen, ihre originäre Fachlichkeit wird in der Sozialen Schuldnerberatung gebraucht.

Die Schuldenportraits zeigen, dass Ratsuchende in der Sozialen Schuldnerberatung u. a. existenzielle Risiken wie den drohenden Verlust einer Wohnung oder der Energielieferung bewältigen müssen. Die Soziale Schuldnerberatung leistet an dieser Stelle eine ökonomische *Krisenintervention*, die der Sicherung der elementaren Lebensgrundlagen dient und wesentlich dazu beiträgt, eine weitere Zuspitzung der Überschuldungssituation zu vermeiden. Wirtschaftliche Probleme, die solche Krisen hervorrufen, hinterlassen bei den Betroffenen ihre Spuren. Sie lösen Verunsicherungen und Ängste aus, auf die zu reagieren ist. Im Anschluss an Grundsätze der Krisenintervention, bei der immer wieder Gefahr im Verzug bestehen kann, steht die Soziale Schuldnerberatung vor der Aufgabe, sowohl organisatorisch als auch inhaltlich auf solche Notlagen unverzüglich und bei Bedarf auch durch stellvertretende Handlungen zu reagieren. Erst wenn die Angst vor dem Verlust der Wohnung und damit der bürgerlichen Existenz überwunden ist, sind Ratsuchende wieder in der Lage, sich stärker am Beratungsprozess zu beteiligen und eigene Aufgaben zu übernehmen. Die Soziale Schuldnerberatung trägt unmittelbar zur Entlastung der Ratsuchenden und ihrer Angehörigen bei. Ihre Einsichten und Erfahrungen sollten in den heute stark psychologisch und psychiatrisch dominierten Überlegungen zur Krisenintervention eine stärkere Rolle spielen. Die Soziale Schuldnerberatung ist mit ihrer Kompetenz zur Sicherung der Lebensgrundlagen ein wichtiger Akteur im Gefüge einer vernetzten Krisenintervention.

Nicht nur die existenziellen Risiken verunsichern Ratsuchende im Alltag. Die vielgestaltigen Implikationen, die mit Schulden verbunden sind, führen leicht zum Gefühl, der Lage nicht mehr gewachsen zu sein. Die Überforderung mit der Schuldensituation löst Ängste aus und erzeugt Anspannung, die sowohl die Betroffenen als auch ihr Umfeld belasten. Schuldner leben in Kontexten, die einzubeziehen sind, denn ohne Berücksichtigung der Lebensumstände kann die Soziale Schuldnerberatung nicht gelingen. In den Beratungsgesprächen ist ein hohes Maß an Sensibilität und Empathie erforderlich, um Ratsuchende so anzusprechen, dass sie bereit sind, sich zu öffnen, in der Beratung mitzuarbeiten und nicht das Gefühl entwickeln, sie seien selbst schuld an ihrer Lage. Ratsuchende benötigen Unterstützung, die Überschuldung auch persönlich zu verarbeiten und Scham- und Schuldgefühle zu überwinden oder sich vielleicht erstmals ihren Anteilen an dem Problem zu stellen.

Aus den Schuldenportraits geht unter einem anderen Blickwinkel hervor, dass die Soziale Schuldnerberatung mit ganz unterschiedlichen Gläubigern umzugehen hat. Darunter befinden sich Banken und Kreditinstitute, Konzerne wie große Energieversorgungslieferanten oder Versandhäuser, öffentliche Gläubiger, die nach gesetzlichen Vorschriften handeln, und kleinere Händler sowie Handwerksbetriebe oder Rechtsanwälte. In Gesprächen und Verhandlungen mit Gläubigern müssen sich die Fachkräfte der Sozialen Schuldnerberatung auf ganz verschiedene Menschen einstellen. Zum einen handelt es sich um Angestellte großer Unternehmen oder Verwaltungen, die kein persönliches Anliegen mit den Schulden der Ratsuchenden verbinden, zum anderen um unmittelbar Betroffene, für die der Forderungsausfall mit persönlichen Einkommenseinbußen verbunden ist und die schon dadurch bedingt anders auf Verhandlungsangebote reagieren. Für die Soziale Schuldnerberatung sind die Gläubiger, ob sie persönlich für Gespräche zur Verfügung stehen oder durch Angestellte vertreten werden, ein rationales und durchaus konfliktfähiges Gegenüber, das darauf aus ist, seine Rechte gegenüber den Schuldnern durchzusetzen. Teilweise sind sie über die Schuldner verärgert, die auf gütliche Angebote in der Vergangenheit aus ihrer Sicht nicht oder nicht angemessen reagiert haben. Gläubiger übersehen dabei, dass Schuldner auf dem Weg in die Überschuldung in der Regel mit multiplen Problemen belastet sind, die ihre Handlungsmöglichkeiten beeinträchtigen. In der Sozialen Schuldnerberatung ist es vor diesem Hintergrund wichtig, sich in die Denkweisen der Gläubiger und ihrer Vertreter einzufühlen, um eine weitere Zuspitzung zu umgehen. Gleichzeitig kommt es darauf an, für Verständnis zu werben, um das ggf. entwickelte negative Bild über Schuldner zu korrigieren. Dies ebnet den Weg für ein Entgegenkommen in Regulierungsverhandlungen.

Die Auseinandersetzung mit den unterschiedlichen Schuldenformen einschließlich der gerichtlichen Zwangsmaßnahmen kann bei den Ratsuchenden dazu führen, ihre Lage als aussichtslos einzuschätzen und zu resignieren. Motivation für den Beratungsprozess kommt damit nicht zustande. Um dieser perspektivlosen Sichtweise auf die eigene Realität entgegenzutreten, ist es wichtig, den Betroffenen möglichst frühzeitig Handlungsmöglichkeiten aufzuzeigen, die ermutigend wirken. Die Soziale Schuldnerberatung verfügt über eine Reihe von Handlungsmöglichkeiten, die Schuldnern einen finanziellen und persönlichen Neustart ermöglichen. Diese Optionen gilt es so zu vermitteln, dass daraus für die Ratsuchenden Hoffnung entsteht, die den Einsatz in die zuweilen langfristige Entschuldung unterstützt und das Durchhaltevermögen verbessert. Um gar nicht erst in eine so schwierige Lebenslage wie einer Überschuldung zu geraten, sind Maßnahmen, die präventiv wirken, allemal zu bevorzugen. Darum geht es im folgenden Kapitel.

Weiterführende Literatur

Praxishandbuch Schuldnerberatung. Loseblattsammlung. Hrsg. von Groth, Ulf/Hornung, Rita/Maltry, Christian/Richter, Claus/Zimmermann, Dieter/Zipf, Thomas

5 Prävention von Überschuldung

Was Sie in diesem Kapitel lernen können

Wie in den Ausführungen zum Thema Überschuldung bereits deutlich wurde, gehören Schulden heute zum Alltag, beispielsweise bei der Finanzierung von Immobilien, Autos oder hochwertigen Konsumgütern. Nicht die Prävention von Schulden steht deshalb im Mittelpunkt, sondern die Prävention von Überschuldung mit ihren hochriskanten Konsequenzen für die betroffenen Personen. Die Prävention genießt gesellschaftlich und sozialpolitisch hohes Ansehen; ob sie auch bei Überschuldungsproblemen greift, ist zu prüfen. Nach grundlegenden Informationen über die Prävention geht es um eine genauere Betrachtung struktureller und personenbezogener Ansätze, die Impulse für eine präventiv ausgerichtete Soziale Schuldnerberatung enthalten.

5.1 Prävention und Soziale Schuldnerberatung

Konzeptualisiert wurden Präventionsansätze ganz überwiegend im Bereich des Gesundheitswesens, in dem bis heute immer neue Zugänge entwickelt werden, angereichert um Aspekte der Gesundheitsförderung, die nicht auf bestimmte Probleme und Risikofaktoren ausgerichtet sind, sondern der allgemeinen Förderung der Gesundheit und der Verwirklichung von Gesundheitschancen für alle dienen. Im Anschluss an die dem Gesundheitswesen entnommenen Einsichten meint Prävention verallgemeinert ein vorbeugendes Eingreifen gegen drohende Probleme wie beispielsweise Überschuldung, verbunden mit der Frage, wie diese gezielt verhindert werden können. Sind Probleme erst einmal aufgetreten, werden die dagegen gerichteten Maßnahmen in der Regel als Interventionen bezeichnet. Eine trennscharfe Abgrenzung zwischen Prävention und Intervention ist gleichwohl nicht möglich. Die fließenden Übergänge werden in der verbreiteten Differenzierung von Präventionsvarianten deutlich, die auf einer *Zeitachse* angelegt sind. Danach werden folgende Präventionsarten unterschieden.

- *Primäre Prävention*: Ihr Ziel ist es, durch Aufklärung, Beratung, Anleitung und Qualifikation im weiteren Sinn Problemen vorzubeugen und eine Normabweichung möglichst zu verhindern.
- *Sekundäre Prävention*: Sie setzt bei bereits auftretenden Normabweichungen an, die noch nicht verfestigt sind, sondern in einer frühen Phase aufgedeckt und bearbeitet werden.
- *Tertiäre Prävention*: Ihr Gegenstand sind verfestigte Problemlagen, die mittels resozialisierender, rehabilitativer oder anderer längerfristig angelegter Maßnahmen überwunden oder zumindest gelindert werden sollen. Gleichzeitig besteht das Ziel darin, weiteren Schwierigkeiten vorzubeugen, die aus bereits bestehenden Problemen resultieren können (vgl. Böllert 2018, S. 1185f.).

Um begrifflichen Abgrenzungsproblemen zu entgehen, wird vorgeschlagen, statt von Prävention und Intervention besser von präventiven und reaktiven Interventionen auszugehen (vgl. ebd.). Für diesen Vorschlag spricht, dass Präventionsangebote sämtlich auf Probleme bezogen sind, auch wenn sich diese noch in einem sehr frühen Stadium befinden. In der Sozialen Schuldnerberatung folgt aus primärpräventiven Überlegungen, dass Risikofaktoren, die den Übergang von einer prekären Verschuldung in die Überschuldung bedingen können, aufzugreifen und zu bearbeiten sind. Mit Blick auf die Sekundärprävention steht die Soziale Schuldnerberatung vor der Aufgabe, einen möglichst frühzeitigen Zugang zu Betroffenen zu organisieren, um die schuldenbedingten Probleme vor einer Verfestigung gemeinsam mit den Ratsuchenden zu lösen. Die Schuldenportraits haben unterstrichen, dass insbesondere bei beginnenden Zahlungsverzögerungen noch viel mehr Handlungsspielräume für die Schuldner und die Soziale Schuldnerberatung bestehen als in einer späteren Phase, in der es dann tertiärpräventiv darum geht, die häufig massiven Folgen, die bis zum Verlust der Wohnung und zu Zwangsmaßnahmen im Rahmen von Pfändungen reichen können, zu lindern und mühsam neue Perspektiven zu erarbeiten.

Neben der zeitlichen Abstufung einzelner Maßnahmen wird im Präventionsdiskurs auch zwischen der *Struktur- und der Personenebene* unterschieden. Die strukturbezogene Prävention ist auf äußere Lebensumstände wie Armut oder Wohnungsnot und sonstige Rahmenbedingungen ausgerichtet, aus denen Abweichungen und Schwierigkeiten hervorgehen. Davon abgegrenzt wird die personenbezogene Prävention, die am Verhalten und an den Kompetenzen ansetzt, die Menschen benötigen, um möglichst ohne Probleme ihren Alltag gestalten und auftretende Schwierigkeiten vorzugsweise in Eigenregie bewältigen zu können (vgl. ebd.). Die Unterscheidung struktur- oder verhältnisbezogener von personen- oder verhaltensbezogenen Ansätzen der Prävention ermöglicht es, Maßnahmen differenziert zu entwickeln und Zuständigkeiten für die Durchführung zu benennen. Strukturbezogene Ansätze tangieren eher (sozial-)politische Maßnahmen auf der kommunal-, landes- und bundespolitischen Ebene sowie die Gestaltung der Infrastruktur, die den Radius personenbezogener Maßnahmen, die naturgemäß in der Sozialen Schuldnerberatung einen breiten Raum einnehmen, überschreiten. Die Interdependenzen von strukturellen Lebensbedingungen und individuellen Verhaltensweisen und Handlungsoptionen erfordern allerdings, beide Handlungsebenen analytisch und handlungsorientiert in der Sozialen Schuldnerberatung zu berücksichtigen.

In der Sozialen Arbeit spielt das Person-Umwelt-Verhältnis seit ihren theoretisch-systematischen Anfängen eine große Rolle. Für die Soziale Schuldnerberatung sind diese Erkenntnisse schon deshalb bedeutsam, weil Überschuldung per se mit strukturellen und personenbezogenen Faktoren zusammenhängt. Das Zusammenspiel von Person und Umwelt wird insbesondere in einer sozialarbeiterisch-sozialökologischen Sichtweise herausgestellt, in der die Unterstützung von Individuen und die Gestaltung einer auf die Belange der Menschen abgestimmten Umwelt mit dem Ziel thematisiert werden, die Voraussetzungen für persönliches Wachstum und menschliche Entwicklung, Gesundheit und eine befriedigende soziale Existenz zu fördern. Die Soziale Arbeit ist dann gefordert, wenn die Balance von Person und Umwelt nicht gelingt und maladaptive Entwicklungen eintreten, die das Risiko negativer Auswirkungen auf die persönliche, soziale und gesundheitliche Entwicklung von Menschen enthalten. Zu maladaptiven Entwicklungen zählen beispielsweise abweichendes Verhalten, Resignation und Rückzug oder psychische Krisen, die Menschen und ihr Umfeld beeinträchtigen (vgl. Gitterman/Germain 2008, S. 51f.). Überschuldung, die mit einer individuell registrierten Zahlungsunfähigkeit in Bezug auf eingegangene vertragliche Verpflichtungen einhergeht, spiegelt den Person-Umwelt-Zusammenhang geradezu exemplarisch. Betrachtet man die Ursachen und Auslöser, überlagern sich strukturelle Einflüsse wie der Arbeitsmarkt oder die ökonomischen, sozialen und verbraucherpolitischen Lebensbedingungen mit subjektiven Verhaltensweisen wie Rückzug, Verzweiflung, Gleichgültigkeit oder Demotivation aufseiten der Betroffenen. Eine ausschließlich personenbezogene Prävention in der Sozialen Schuldnerberatung, etwa durch motivierende Gesprächsführung, läuft dann ins Leere, wenn die Umweltbedingungen aus Sicht der Betroffenen keine attraktiven Perspektiven bereitstellen, für die es lohnt, den Weg aus den Schulden, der teilweise viele Jahre beansprucht, anzutreten. Aus sozialarbeiterisch-sozialökologischer Sicht bilden strukturelle und personenbezogene Präventionsansätze eine *Einheit*; nur wenn die Wechselwirkungen beachtet werden, können solche Zugänge ihre intendierten Wirkungen entfalten.

Eine präventive Ausrichtung bereichert die Soziale Schuldnerberatung konzeptionell und auf der Ebene von Interventionen im Beratungsprozess. Einschränkend in Bezug auf die Reichweite der Prävention ist allerdings daran zu erinnern, dass in jeder professionellen Beratung aktuelle Probleme und Konflikte im Mittelpunkt stehen, die in einem kurz- bis mittelfristigen Zeitraum bearbeitet werden, während langfristige präventive Strategien die beteiligte Beratungsstelle als Akteur überfordern. Mit dem Ziel, die Eigenkräfte der Ratsuchenden zu stärken und ihre Selbstorganisation zu fördern, erfüllt die Soziale Schuldnerberatung eine zentrale präventive Aufgabe, vor allem hinsichtlich potenzieller künftiger Probleme, die damit günstigenfalls verhindert werden. Wie diese Ziele umgesetzt werden können, ist Gegenstand der folgenden Abschnitte, in denen struktur- und personenbezogene Handlungsmöglichkeiten einer präventiven Sozialen Schuldnerberatung dargestellt werden.

5.2 Strukturbezogene Prävention

In der Sozialen Schuldnerberatung dominiert die unmittelbare Unterstützung der Ratsuchenden, insofern könnte man annehmen, strukturbezogene Fragen einschließlich übergreifender präventiver Strategien fänden dort keinen Platz. Diese Annahme trifft nur teilweise zu. Die Bandbreite der strukturbezogenen Prävention kann in der Sozialen Schuldnerberatung sicherlich nicht ausgeschöpft werden, vor allem wenn man berücksichtigt, dass Armut einen ganz wesentlichen Risikofaktor darstellt. Haushalte mit einem Einkommen bis 1.300 EUR geben in der Regel schon strukturell bedingt mehr aus als sie einnehmen (vgl. Mantseris 2017, S. 242). Wollte man ihr Überschuldungsrisiko verringern, müsste man ihr Einkommen beispielsweise durch armutsvermeidende Mindestlöhne oder eine Erhöhung der Sozialleistungen verbessern, Maßnahmen, die den Wirkungsradius der Sozialen Schuldnerberatung deutlich übersteigen. Gleichwohl bestehen begrenzte Handlungsmöglichkeiten und Handlungsbeiträge, die auszuloten sind.

Die strukturbezogene Prävention von Überschuldung zielt auf *Rahmenbedingungen*, unter denen Überschuldung entsteht und eskaliert. Soweit möglich, soll diese Entwicklung vermieden, zumindest abgemildert werden. Die Ausrichtung auf Strukturen richtet den Blick auf zu gestaltende Lebensbedingungen, denen Individuen unterworfen sind und die ihre Risiken erhöhen, in Überschuldung zu geraten. Appelle an potenzielle Gläubiger, auf ihre Vertragspartner Rücksicht zu nehmen, nur solche Verträge abzuschließen, die Aussicht auf Erfüllung haben, und für den Fall des Scheiterns eigene Anteile daran zu erkennen und sich freiwillig an einer Lösung zu beteiligen, sind naiv und kein gangbarer Weg einer strukturbezogenen Prävention von Überschuldung. Erforderlich sind politische und gesetzgeberische Maßnahmen, auf die mittels strukturbezogener Prävention Einfluss genommen wird. In der Sozialen Arbeit werden diesbezügliche methodische Vorgehensweisen unter *Anwaltschaftlichkeit* oder Advocacy subsumiert. Wesentliche Impulse sind der angloamerikanischen Sozialen Arbeit zu entnehmen. In der Sozialen Schuldnerberatung ist die fallbezogene Anwaltschaftlichkeit breit etabliert. Schuldnerberaterinnen und Schuldnerberater setzen sich für die Interessen der Ratsuchenden gegenüber Gläubigern und im Umgang mit dem Rechtssystem ein; durch ihre Anträge, Stellungnahmen und Verhandlungen tragen sie sehr erfolgreich dazu bei, die Rolle der Schuldnerinnen und Schuldner, die häufig über nur geringe Machtquellen verfügen, zu stärken und gemeinsam mit ihnen einen finanziellen Neustart vorzubereiten.

Hinsichtlich der strukturbezogenen Prävention ist eine politisch orientierte Anwaltschaftlichkeit gefordert, die auch aus der Beratungsperspektive, zumindest in Ausschnitten, realisiert werden kann. Ihr Ziel besteht darin, soziale Reformen, die bestimmten Zielgruppen – hier den überschuldeten Haushalten – dienen, durch Einflussnahmen auf politische Entscheidungen herbeizuführen. Folgende Vorgehensweisen sind dafür zielführend:

- Nutzung neuer Informationstechnologien und Kommunikationswege im Internet, um Einfluss auszuüben.
- Nutzung unterschiedlicher Wege der Partizipation in politischen Entscheidungsprozessen über Kampagnen, Mitarbeit in Gremien und Herstellung von Öffentlichkeit.
- Nachweis des Nutzens der geforderten Reformen und der sozialen Einrichtungen durch Evaluationen und Forschungen, die Ausgaben für diesen Bereich rechtfertigen.
- Aufzeigen der Notwendigkeit sozialer Reformen für die Gesellschaft, denn Spaltungen führen zu Instabilitäten und zur Verringerung sozialer Chancen (vgl. Payne 2014, S. 311f.).

Die unter Anwaltschaftlichkeit oder Advocacy zusammengefassten Strategien einer strukturellen Prävention werden anderenorts als *Einmischungsstrategie* bezeichnet, die insbesondere mit Blick auf die Jugendhilfe entwickelt wurde. Die Einmischungsstrategie dient in diesem Zuschnitt dazu, die Lebensbedingungen für Kinder, Jugendliche und ihre Familien durch Analysen von Belastungen und die systematische Aufbereitung vielfältiger Praxiserfahrungen für den politischen Raum zu verbessern, indem diese beispielsweise in die Sozial- und Jugendhilfeplanung und in kommunalpolitische Entscheidungen mit einfließen (vgl. Münchmeier 2017, S. 244f.). In Analogie dazu kann die strukturelle Prävention von Überschuldung aus der Perspektive der Sozialen Schuldnerberatung dadurch beflügelt werden, dass die Erfahrungen und Einsichten der Beratungspraxis gebündelt aufbereitet werden, um daraus politische Forderungen hinsichtlich der Ausstattung, der Finanzierungsgrundlagen und der Weiterentwicklung des inhaltlichen Profils abzuleiten. Dies setzt eine enge Abstimmung der Verbands- und Gremienarbeit mit der Sozialen Schuldnerberatung vor Ort voraus, die sicherlich noch ausbaufähig ist.

Gleichwohl ist festzuhalten, dass die Soziale Schuldnerberatung längst an solchen politischen Varianten der Anwaltschaftlichkeit und Einmischungsstrategien beteiligt ist. Zu erwähnen sind u. a. die Gründung der Landesarbeitsgemeinschaften Schuldnerberatung, der Bundesarbeitsgemeinschaft Schuldnerberatung oder der Arbeitsgemeinschaft Schuldnerberatung der Verbände. Diese Institutionen begleiten u. a. durch Kommentierung, Fachveranstaltungen und Anhörungen Gesetzgebungsverfahren und politische Initiativen. Überdies tragen sie zu Neuregelungen bei, für die auf der Grundlage von Beratungserfahrungen argumentiert wird, so beispielsweise die im Privatinsolvenzrecht ursprünglich nicht vorgesehene Stundung der Verfahrenskosten für Antragsteller, die mittlerweile errungene Verkürzung der sogenannten Wohlverhaltensperiode bis zur Erreichung der Restschuldbefreiung im Privatinsolvenzverfahren oder der hartnäckige und nun auch erfolgreiche Einsatz für das Recht auf ein Girokonto und ein Pfändungsschutzkonto für jedermann. Auch der Nachweis, dass die Soziale Schuldnerberatung wirkt, wird schon lange geführt.

> Die günstigen Auswirkungen auf das Leben der Ratsuchenden kommen in unterschiedlichen Evaluationen überzeugend zum Ausdruck, die ganz überwiegend von Beratungsstellen veranlasst wurden und werden (vgl. zusammenfassend Ansen/Schwarting 2015).

Die wirtschaftlichen Erträge der Schuldnerberatung werden unterdessen auf der Grundlage des SROI-Verfahrens (Social Return on Investment) dokumentiert. Je nach Berechnungen geht man davon aus, dass jeder Euro, der in die Soziale Schuldnerberatung fließt, einen Ertrag von etwa zwei bis fünf Euro zur Folge hat (vgl. Ansen u. a. 2017, S. 53f.). Das politisch hohe Ansehen der Sozialen Schuldnerberatung kommt nicht zuletzt in der im März 2016 in Kraft getretenen Verpflichtung der Banken und Kreditinstitute zum Ausdruck, Kunden, die ihren Dispositionskredit dauerhaft erheblich überziehen, ein Beratungsangebot zu unterbreiten oder auf Beratungsangebote der Sozialen Schuldnerberatung hinzuweisen. Nach § 504a BGB besteht die Beratungspflicht der Banken und Kreditinstitute, wenn Kunden den Dispositionskredit über einen Zeitraum von sechs Monaten und länger im Umfang von mindestens 75 Prozent in Anspruch nehmen, oder nach § 505 BGB, wenn sie länger als drei Monate den Überziehungskredit in einem Umfang nutzen, der die Hälfte ihrer monatlichen Einkünfte übersteigt.

Trotz der *nachgewiesenen Wirkungen* der Sozialen Schuldnerberatung und ihres Ansehens bei den Leistungsträgern, in der Politik und vor allem bei den Ratsuchenden hat dies noch nicht dazu geführt, dass ein ausreichendes Angebot an Schuldnerberatungsstellen aufgebaut wurde. Im Positionspapier zur Finanzierung der Schuldnerberatung der Arbeitsgemeinschaft Schuldnerberatung der Verbände (AG SBV 2011), das als eine Variante politischer Anwaltschaftlichkeit gelesen werden kann, wird gefordert, dass für eine ausreichende Versorgung mit Beratungsangeboten für 50.000 Einwohner zwei Vollzeitstellen für Schuldnerberatungsfachkräfte zur Verfügung stehen müssten. Von dieser Kennzahl ausgehend fehlen bundesweit weiterhin etwa 1.600 Stellen in der Sozialen Schuldnerberatung. Auch die teilweise prekären Finanzierungsgrundlagen, auf die bereits in Kapitel 3.4 aufmerksam gemacht wurde, harren noch einer Reform, die dazu führen sollte, dass allen Ratsuchenden ein kostenfreier Zugang zur Verfügung steht und dass in der Beratungspraxis ausreichend Zeit für eine fallangemessene Unterstützung bleibt. Überdies ist in diesem Zusammenhang der Frage nachzugehen, wie die hohen fachlichen Anforderungen an Beratungsfachkräfte über eine weitere Präzisierung des Berufsbilds und der Qualifikationsanforderungen einschließlich einer angemessenen Vergütung geregelt werden könnten, in der auch präventive Arbeitsansätze integriert und honoriert werden, die in der Sozialen Schuldnerberatung bisher nicht ausdrücklich vorgesehen sind, obgleich ohne diese Ergänzung der Arbeitsformen eine politisch geforderte nachhaltige Wirkung kaum zu erzielen ist. Ohne politische und gesetzgeberische Maßnahmen kommt man an diesen Stellen nicht voran. Die strukturbezogene Prävention der Überschuldung ist auf weitere Erkenntnisse und Impulse aus den Reihen der Beratungsstellen angewiesen.

5.3 Personenbezogene Prävention

Die personen- oder verhaltensbezogene Prävention in der Sozialen Schuldnerberatung zielt darauf, über Lernprozesse aufseiten der Ratsuchenden Verhaltensänderungen dahingehend zu bewirken, dass der Umgang mit Geld und Finanzangelegenheiten ohne Überschuldung gelingt. Dies setzt, wie bereits ausgeführt, zunächst strukturelle Bedingungen voraus, vor allem ein ausreichendes Einkommen für den Haushalt, der davon leben muss. Erst wenn diese Grundlage erfüllt ist, macht es Sinn, einer Überschuldung durch die Vermittlung von Kompetenzen vorzubeugen. Diese Einschränkung ist wichtig, um den Eindruck zu vermeiden, das Überschuldungsproblem ließe sich primär über Verhaltensänderungen lösen.

Soweit in der Sozialen Schuldnerberatung ein personenbezogen-präventiver Anspruch verfolgt wird, geht es um die Initiierung von *Lernprozessen* bei den Ratsuchenden. Die Soziale Schuldnerberatung integriert an dieser Stelle ein pädagogisches Selbstverständnis, sie leistet mithin eine Lernhilfe, die über den argumentativen Austausch Ratsuchende befähigen möchte, ein konkretes Problem befriedigend, zumindest befriedigender als vor der Beratung, zu lösen. Zu diesem Zweck bringen die Beratungsfachkräfte ihr spezifisches Problemlösungswissen sowohl punktuell als auch in Exkursen systematisch so ein, dass Ratsuchende die Chance haben, neue Inhalte zu lernen und diese dann in Eigenregie in ihrem Alltag umzusetzen (vgl. Giesecke 2015, S. 85f.). Für eine auch pädagogisch ausgerichtete Soziale Schuldnerberatung sind Aspekte des informellen Lernens besonders bedeutsam. Insbesondere im Erwachsenenalter sind *informelle Lernwege* am Weitesten verbreitet. Informelles Lernen, das nicht an curriculare Vorgaben wie in der Schule gebunden ist, zeichnet sich durch seine Nähe zum Alltag und die dort bestehenden Lernaufgaben und Konflikte sowie durch die reflektierte Verarbeitung von Erfahrungen aus. Informelles Lernen erfolgt nebenbei beispielsweise in Beratungsgesprächen im Miteinander bzw. in der Zusammenarbeit an Problemlösungen und setzt bei den Ratsuchenden voraus, dass sie sich das in diesem Prozess freigelegte Wissen eigenständig aneignen können (vgl. Overwien 2007, S. 119f.). In der Sozialen Schuldnerberatung lernen die Ratsuchenden quasi beiläufig viel über die Entstehung ihrer Schulden und Möglichkeiten der Überwindung und Vorbeugung. Dies setzt allerdings die Beteiligung der Ratsuchenden am Beratungsprozess und ein transparentes Vorgehen der Beratungsfachkräfte voraus, anders erfahren Ratsuchende nicht, was gegen die bestehenden Schulden und vorbeugend gegen neue Schulden unternommen werden kann. Bei der Beteiligung Ratsuchender beginnt also die personenbezogene Prävention. Dies beansprucht Zeit, die angesichts der knappen finanziellen Ressourcen teilweise nicht ausreichend zur Verfügung steht.

Überschreitet man den Horizont einer unmittelbaren Problemlösung, die in der Sozialen Schuldnerberatung notwendigerweise im Mittelpunkt steht, geht es mit Blick auf die Prävention der Überschuldung immer auch um die Vermittlung einer ausreichenden *finanziellen Grundbildung*, also um den kompetenten Umgang mit Geld im Alltag. Ausgehend von einer empirischen Grundlage umfasst die finanzielle Grundbildung zum einen inhaltliche Themen im Umgang mit Geld. Hierzu zählen Fragen von Einnahmen durch Arbeitseinkommen und Sozialleistungen, daneben auch bei Bedarf freiwillige Leistungen durch Stiftungen oder karitative Einrichtungen. Hinzu kommen Themen des Geld- und Zahlungsverkehrs einschließlich der Varianten von Finanzdienstleistungen. Des Weiteren geht es um die Bereiche Ausgaben, Konsum und Haushalten, also um den planvollen Umgang mit den vorhandenen Mitteln und auch um die Auseinandersetzung mit Konsummustern und Bedürfnissen. Überdies sind Aspekte von Krediten und Schulden ein zentraler Bestandteil der finanziellen Grundbildung. Abschließend geht es um eine angemessene Vorsorge beispielsweise durch Rücklagen und unterschiedliche Versicherungen. Für die Nutzung dieser Themen sind Kompetenzen erforderlich, die ebenfalls Teil der finanziellen Grundbildung sind. Hierzu zählen das Wissen um die genannten Inhalte und dessen prozedurale Handhabung im Alltag, so etwa ein Verständnis von Bürgschaften oder Einzugsermächtigungen. Bedeutsam sind daneben *Lesekompetenzen*, die es ermöglichen, Verträge oder Behördenschreiben angemessen zu verstehen und daraus Schlussfolgerungen für das eigene Handeln abzuleiten. Schreiben zu können zählt ebenfalls zu den Kompetenzen, die eine finanzielle Grundbildung ausmachen. Gemeint ist damit Fähigkeit, Anträge zu stellen, Verträge zu kündigen oder Behördenkorrespondenz zu erledigen. Außerdem werden Rechenfähigkeiten aufgeführt, die Bereiche umfassen wie den Umgang mit Zahlen, Preisvergleiche, Einnahmen- und Ausgabenberechnungen oder die Planung von Ratenzahlungen (vgl. Mania/Tröster 2015, S. 23f.).

Für die Soziale Schuldnerberatung ist ein so konturiertes Verständnis der finanziellen Grundbildung sowohl für die Prävention als auch für die Bewältigung aktueller Überschuldungsprobleme relevant. Zum einen vermittelt es den Beratungsfachkräften ein Sensorium für die Beurteilung der möglichen Ursachen einer Überschuldung auf der subjektiven Ebene der Ratsuchenden und zum anderen sensibilisiert es für mögliche Wissens- und Kompetenzlücken Ratsuchender, die entweder mit den Mitteln der Beratung unmittelbar oder durch Hinweise auf Bildungsangebote beispielsweise von Volkshochschulen im Delegationsverfahren bearbeitet werden. In der Sozialen Schuldnerberatung besteht die große Chance, Lücken in der finanziellen Grundbildung zu entdecken und mit Ratsuchenden nach Wegen Ausschau zu halten, wie diese auch unter dem Gesichtspunkt der Prävention von Überschuldung geschlossen werden können. Die Mittlerrolle der Sozialen Schuldnerberatung für die finanzielle Grundbildung ist unter Präventionsaspekten sehr bedeutsam.

Gleichzeitig ist es erforderlich, die unmittelbaren Handlungsmöglichkeiten der Sozialen Schuldnerberatung zur Förderung der finanziellen Grundbildung auszuloten. Dies erfolgt u. a. regelmäßig durch die Budgetberatung, die Auseinandersetzung mit dem Konsum und persönlichen Haltungen sowie mit abgeschlossenen und notwendigen bzw. überflüssigen Versicherungen. Eine kohärente Vermittlung von *Finanzkompetenz* erfordert allerdings systematische Bemühungen, die das übliche Beratungssetting teilweise überschreiten und eher in Gruppenangeboten umgesetzt werden können. So können, wie das teilweise auch schon geschieht, Gruppenabende didaktisch geplant durchgeführt werden und Ratsuchenden oder im Sozialraum einer breiteren Zielgruppe zu ausgewählten Themen Finanzkompetenzen vermittelt werden. Schuldnerberaterinnen und Schuldnerberater mit Fähigkeiten zur sozialen Gruppenarbeit und zur Erwachsenenbildung sind aufgrund ihrer vielseitigen Erfahrungen für diese Angebote besonders geeignet, sie können das Thema Finanzkompetenz authentisch vertreten. Die Expertise der Sozialen Schuldnerberatung kommt eindrucksvoll in dem aus ihren Reihen initiierten »Präventionsnetzwerk Finanzkompetenz« zum Ausdruck. Auf der im Internet frei zugänglichen Plattform werden Unterrichtsmaterialien zu grundlegenden Themen der Finanzkompetenz, teilweise auf bestimmte Zielgruppen wie Schülerinnen und Schüler ausgerichtet, zur Verfügung gestellt.

Weitere Impulse für eine auf der personalen Ebene präventionsorientierte Soziale Schuldnerberatung sind der *Verhaltensökonomie* zu entnehmen. Wissen und Kompetenzen reichen nicht immer aus, um rationales ökonomisches Handeln zu begründen, das Verhalten der Menschen wird von weiteren Faktoren beeinflusst, die bisher noch nicht hinreichend berücksichtigt wurden. Überschuldung hängt teilweise mit spontanem Verhalten gegenüber Konsum- und Finanzdienstleistungsangeboten zusammen, deren Folgen dann nicht ausreichend beachtet werden. Daneben sollten stressbedingte Entscheidungssituationen berücksichtigt werden, die beispielsweise nach dem Eintritt eines kritischen Lebensereignisses wie dem Verlust des Arbeitsplatzes auftreten. In solchen Zeiten sind die Energien der betroffenen Menschen so stark beansprucht, dass mitunter der Weitblick verloren geht und finanzielle Entscheidungen getroffen werden, die mit den vorhandenen Spielräumen nicht in Einklang stehen (vgl. Loibl 2016, S. 45f.). Für die Soziale Schuldnerberatung entsteht die Frage, wie ggf. Finanzentscheidungen von Ratsuchenden konstruktiv beeinflusst werden können. Die folgenden Interventionen mit einem verhaltensökonomischen Hintergrund, in dem das menschliche Verhalten in wirtschaftlichen Entscheidungssituationen erkundet wird, haben sich als hilfreich erwiesen.

- *Alltagsnahe Denkanstöße oder »Nudges«*: Sie sind wirkungsvoll in Entscheidungsprozessen, wenn sie auf unmittelbare Risiken hinweisen und vor Gefahren warnen. Die ausgeführten Regelungen der §§ 504a und 505 BGB in Bezug auf eine riskante Beanspruchung des Dispositionskredits weisen in diese Richtung, allerdings nur, wenn die »Nudges« auch wirkungsvoll vermittelt werden und nicht nur ein Aufdruck auf dem Kontoauszug erfolgt, der von vielen, zumal in einer finanziell prekären Situation, nicht gelesen wird. Hierbei ist beispielsweise an ein Gesprächsangebot oder eine SMS mit einem Warnhinweis zu denken, die den Betroffenen unmittelbar erreicht.
- *Zeitnahe oder »Just in time«-Finanzinformationen*: Hierbei geht es um die Vermittlung von Informationen über den Schuldenabbau, das Aufzeigen von Handlungsalternativen und Perspektiven, die auf einzelne Schuldner zugeschnitten sind. Auch diese Intervention zeichnet sich durch eine große Alltagsnähe aus, die die Umsetzung erleichtert. In Frage kommen individuell auf den Betroffenen zugeschnittene schriftliche Informationen, die sehr übersichtlich und unmittelbar nachvollziehbar zu gestalten sind.

- *Finanzcoaching*: Das Ziel des Finanzcoachings besteht darin, finanzielle Ziele zu verabreden, beispielsweise die Gestaltung von Einnahmen und Ausgaben oder die Tilgung bestehender Schulden. Hierbei handelt es sich um Entscheidungsprozesse, die längerfristige Auswirkungen auf das finanzielle Verhalten der Ratsuchenden haben. Das Finanzcoaching kann von Ehrenamtlichen vor Ort oder auch über eine telefonische Unterstützung realisiert werden. Besonders erfolgreich ist diese Intervention, wenn sie von nahestehenden Menschen durchgeführt wird. Für die Soziale Schuldnerberatung eröffnet sich hier eine weitere Möglichkeit der Einbeziehung von Personen aus dem sozialen Netzwerk der Ratsuchenden.
- *Schuldnerberatung*: Die vierte Intervention in diesem Katalog präventiver Handlungsoptionen setzt bei drängenden Überschuldungs- und Finanzproblemen ein, also sekundär- und tertiärpräventiv (vgl. zu den vier Interventionsformen Loibl 2016, S. 48f.). Thematisiert werden nicht nur Finanzentscheidungen, sondern auch weitere Einflussfaktoren, die mit der persönlichen Entwicklung und den aktuellen sowie absehbaren Lebensbedingungen zusammenhängen.

Die der Sozialen Schuldnerberatung quasi vorgelagerten Interventionen in Gestalt von »Nudges«, zeitnahen Informationen und Finanzcoaching weisen eine große Alltagsnähe aus, die sich als besonders wirksam erwiesen hat. Sie zu nutzen erweitert das Handlungsspektrum im Beratungsprozess und verbessert die präventiven Wirkungen. Die Würdigung alltäglicher Lebensbedingungen ist auch für die Prävention der Überschuldung Jugendlicher und junger Erwachsener grundlegend bedeutsam. Für Hinweise darauf, dass junge Menschen gedankenlos in die Ver- und Überschuldung schlittern, sich unwirtschaftlich verhalten und nur ihren Konsumwünschen folgen, liegen nur sehr begrenzt aussagefähige empirische Befunde vor. Eine größere Rolle spielt eher der kostenaufwendige Alltag junger Menschen in Bezug auf Freizeitaktivitäten, Medienkonsum, Mobilität und Kommunikation. Für die Teilhabe an den Aktivitäten der Peers und im weiteren Sinn am gesellschaftlichen Leben sind Ausgaben in den genannten Bereichen subjektiv geboten. Junge Menschen in ökonomisch prekären Lebenslagen, die im Interesse sozialer Zugehörigkeit mithalten wollen, geraten dabei leicht in eine Ver- und Überschuldung, die nicht allein durch Finanzkompetenz verhindert werden kann. Zu berücksichtigen sind daneben ihre Lebensbedingungen und die sozialen Handlungsmöglichkeiten in ihrer konkreten Lebenswelt (vgl. Braun/Lanzen/Schweppe 2016, S. 36f.). Die in der Analyse der Situation von Jugendlichen und jungen Erwachsenen mit Schulden gewonnenen Einsichten über den Stellenwert der konkreten sozialen Handlungsmöglichkeiten im Alltag erweitern den präventiven Blick über den Aufbau von Finanzkompetenz hinaus, der auch im Umgang mit anderen betroffenen Personen und Haushalten allemal bedeutsam ist und in der Sozialen Schuldnerberatung berücksichtigt werden sollte.

5.4 Herausforderungen für die Soziale Schuldnerberatung

Hinsichtlich der Zeitachse, auf der die Prävention angesiedelt ist, kommt es für wirksame Maßnahmen darauf an, möglichst *frühzeitig* Personen und Haushalte in finanziell schwierigen Situationen zu erreichen, am besten vor der Manifestation einer Überschuldung. Die überwiegend erst sehr späte Inanspruchnahme des Beratungsangebots verhindert rechtzeitige Schritte gegen die Eskalation der finanziellen Probleme einschließlich der Ausdehnung auf andere Lebensbereiche wie Familie, Beruf oder Gesundheit. Neben dem Abbau von Zugangsbarrieren wie lückenhafte Beratungsangebote, verbunden mit langen Wartezeiten, und partiell ungeregelten Finanzierungen, wovon insbesondere präventive Maßnahmen betroffen sind, ist für den verzögerten Rückgriff auf Angebote der Sozialen Schuldnerberatung aufseiten der Betroffenen auch ein *Schamgefühl* zu konstatieren, das dazu beiträgt, die Offenlegung der finanziellen Verhältnisse so lange wie möglich aufzuschieben. Verbunden mit dem Schamgefühl ist die Angst vor Stigmatisierung, sowohl im privaten Umfeld als auch gesellschaftlich. Um dieses Hindernis einer präventiv wirksamen Sozialen Schuldnerberatung abzubauen ist u. a. eine fortgesetzte Öffentlichkeitsarbeit erforderlich, die dazu beiträgt, das Thema Ver- und Überschuldung zu entstigmatisieren, für Verständnis zu werben und ein Bewusstsein für angemessene rechtzeitige Hilfen zu stärken. Die Soziale Schuldnerberatung könnte solche Kampagnen mit ihren Kenntnissen und Erfahrungen zur Entstehung und Überwindung von Überschuldungssituationen unterstützen. Sie könnte das Material für öffentlichkeitswirksame Initiativen liefern, die sowohl medial als auch über »Tage der offenen Tür« oder sozialraumbezogene Aktivitäten wie Vorträge oder Gruppenabende zu relevanten Themen im Umfeld von Schulden zu gestalten wären.

In Bezug auf die struktur- oder verhältnisbezogene Prävention ist eine weitergehende politische Selbstauffassung der Sozialen Schuldnerberatung und ihrer Träger und Verbände geboten. Auf die in der Vergangenheit erzielten politischen und gesetzgeberischen Erfolge der Sozialen Schuldnerberatung wurde bereits hingewiesen. Zukünftig sollte die Soziale Schuldnerberatung in diesem Zusammenhang im fachlichen Selbstverständnis ihre Rolle auch als *sozialpolitische Akteurin* stärken. Überschuldung als soziales Problem erfordert sozial- und verbraucherpolitische Maßnahmen, die trotz der großen Zahl betroffener Bürgerinnen und Bürger nicht sehr weit oben auf der politischen Agenda stehen. Um dies zu ändern, bietet sich die folgende Strategie zur sozialpolitischen Förderung der Sozialen Schuldnerberatung und der Rahmenbedingungen für betroffene Personen und Haushalte an:

- Im ersten Schritt geht es darum, die *Dringlichkeit* des Problems Überschuldung als einen nur unzureichend berücksichtigten Bedarf in der Sozialpolitik erkennbar zu machen. Dies kann beispielsweise gelingen, wenn die gesellschaftlichen und ökonomischen Kosten der Überschuldung herausgestellt werden. Alle Untersuchungen der ökonomischen Wirksamkeit unterstreichen, dass sich Investitionen in Maßnahmen gegen Überschuldung lohnen: Auf einen investierten Euro kommen zwei bis fünf Euro Rendite. Dieses Argument ist nicht von der Hand zu weisen. Die Vernachlässigung des Themas Überschuldung kostet viel Geld und bedeutet für die betroffenen Menschen, dass ihre gesellschaftlichen Teilhabechancen unterminiert werden und in anderen Bereichen wie dem Gesundheitswesen oder der Jugend- und Familienhilfe vermeidbare Kosten entstehen, ganz zu schweigen von den Schwierigkeiten bei der Aufnahme einer Erwerbstätigkeit.

- Nach dem Aufzeigen der Problemlösungsdringlichkeit kommt es darauf an, die *Problemlösungsfähigkeit* zu unterstreichen. Dazu müssen Lösungswege aufgezeigt werden, die im Fall der Überschuldung insbesondere die Gesetzgebung bzw. Gestaltung der Rahmenbedingungen wie verbesserten Verbraucherschutz und die Ausstattung mit Beratungsstellen umfassen, wobei es vermehrt auch darauf ankommt, ausreichende Mittel für präventive Maßnahmen zur Verfügung zu stellen. Die Darstellung der Problemlösungsfähigkeit verdeutlicht, was konkret getan werden kann, um Probleme zu vermeiden und eingetretene Probleme zu bewältigen. Die Einbeziehung kreativer Lösungen, von Befunden aus anderen Ländern und wissenschaftlichen Erkenntnissen spielt dabei eine maßgebliche Rolle.
- Schließlich kommt es im dritten Schritt darauf an, die *Problemlösungsbereitschaft* der verantwortlichen (sozial-)politischen Akteure zu fördern. Sie sind an ihre Werte zu erinnern, für die sie Politik betreiben, und Entscheidungen, auch in Bezug auf die Verteilung der immer knappen Mittel, zu verantworten haben. Die Vernachlässigung überschuldeter Menschen widerspricht zentralen sozialpolitischen Wertvorstellungen wie sozialer Gerechtigkeit und Solidarität (vgl. zu den drei allgemeinen Schritten Althammer/Lampert 2014, S. 144f.).

Richtet man den Blick auf die personen- oder verhaltensbezogene Prävention, besteht die Herausforderung für die Soziale Schuldnerberatung darin, ihr bildungs- und entwicklungsbezogenes Selbstverständnis zu stärken und sich nicht länger auf eine überwiegend schuldentechnische Rolle zu beschränken. In übergreifender Sichtweise kann man die Förderung der finanziellen Grundbildung und der Finanzkompetenz als Beitrag zur sozialisationstheoretisch formulierten *Entwicklungsaufgabe Konsumieren* zusammenfassen, die neben Qualifizieren, Binden und Partizipieren steht. In der Bewältigung der Entwicklungsaufgabe Konsumieren steht die Aufgabe im Vordergrund, Menschen darin zu unterstützen, Wirtschafts-, Freizeit- und Medienangebote zu nutzen und dabei angemessen mit Geld umzugehen. Auf diesem Weg wird die gesellschaftliche Rolle des Konsumenten und Wirtschaftsbürgers gestärkt, die Adressatinnen und Adressaten der Sozialen Schuldnerberatung werden in diesem Segment der Beratung darin unterstützt, Konsumangebote im weiteren Sinn für ihre Belange zu nutzen, ihren Haushalt eigenständig zu führen und auf hinreichende Möglichkeiten der Reproduktion und Regeneration zu achten (vgl. Hurrelmann/Bauer 2015, S. 108f.). Die Soziale Schuldnerberatung leistet mit ihrem Lern- und Bildungsangebot vor diesem Hintergrund einen Beitrag zur gesellschaftlichen Teilhabe der Ratsuchenden. Dieses Ziel droht mitunter in den fachlichen Auseinandersetzungen verloren zu gehen, es ist allerdings für die Identität der Schuldnerberatung elementar bedeutsam. Die Soziale Schuldnerberatung steht bei der Umsetzung dieses Lern- und Bildungsanspruchs vor der Herausforderung, einerseits ihre eigenen Handlungsmöglichkeiten im Rahmen des Beratungsprozesses weiterzuentwickeln und andererseits systematisch mit anderen Diensten und Einrichtungen wie Schule, Jugendhilfe, Volkshochschule oder Suchtkrankenhilfe und diversen Beratungsangeboten systematische Kooperationen aufzubauen.

Die Prävention der Überschuldung ist kein Allheilmittel, dennoch kann man feststellen, dass ihre Potenziale heute nicht ausgeschöpft werden und das trotz der positiven Wirkungen. Ökonomisch ist das nicht rational. Das gilt auch für die Soziale Schuldnerberatung bei einer bereits eingetretenen Überschuldung, sie rechnet sich in jeder Hinsicht und bleibt u. a. wegen der Ausstattungslücken deutlich unter ihren Möglichkeiten, die im folgenden Kapitel aufgezeigt werden.

Weiterführende Literatur

Lackmann, Frank/Binner, Esther: Schulden erfolgreich bewältigen. Hrsg. von der Bundesarbeitsgemeinschaft Schuldnerberatung e. V., München 2017

6 Grundzüge der Schuldenregulierung in der Sozialen Schuldnerberatung

 Was Sie in diesem Kapitel lernen können

Die Möglichkeiten und Grenzen der Schuldenregulierung mithilfe der Sozialen Schuldnerberatung werden durch die wirtschaftlichen und gesetzlichen Rahmenbedingungen erheblich beeinflusst, sie wirken sich unmittelbar auf den Handlungsradius aus. Schuldenregulierungsstrategien werden eng auf die Handlungsmöglichkeiten der Ratsuchenden abgestimmt, die durch ihre persönlichen und ihre äußeren Lebensumstände beeinflusst werden. Die hohen Anforderungen an Ratsuchende in einer überwiegend langfristig angelegten Entschuldung dürfen in den Überlegungen zum Vorgehen nicht ausgeblendet werden. In der Sozialen Schuldnerberatung geht es zum einen um die Sicherung der existenziellen Lebensgrundlagen und zum anderen um eine Schuldenregulierung, sei es außergerichtlich oder im Rahmen eines Privatinsolvenzverfahrens. Die Umsetzung dieser Schritte erfolgt in einem Beratungsprozess, in dem die *Fallanalyse*, die darauf basierende *Hilfeplanung* und die Umsetzung von *Interventionen* entscheidende Etappen darstellen, die auf der Basis einer tragfähigen Arbeitsbeziehung und einer geeigneten Gesprächsführung realisiert werden. Ein lineares Vorgehen gelingt eher selten, immer wieder sind Rückkoppelungen zu beachten, die aus dem Fallverlauf resultieren, in dem neue Sachverhalte auftreten und Ratsuchende sich weiterentwickeln. Vor diesem Hintergrund ist eine prozessbegleitende Evaluation des Beratungsverlaufs unverzichtbar, mit der im Einzelfall getroffene Entscheidungen fortlaufend überprüft und bei Bedarf korrigiert werden.

6.1 Soziale Diagnose und Hilfeplanung

Für die Auseinandersetzung mit der Sozialen Diagnose und der Hilfeplanung in der Sozialen Schuldnerberatung sind zunächst allgemeine Hinweise hilfreich, die methodischen Erwägungen der Sozialen Arbeit entnommen werden. Die Soziale Diagnose dient in der Sozialen Arbeit der Beleuchtung sozialer Probleme ratsuchender Menschen. Sie ist eine Entscheidungsgrundlage für die gezielte

Auswahl von Interventionen. Im Prozess der Erarbeitung einer Sozialen Diagnose gemeinsam mit den Ratsuchenden, der insbesondere zu Beginn der Beratung eine zentrale Rolle spielt, gleichwohl aber über den gesamten Verlauf im Sinne einer prozessbegleitenden formativen Evaluation fortgesetzt wird, werden Informationen systematisch erhoben und ausgewertet, um Schlussfolgerungen für die weitere Arbeit zu ziehen (vgl. Heiner 2018, S. 242f.). Der analytische Umgang mit den erhobenen Informationen, die in ihren Zusammenhängen und Wechselwirkungen betrachtet werden, beginnt mit der gezielten Wahrnehmung innerer und äußerer Belastungen einschließlich der Reaktionen und Bewältigungsversuche der Ratsuchenden (vgl. Gitterman/Germain 2008, S. 112f.).

In der Sozialen Diagnose werden Ressourcen und Probleme der Ratsuchenden gleichermaßen gewürdigt. Der Ressourcenbegriff hat zu ganz unterschiedlichen Systematisierungsansätzen geführt. Für die Soziale Schuldnerberatung ist eine sozialökologische Sichtweise weiterführend, in der zwischen persönlichen Ressourcen und Umweltressourcen unterschieden wird.

- *Persönliche Ressourcen*: Sie umfassen vor allem Motivation und Bewältigungsoptimismus, den Umgang mit Gefühlen, Problemlösungs- und Beziehungsfähigkeiten, ein angemessenes Niveau von Selbstwertgefühl und Selbstwirksamkeitsüberzeugung, die Fähigkeit, der Problemlösung dienende Informationen zu erschließen und zu nutzen, die Wahrnehmung eigener Grenzen und die Inanspruchnahme vorhandener Hilfemöglichkeiten.
- *Umweltressourcen*: Hierunter werden die allgemeinen Lebensbedingungen an den Wohnorten und formelle soziale Netze mit Blick auf deren Zugänglichkeit ebenso gefasst wie informelle Netze der Familie und Angehörigen, Freunde, Nachbarn, Arbeitskolleginnen und Arbeitskollegen etc., die ebenfalls für die Bewältigung von Schwierigkeiten gebraucht werden (vgl. ebd., S. 62)

Für die Entwicklung einer Sozialen Diagnose ist es sinnvoll, zwischen unterschiedlichen Funktionen zu differenzieren, die auch in der Sozialen Schuldnerberatung sinnvoll sind. Differenziert werden in der Sozialen Arbeit die folgenden Diagnosevarianten.

- *Orientierungsdiagnose*: Ihre Funktion besteht darin, eine erste Bestandsaufnahme vorzunehmen und das Anliegen der Ratsuchenden zu präzisieren.
- *Zuweisungsdiagnose*: Sie dient dazu, Ratsuchende mit Bedarfen, die mit dem vorliegenden Angebot nicht bedient werden können, begründet an zuständige Dienste und Einrichtungen weiterzuleiten.
- *Gestaltungsdiagnose*: Das Thema der Gestaltungsdiagnose ist die unmittelbare Arbeit mit Ratsuchenden, im Mittelpunkt steht die Frage, wie der Hilfeprozess vor Ort aussehen könnte.
- *Risikodiagnose*: Mit dieser Variante werden besondere Gefährdungen mit vordringlichem Handlungsbedarf, etwa suizidale Krisen oder drohender Wohnungsverlust, aufgegriffen (vgl. Heiner 2010, S. 16f.).

Noch ein weiterer Hinweis ist erforderlich, der für die Soziale Diagnose in der Sozialen Schuldnerberatung bedeutsam ist. Regelmäßig werden umfängliche

Daten von Ratsuchenden erhoben, die einzuordnen und zu interpretieren sind. Für diesen Arbeitsschritt ist es sinnvoll, zunächst eine Verknüpfung zu den strukturellen Zusammenhängen herzustellen, in der das Problem – hier die Überschuldung – steht. Überschuldung wird damit nicht auf persönliche Faktoren oder gar ein persönliches Fehlverhalten zurückgeführt, sondern in den Kontext sozialer Probleme wie Armut oder langfristige Erwerbslosigkeit eingeordnet. Soziale Probleme hängen mit den materiellen, sozialen, kulturellen und institutionellen Lebensumständen zusammen, sie sollten nicht individualisiert oder isoliert verstanden und möglicherweise auch noch den Betroffenen persönlich angelastet werden. Die subjektive Dimension wird eigenständig gewürdigt, indem die Wahrnehmungen und Reaktionen der Ratsuchenden auf ihr Problem, ihre Sichtweisen, Erfahrungen, Potenziale, Wünsche und Bedürfnisse in der Analyse der Informationen berücksichtigt werden. Zu beachten sind daneben die Zeit- und Prozessdimension, denn ein soziales Problem ist nicht statisch, es ist vielmehr in eine Lebensgeschichte eingebunden, in der immer Veränderungen stattfinden. Diese Dynamik prägt ebenfalls die diagnostische Beurteilung. Schließlich spielt die Dimension der Interaktion zwischen den Fachkräften und den Ratsuchenden eine Rolle, sie ist mitentscheidend für die Qualität der Zusammenarbeit, die nicht einseitig den Fachkräften oder den Ratsuchenden zugewiesen werden sollte (vgl. Braun/Graßhoff/Schweppe 2011, S. 27f.).

Eingedenk dieses Hintergrundwissens über die Soziale Diagnose erfolgt die *Erfassung von Einnahmen, Ausgaben und Schulden*, die in der Sozialen Schuldnerberatung thematisch im Mittelpunkt stehen, in einem mehrdimensionalen Prozess. Die in Kapitel 2.3 erläuterten Ursachen und Auslöser von Überschuldung dienen gewissermaßen als allgemeines Suchraster, um die Entstehung des Überschuldungsprozesses aufzuhellen und Ratsuchenden nachvollziehbar zu machen, wie sie an diesen Punkt gelangt sind, frei von moralischer Verurteilung oder Schuldvorwürfen. Die systematische und analytische Erfassung des Überschuldungsproblems wird angereichert durch die Identifizierung gleichzeitig vorhandener Ressourcen, über die Ratsuchende verfügen und die eine wesentliche Rolle in der Einschätzung des Problemausmaßes und der Handlungsmöglichkeiten spielen. Die aufgezeigten persönlichen und Umweltressourcen bieten eine grobe Orientierung, die in der Einzelfallarbeit zu konkretisieren ist. Eine zunächst orientierende Übersicht trägt dazu bei, möglicherweise weitere Zuständigkeiten wie die Suchtkrankenhilfe oder Leistungsansprüche gegenüber einem Sozialleistungsträger zu erkennen und zu realisieren. Außerdem kann die Orientierungsdiagnose bereits auf akute Risiken wie einen drohenden Wohnungsverlust, Pfändungsmaßnahmen oder eine bevorstehende Inhaftierung wegen Schwarzfahrens verweisen, die in einer Risikodiagnose vertieft und dann unmittelbar in einer ökonomischen Krisenintervention bearbeitet werden. Die Gestaltungsdiagnose betrifft den Prozess der Zusammenarbeit, in dem die Handlungsmöglichkeiten der Sozialen Schuldnerberatung in fortlaufender Abstimmung mit den Ratsuchenden zum Einsatz kommen. Die jeweils erhobenen Daten und Informationen werden durchgängig strukturell eingeordnet, die subjektiven Reaktionen der Ratsuchenden werden aufgegriffen und thematisiert, Veränderungen im Verlauf werden erfasst und in die weiteren Planungen einbezogen und die Interaktionen werden immer so gestaltet, dass Ratsuchende von der Zusammenarbeit in ihrer Entwicklung profitieren.

Die strukturierte Erfassung der Einnahmen, Ausgaben und Schulden erfolgt in der Sozialen Schuldnerberatung in der Regel durch den Einsatz von *Arbeitshilfen* wie dem Haushaltsbogen (▶ Tab. 2 unten in exemplarischer Form, wie er mit der einen oder anderen Abwandlung heute in der Sozialen Schuldnerberatung eingesetzt wird). Was nach der Bearbeitung so übersichtlich aussieht, muss im Beratungsprozess sorgfältig erarbeitet werden. Viele Ratsuchende haben längst die Übersicht über ihre Schulden verloren, sie haben Gläubiger vergessen, Briefe nicht mehr geöffnet, teilweise auch vernichtet, Fristen für Widersprüche versäumt und so titulierte Forderungen ermöglicht, die erst nach 30 Jahren verjähren, während die meisten Forderungen grundsätzlich einer dreijährigen Verjährungsfrist unterliegen. Hinzu kommt, dass teilweise Sozialleistungen nicht beantragt und Pfändungen ertragen wurden, die zu einem Leben unter der Pfändungsfreigrenze geführt haben. Ratsuchende unterliegen bei Überschuldung nicht nur massiven materiellen Belastungen, vielfach parallel auftretende persönliche und gesundheitliche Auswirkungen forcieren den Prozess der Destabilisierung zusätzlich. In dieser Ausgangslage treffen die Fachkräfte auf Ratsuchende. Hier wird einsichtig, dass nur ein sensibles und zeitlich flexibles Vorgehen dazu führt, die finanziellen und persönlichen Lebensumstände möglichst vollständig zu erfassen. Nur dann können Handlungsstrategien für den Umgang mit den Problemen entwickelt werden, die auch anschlussfähig im Alltag der Ratsuchenden sind.

Die anzusprechenden Themen in der Phase der Sozialen Diagnose kommen im *Haushaltsbogen* zum Ausdruck. Während die Erfassung der Einnahmen und Ausgaben noch einigermaßen zügig geleistet werden kann, erfordert die Aufstellung der Schulden ganz überwiegend deutlich mehr Zeit und aktive Recherchearbeit seitens der Fachkräfte. Es müssen nicht nur die Forderungen erfasst und dabei vergessene und übersehene Forderungen erkundet werden, beispielsweise durch eine Selbstauskunft der SCHUFA oder anderer Systeme der Forderungserfassung; darüber hinaus stehen die Mitarbeiterinnen und Mitarbeiter der Sozialen Schuldnerberatung vor der Aufgabe, sich Gedanken über die Rechtmäßigkeit von Forderungen zu machen. Soweit Zweifel bestehen, etwa an der Höhe von Forderungen, an den geltend gemachten Verzugszinsen oder Beitreibungskosten, an einer möglichen Verjährung oder an der Wirksamkeit einer Bürgschaft, ist die Einschaltung einer juristischen Prüfung unumgänglich. Über ein fundiertes juristisches Fachwissen müssen alle Mitarbeiterinnen und Mitarbeiter in der Beratungsarbeit verfügen, schon um im Detail prüfungsbedürftige Sachverhalte zu erkennen. Neben den zivilrechtlichen Kenntnissen über Schulden sind für die Bearbeitung des Haushaltsbogens auch solide Kenntnisse über das System der sozialen Sicherung erforderlich, um ggf. nicht in Anspruch genommene Sozialleistungen, auf die Ratsuchende zurückgreifen können, zu entdecken und diese auch selbst zu beantragen oder Ratsuchende mit dem dafür erforderlichen Wissen auszustatten. Leistungsansprüche, behördliche Zuständigkeiten und die Handhabung des Antragsverfahrens bilden die sozialadministrative Kompetenz, die in der Sozialen Schuldnerberatung gebraucht wird.

Tab. 2: Zentrale im Haushaltsplan zu berücksichtigende Positionen

Einnahmen		Ausgaben	
Personen im Haushalt			
Lohn und Gehalt	☐	Miete und Nebenkosten	☐
Weitere Erwerbseinnahmen	☐	Energiekosten	☐
Arbeitslosengeld I	☐	Rundfunkgebühren	☐
Arbeitslosengeld II	☐	Unterhaltsverpflichtungen	☐
Kindergeld	☐	Kosten der Mobilität	☐
Elterngeld	☐	Versicherungen (Hausrat, Haftpflicht, Unfall, Lebensversicherung etc.)	☐
Rente und private Alterssicherung	☐	Beiträge	☐
Krankengeld	☐	Lebensmittel	☐
Unterhaltsvorschuss	☐	Sonstige flexible Ausgaben	☐
Wohngeld	☐	Rücklagen für Ersatzbeschaffungen	☐
Sonstige Einnahmen	☐	Kreditraten	☐
Summe Einnahmen	☐	Summe Ausgaben	☐
Summe Ausgaben	☐		
Verfügbares freies Einkommen	☐		

Nach der sozialdiagnostischen Auseinandersetzung mit dem Überschuldungsproblem geht es im Beratungsprozess weiter mit der *Hilfeplanung* (▶ Tab. 3). Aus der Haushaltsanalyse auf der Basis des Haushaltsbogens werden Ziele abgeleitet, die dem Beratungsprozess eine Richtung geben. Wieder werden zunächst allgemeine Hinweise auf die Zielentwicklung und Hilfeplanung aufbereitet, bevor eine Anwendung auf die Soziale Schuldnerberatung erfolgt. In der Hilfeplanung geht es darum, Wege aufzuzeigen, wie von einer Ausgangssituation (Ist-Zustand) ein erwünschter Zustand (Soll-Zustand) erreicht werden kann. Die Hilfeplanung strukturiert den Prozess des methodischen Handelns, sie schließt unmittelbar an die Soziale Diagnose an. Allerdings darf eine auch noch so ausgefeilte Fallreflexion und Zielentwicklung nicht darüber hinwegtäuschen, dass Interventionen einer ganz eigenen Logik folgen. Am Geschehen sind ganz unterschiedliche Akteure beteiligt, die teilweise divergierende Interessen verfolgen. Für das Gelingen von Interventionen ist der soziale Kontext mit entscheidend, in dem Ratsuchende und Beratungsfachkräfte agieren. Systeme – hierzu zählen Individuen, Familien, ihre weiteren Netze und auch soziale Dienste und Einrichtungen – folgen je eigenen Regeln. Nur wenn es gelingt, Anschluss zu finden, ist eine Intervention potenziell erfolgversprechend (vgl. Kaufmann 2012, S. 1287f.). Diese Hinweise auf die Grenzen systematischen Handelns in der Sozialen Beratung sind geboten, um eine Verengung des Beratungsprozesses auf technische Details zu vermeiden. Wegen der damit per se verbundenen Unwägbarkeiten erfolgt das Handeln in einer Ungewissheitssituation. Das eingebrachte Wissen wird in einem Diskurs mit allen Beteiligten mit dem Ziel ausgelegt, die Perspektiven und Handlungsspielräume ratsuchender Menschen unter Beachtung ihrer lebensweltlichen Schwierigkeiten zu erweitern (vgl. Dewe 2013, S. 107).

In der Hilfeplanung werden *Wirkungs- und Teilziele* sowie die darauf basierende Erarbeitung von Handlungsschritten unterschieden. *Wirkungsziele* stehen für das angestrebte Gesamtergebnis des Beratungsprozesses. *Teilziele* hingegen betreffen einzelne Etappen der Umsetzung von Wirkungszielen, sie werden u. a. mit Zeitangaben versehen, um ihre Umsetzung genauer überprüfen zu können. In den Handlungsschritten kommen die einzelnen Aufgaben zum Ausdruck, die der Umsetzung der Teil- und Wirkungsziele dienen. Anstehende Aufgaben werden mit den infrage kommenden Zuständigkeiten verknüpft. Neben den Beratungsfachkräften werden Aufgaben auch den Ratsuchenden und anderen beteiligten Stellen zugeordnet (vgl. Spiegel 2008, S. 135f.). Ziele bringen neue Aspekte in die Auseinandersetzung mit den Ressourcen und Problemen. Durch das Nachdenken über die Zukunft tragen sie günstigenfalls zu einer Aktivierung der Ratsuchenden bei. Das Gespräch über Ziele hilft Ratsuchenden zu entdecken, was sie wollen und welche Schwerpunkte sie setzen möchten (vgl. Schwing/Fryszer 2012, S. 146f.). Bei der Erarbeitung von Zielen ist es hilfreich, zunächst alle Ziele aufzulisten und sie dann nach Wichtigkeit zu ordnen, wobei die Präferenzen der Ratsuchenden ausschlaggebend sind. Soweit akute wirtschaftliche, soziale oder persönliche Krisen vorliegen, genießen diese in der Hilfeplanung absoluten Vorrang. Sind Ratsuchende auf der Ebene wirtschaftlicher Probleme mit existenzbedrohenden Pfändungen konfrontiert, muss zunächst der Pfändungsschutz sichergestellt werden. Äußern Ratsuchende Suizidgedanken, sind selbstredend unverzüglich Schritte erforderlich, die einen ausreichenden Schutz gewährleisten. Hinsichtlich der Formulierung von Zielen sollten vorrangig angestrebte Zustände und nicht zu vermeidende Situationen fokussiert werden, Ziele sollten so spezifisch wie möglich, klar und einfach und nach Dringlichkeit differenziert benannt werden (vgl. Stimmer/Ansen 2016, S. 121f.). Schematisch wird der Zusammenhang von Wirkungs- und Teilzielen in Verbindung mit Handlungsschritten einschließlich der begleitenden evaluativen Erfassung von Ergebnissen und davon ausgehend ggf. erforderlichen Feinjustierungen und Korrekturen in Tabelle 3 deutlich:

Tab. 3: Hilfeplanung

Wirkungsziele				
Teilziele				
Handlungs-schritte	Schuldner-beratung	Ratsuchende	Andere Akteure	Evaluation

Übertragen auf die Soziale Schuldnerberatung besteht das zentrale Wirkungsziel regelmäßig darin, Ratsuchende bei der Schuldenregulierung zu unterstützen. Ausgehend von den Ergebnissen der Haushaltsanalyse spielen je nach Fallkonstellation unterschiedliche Teilziele eine ausschlaggebende Rolle. Hierzu zählen Ziele, die der Verbesserung der Einkommenssituation dienen, beispielsweise die Erschließung infrage kommender Sozialleistungen oder die Realisierung von Unterhaltsansprüchen. Um das verfügbare Einkommen zugunsten der Ratsuchenden zu beeinflussen, richtet sich der Blick auch auf die Ausgabenseite. So kann es darum gehen, vermeidbare Ausgaben wie nicht erforderliche Versicherungsbeiträge, überhöhte Energieaufwendungen oder den Alltagskonsum zu verändern. Die Umsetzung dieser Schritte erfordert Maßnahmen der Ratsuchenden, der Beratungsfachkräfte und anderer Akteure wie Mitarbeiter und Mitarbeiterinnen von Sozialleistungsträgern. Des Weiteren sind dem Wirkungsziel der Schuldenregulierung gezielte auf die Schulden bezogene Vorgehensweisen gewidmet. Im Einzelnen geht es je nach der aktuellen Situation der Ratsuchenden um ein Schuldenmoratorium, das dazu dient, zunächst einen Aufschub zu organisieren, damit Ratsuchende zur Ruhe kommen können und gleichzeitig etwas Zeit besteht für die weitere Regulierungsplanung. Soweit eine Tilgung möglich ist, kommen unterschiedliche Varianten von Ratenvereinbarungen oder auch ein Privatinsolvenzverfahren in Betracht, sie sind Gegenstand der folgenden Abschnitte.

6.2 Existenzsicherung und ökonomische Kriseninvervention

Die Soziale Schuldnerberatung dient insgesamt der Existenzsicherung und der ökonomischen Kriseninvervention. Wenn dieser Punkt als eigenständiger Arbeitsansatz hier hervorgehoben wird, geht es um akute Zuspitzungen, die für die Ratsuchenden mit besonderen Risiken verbunden sind und die im Beratungsprozess keinen Aufschub dulden. Zwei Stränge prägen die ökonomische Kriseninvervention als Beitrag zur Existenzsicherung: zum einen die *Lösung schuldenbedingter unmittelbarer Gefahren* und *zum anderen die Sicherung der Lebensgrundlagen durch die Erschließung von Sozialleistungen*. Die Beratung in diesen Fragen trägt zur Linderung von Belastungen bei, die Ratsuchende sehr stark beeinträchtigen und teilweise verzweifeln lassen.

Unter den Schulden führen insbesondere Miet- und Energieschulden zu existenziellen Risiken, die in Kapitel 4.2 einschließlich der gesetzlichen Rahmenbedingungen und Handlungsmöglichkeiten bereits behandelt wurden. Der Verlust der Wohnung und die Einstellung der Haushaltsenergielieferungen tangieren elementare Lebensgrundlagen, sodass die vorrangige Bearbeitung im Beratungsprozess außer Frage steht. In der Sozialen Schuldnerberatung werden diese

Schulden frühzeitig angesprochen und Gegenmaßnahmen unmittelbar eingeleitet. Für die Überwindung kommen bei Vorliegen der in Kapitel 4.2 genannten Voraussetzungen Sozialleistungen nach SGB II und SGB XII in Betracht, deren Bewilligung im Ermessen der Behörde liegt. Insofern sind sozialarbeiterische Antragsbegründungen gefragt, die aus sozialdiagnostischen Einblicken in die Lebensumstände gewonnen werden. Entscheidend kommt es für den Erfolg der Beantragung der Miet- und Energieschuldenübernahme darauf an, dass die Entstehung der Schulden erläutert wird, um behördlicherseits die Vermutung auszuschließen, es handele sich um vorsätzlich oder grob fahrlässig eingegangene Schulden, die einzig dem Zweck dienten, Sozialleistungen zu erhalten. Neben der Rekonstruktion der Miet- und Energieschulden sind für die Entscheidung der Behörde zugunsten der Ratsuchenden Hinweise auf die aktuellen Lebensumstände und die Risiken sowie die negativen Konsequenzen hilfreich, die bei einer Ablehnung der Miet- und Energieschuldenübernahme auftreten würden. Eine Bewilligung des Antrags wird überdies wahrscheinlicher, wenn es gelingt, eine günstige Prognose zu formulieren, aus der hervorgeht, dass eine vergleichbare Notlage mutmaßlich nicht erneut auftreten wird, da die Ratsuchenden die Unterstützung der Sozialen Schuldnerberatung und, soweit indiziert, weitere Formen der Unterstützung wie beispielsweise suchttherapeutische oder beruflich qualifizierende Maßnahmen in Anspruch nehmen.

Eine weitere schuldenspezifische Intervention zur Sicherung der existenziellen Lebensgrundlagen stellt der *Pfändungsschutz* dar, der ebenfalls bereits in Kapitel 4.3 in Grundzügen erläutert wurde. In der ökonomischen Krisenintervention steht das Pfändungsschutzkonto im Zentrum, auf das jeder Ratsuchende einen Rechtsanspruch hat. Wie schon ausgeführt, wird ein Girokonto innerhalb von drei Werktagen in ein Pfändungsschutzkonto umgewandelt, das nur noch auf Guthabenbasis geführt wird. Der entscheidende Vorteil besteht darin, dass alle Geldeingänge bis zur in der Zivilprozessordnung geregelten Pfändungsschutzgrenze vor dem Zugriff der Gläubiger geschützt sind. Je nach den Besonderheiten des Einzelfalls kann der pfändungsgeschützte Betrag erhöht werden. Voraussetzung dafür ist die Vorlage einer entsprechenden Bescheinigung, die Ratsuchende von Sozialleistungsträgern, den Familienkassen, den Arbeitgebern, Rechtsanwälten und Steuerberatern oder von anerkannten Schuldner- und Insolvenzberatungsstellen erhalten. Bleiben Ratsuchende bei diesen Stellen erfolglos, ist das Vollstreckungsgericht einzuschalten, das auf Antrag einen erhöhten Sockelbetrag bescheinigt. Die Soziale Schuldnerberatung verfügt mit ihrem Wissen über den Pfändungsschutz und der Berechtigung zur Ausstellung einer Bescheinigung zur Vorlage bei den kontoführenden Banken über ein unmittelbar wirksames Instrument zur Sicherung der Lebensgrundlagen der Ratsuchenden.

Neben dem schuldenbedingten Verlust der Wohnung oder der Haushaltsenergie und Pfändungen, die Ratsuchenden ein Leben unterhalb des Existenzminimums aufbürden, sind *drohende Inhaftierungen* wegen Schulden ein angstbesetztes Thema in der ökonomischen Krisenintervention. Grundsätzlich gilt, Schulden führen nicht zu Haftstrafen, entscheidend ist ein kooperatives Verhalten der Ratsuchenden, um diese nicht ganz auszuschließende Situation auf jeden Fall zu vermeiden. In der Praxis der Sozialen Schuldnerberatung sind die folgenden Sachverhalte in diesem Zusammenhang zu beachten:

- Wer im Rahmen von Pfändungsmaßnahmen, die in Kapitel 4.3 aufgezeigt wurden, vom Gerichtsvollzieher zur Abgabe eines Vermögensverzeichnisses aufgefordert wird und sich verweigert, dem droht ein Haftbefehl, der zu *Erzwingungshaft* führen kann. Sobald die Abgabe des Vermögensverzeichnisses erfolgt, entfällt der Haftgrund. Ratsuchende sollten immer dazu angehalten werden, das Vermögensverzeichnis abzugeben, um diese Entwicklung zu vermeiden.
- Eine andere Form der Erzwingungshaft ist bei Geldbuße wegen einer Ordnungswidrigkeit möglich. Sie kann bis zu sechs Wochen verhängt werden. Um eine Inhaftierung zu vermeiden, ist entweder mit Hilfe der Sozialen Schuldnerberatung die Vereinbarung einer Ratenzahlung oder der Nachweis anhaltender Zahlungsunfähigkeit in Verbindung mit dem Antrag auf Niederschlagung der Geldbuße möglich.
- Bei einer in einem Strafprozess in Form von Tagessätzen verhängten Geldstrafe droht bei Nichtzahlung eine *Ersatzfreiheitsstrafe*, die durch eine Stundungs- und Ratenzahlungsvereinbarung oder bei Nichtzahlungsfähigkeit durch den Antrag auf Umwandlung in eine gemeinnützige unbezahlte Arbeit abgewendet werden kann. Auch hier ist besondere Achtsamkeit der Sozialen Schuldnerberatung geboten, um Ratsuchende möglichst vor einer Haftstrafe zu bewahren (vgl. Langbahn 2012, S. 33).

Zur ökonomischen Krisenintervention zählt neben der Abwendung akuter Risiken auch die *Erschließung existenzsichernder Sozialleistungen*, auf die Ratsuchende teilweise trotz eines bestehenden Anspruchs u. a. wegen fehlender Kenntnis oder Überforderung mit dem Antragsverfahren nicht zurückgreifen. Von der Sozialen Schuldnerberatung kann nicht erwartet werden, dass sie auch noch das System der sozialen Sicherung vollständig beherrscht, wie es zumindest in den wesentlichen Zügen in den §§ 18–29 SGB I umrissen wird. Dies gelingt auch Expertinnen und Experten angesichts der Komplexität und Vielschichtigkeit der Materie nicht. Entscheidend ist hinreichendes Orientierungswissen, das dazu befähigt, mit Ratsuchenden die Weichen zum Bezug der für sie infrage kommenden Sozialleistungen zu stellen. Die Detailberatung für einzelne Sozialleistungen obliegt nach § 14 SGB I ohnehin den jeweils zuständigen Sozialleistungsträgern, die über die Rechtslage, die erforderlichen Voraussetzungen, die Verwaltungspraxis und absehbare gesetzliche Änderungen so zu beraten haben, dass Ratsuchende in die Lage versetzt werden, die angestrebte Sozialleistung auch zu erhalten (vgl. Papenheim u. a. 2015, S. 220f.). Die der Navigation durch das System der sozialen Grundsicherung dienende tabellarische Übersicht umfasst Sozialleistungsskizzen (▶ Tab. 4), die in der Praxis der ökonomischen Krisenintervention in der Sozialen Schuldnerberatung häufig vorkommen.

Tab. 4: Sicherung des Lebensunterhalts durch Sozialleistungen

Sozialleistungen	Gesetzliche Voraussetzungen für den Bezug
Arbeitslosengeld I	Rechtsgrundlage ist das SGB III – Arbeitsförderung, das vermittlungs- und qualifikationsorientierte Arbeitsförderungsleistungen und Geldleistungen umfasst. Für die Soziale Schuldnerberatung ist insbesondere das Arbeitslosengeld I relevant. Für dessen Bezug werden Arbeitslosigkeit und persönliche Arbeitslosmeldung, Eigenbemühungen um einen Arbeitsplatz, Verfügbarkeit für die Vermittlung von mindestens 15 Wochenstunden Erwerbstätigkeit oder Eingliederungsmaßnahmen und die Erfüllung der Anwartschaftszeit von grundsätzlich mindestens zwölf Monaten innerhalb einer Rahmenfrist von zwei Jahren vorausgesetzt. Je nach Dauer der Beschäftigung und Lebensalter erstreckt sich die Bezugsdauer von Arbeitslosengeld auf sechs bis 24 Monate. Berechnungsgrundlage ist in der Regel das Bruttoarbeitsentgelt im letzten Jahr vor der Arbeitslosmeldung. Die Höhe des beitragsfinanzierten Arbeitslosengeldes beträgt bei Berechtigten mit mindestens einem steuerrechtlich anerkannten Kind 67 Prozent, ansonsten 60 Prozent des zugrunde gelegten Leistungsentgelts. Der Antrag auf Arbeitslosengeld I ist an die örtlich zuständige Agentur für Arbeit zu richten.
Grundsicherung	Rechtsgrundlage ist das SGB II – Grundsicherung für Arbeitssuchende, die das letzte Netz für erwerbsfähige Leistungsberechtigte darstellt. Priorität hat die Aufnahme einer Erwerbstätigkeit. In der Sozialen Schuldnerberatung dominieren die nachrangig gegenüber anderen Sozialleistungen sowie Einkommen und Vermögen unter Beachtung von Freigrenzen infrage kommenden Grundsicherungsleistungen Arbeitslosengeld II und Sozialgeld. Grundsicherungsleistungen erhält, wer das 15. Lebensjahr vollendet hat, dahingehend erwerbsfähig ist, dass er mindestens drei Stunden pro Tag erwerbstätig sein kann, hilfebedürftig ist und seinen gewöhnlichen Aufenthalt in Deutschland hat. Sozialgeld erhalten nicht erwerbsfähige Angehörige, die mit dem Leistungsberechtigten in einer Bedarfsgemeinschaft leben. Zur Bedarfsgemeinschaft zählen die Leistungsberechtigten, im Haushalt lebende Eltern(-Teile) eines unverheirateten erwerbsfähigen Kindes bis zur Vollendung des 25. Lebensjahres, Partner der Leistungsberechtigten, dem Haushalt angehörende minderjährige Kinder. Arbeitslosengeld II und Sozialgeld werden als soziokulturelles Existenzminimum in gleicher Höhe als Pauschalleistung bewilligt, die Bildung von Rücklagen für Ersatzbeschaffungen in Höhe von 750 EUR wird erwartet. Die steuerfinanzierten Grundsicherungsleistungen betragen für Alleinstehende, Alleinerziehende und Volljährige mit einem minderjährigen Partner (Stand 1. Januar 2018) 416 EUR, zwei volljährige Partner je 374 EUR, Kinder bis zur Vollendung des sechsten Lebensjahres 240 EUR, vom siebten bis zur Vollendung des 14. Lebensjahres 296 EUR und vom 15. bis zur Vollendung des 18. Lebensjahres 316 EUR. Hinzu kommen Mehrbedarfszuschläge auf den jeweils maßgeblichen Regelbedarf insbesondere für werdende Mütter ab der 13. Schwangerschaftswoche von 17 Prozent, für Alleinerziehende mit einem Kind unter sieben Jahren oder mit zwei oder drei Kindern unter 16 Jahren von 36 Prozent, für Leistungsberechtigte mit einer Behinderung bei Leistungen zur Teilnahme am Arbeitsleben von 35 Prozent oder bei nicht vorhandener Erwerbsfähigkeit und einem Merkzeichen »G« im Schwerbehindertenausweis von 17 Prozent, für Leistungsberechtigte

Tab. 4: Sicherung des Lebensunterhalts durch Sozialleistungen – Fortsetzung

Sozialleistungen	Gesetzliche Voraussetzungen für den Bezug
	mit einer krankheitsbedingt kostenaufwendigeren Ernährung auf der Grundlage einer Ermessensentscheidung. Überdies ist das sogenannte Bildungs- und Teilhabepaket relevant, das für Schüler eine Pauschale von 100 EUR (70 EUR im August und 30 EUR im Februar) sowie zehn Euro im Monat für Sport- und Kulturaktivitäten und in begründeten Fällen die Kosten für Nachhilfestunden vorsieht. Die Leistungen des Bildungs- und Teilhabepakets sind auch für Kinder bis zur Vollendung des 18. Lebensjahrs vorgesehen, die Sozialhilfe, Leistungen nach dem Asylbewerberleistungsgesetz, Wohngeld oder einen Kinderzuschlag (s. u.) erhalten. Neben den Grundsicherungsleistungen einschließlich möglicher Mehrbedarfe werden die angemessenen Kosten für Unterkunft und Heizung übernommen. Der Antrag auf Arbeitslosengeld II und Sozialgeld ist an das örtlich zuständige Jobcenter zu richten. Soweit keine Änderungen eintreten, wird die Leistung für ein Jahr bewilligt.
Sozialhilfe	Rechtsgrundlage ist das SGB XII – Sozialhilfe, die nachrangig gegenüber anderen Sozialleistungen und den Eigenkräften und Eigenmitteln der antragstellenden Personen, von Freigrenzen abgesehen, gewährt wird. Wieder interessieren hier die finanziellen Leistungen zur Sicherung eines menschenwürdigen Lebens nach dem Grundsatz der Bedarfsdeckung, die umfänglichen Sach- und Dienstleistungen der Sozialhilfe werden hier nicht aufgegriffen. Die Regelbedarfsstufen und Regelsätze entsprechen in der Höhe grundsätzlich den Leistungen der Grundsicherung nach SGB II (s. o.), von Sonderbedarfen abgesehen, die im Einzelfall zu klären sind. Leistungsberechtigt sind Personen im erwerbsfähigen Alter, die gesundheitsbedingt vorübergehend keine Erwerbstätigkeit ausführen und deshalb keine Leistungen nach dem SGB II beziehen können, und Personen mit einer Erwerbsminderung oder im Rentenalter, die bei nicht ausreichenden Rentenleistungen (Erwerbsminderungsrente oder Altersrente) eine Grundsicherung erhalten. Übernommen werden auch die angemessenen Kosten für Unterkunft und Heizung. Der Antrag auf Sozialhilfeleistungen ist an das örtlich zuständige Sozialamt zu richten. Soweit keine Änderungen eintreten, wird die Leistung für ein Jahr bewilligt.
Wohngeld	Rechtsgrundlage ist das Wohngeldgesetz, das ein besonderer Teil des Sozialgesetzbuches (SGB) ist. Die ebenfalls antragsgebundene Sozialleistung wird als Mietzuschuss oder, soweit es sich um ein Eigenheim handelt, als Lastenzuschuss für den Kapitaldienst und die Instandhaltung gezahlt. Die Berechnung erfolgt auf der Grundlage von drei Faktoren: Erstens wird die Anzahl der berücksichtigungsfähigen Haushaltsmitglieder (vor allem (Ehe-)Partner, Kinder und Pflegekinder sowie weitere Verwandte und Verschwägerte) zugrunde gelegt, zweitens die berücksichtigungsfähige Höchstmiete, abhängig von den sechs nach örtlichen Verhältnissen unterschiedenen Mietstufen, und drittens das zu berücksichtigende Gesamteinkommen. Die Höhe des infrage kommenden Wohngeldes kann unter Berücksichtigung der drei Faktoren der Wohngeldtabelle entnommen werden. Der durchschnittliche Zuschuss zur Miete bzw. Belastung liegt bei rund 120 EUR. Der Antrag auf Wohngeld ist an

Tab. 4: Sicherung des Lebensunterhalts durch Sozialleistungen – Fortsetzung

Sozialleistungen	Gesetzliche Voraussetzungen für den Bezug
	die Wohngeldbehörde zu richten. Soweit keine Änderungen eintreten, wird die Leistung für ein Jahr bewilligt.
Kinderzuschlag	Rechtsgrundlage ist das Bundeskindergeldgesetz. Der Kinderzuschlag ist eine steuerfinanzierte Sozialleistung. Er dient dazu, Eltern oder Elternteile mit kindergeldberechtigten Kindern den Bezug von Leistungen nach dem SGB II dann zu ersparen, wenn die finanzielle Notlage ausschließlich wegen des Unterhalts für die Kinder entsteht. Je Kind werden bis zu 170 EUR ergänzend zum Kindergeld gezahlt, wenn die Familie dann mit ihrem Einkommen und ggf. Wohngeld die Bedarfsgrenze für den Bezug von Grundsicherungsleistungen überschreitet. Für den Bezug des Kinderzuschlags müssen Eltern mindestens über ein Einkommen von 900 EUR verfügen, Alleinerziehende von mindestens 600 EUR. Liegt das Einkommen der Eltern über ihrem eigenen Bedarf, werden davon 50 Prozent auf die Berechnung des Kinderzuschlagsanspruchs angerechnet, je zehn Euro über der Bedarfsgrenze also fünf Euro. Der Antrag auf Kinderzuschlag ist an die Familienkassen zu richten.
Unterhaltsvorschuss	Rechtsgrundlage ist das Unterhaltsvorschussgesetz. Der Unterhaltsvorschuss dient dazu, alleinerziehende Elternteile finanziell zu entlasten, die trotz eines Unterhaltsanspruchs keinen Unterhalt vom getrenntlebenden Partner erhalten. Eine Bedingung für den Bezug von Unterhaltsvorschuss ist die Mitwirkung des antragstellenden Elternteils bei der Ermittlung des Elternteils, der seinen Unterhaltsverpflichtungen nicht nachkommt, um diesen behördlicherseits in Regress zu nehmen. Die Höhe des Unterhaltsvorschusses bemisst sich nach dem im BGB geregelten Mindestunterhalt. Der Unterhaltsvorschuss beträgt für ein Kind unter sechs Jahren gegenwärtig 150 EUR monatlich, für ein Kind bis unter zwölf Jahren 201 EUR und für ein Kind bis unter 18 Jahren 268 EUR. Der Antrag auf Unterhaltsvorschuss ist in der Regel an das zuständige Jugendamt zu richten (die Länder legen in Eigenverantwortung die zuständige Stelle fest).

6.3 Außergerichtliche Schuldenregulierung

Nach der systematischen Erfassung der Ausgangslage der Ratsuchenden einschließlich der Haushaltsanalyse und der Sicherung der Lebensgrundlagen geht es im weiteren Verlauf der Sozialen Schuldnerberatung um die Schuldenregulierung. In diesem Abschnitt werden *außergerichtliche* Varianten erörtert, die in Verhandlungen mit Gläubigern angestrebt werden. Für den Fall, dass Verhandlungen ohne Erfolg bleiben, steht das gesetzlich geregelte Privatinsolvenzverfahren zur Verfügung. Je nach Ausgangslage geht es um Verhandlungen, die auf einen vollständigen *Schuldenerlass* zielen, um *Stundungsverhandlungen*, die Zeit schaffen für notwendige Klärungsschritte, und um *Vergleichsverhandlungen*, die überwiegend mit einem Teilerlass der Schulden durch die Gläubiger verbunden werden. Die Aushandlung eines Schuldenerlasses oder Vergleichsverhandlungen führen bei einem erfolgreichen Verlauf dazu, dass nach der Erfüllung der Pflichten durch die Ratsuchenden die Gläubiger auf ihre Restforderungen verzichten, ggf. vorhandene Titel und Gerichtsurteile den Ratsuchenden aushändigen und bereits ausgebrachte Zwangsmaßnahmen zurücknehmen sowie eine Löschung der Daten über die Ratsuchenden bei der SCHUFA oder anderen Diensten veranlassen.

Ausschlaggebend für die Auswahl einer Regulierungsstrategie sind die finanziellen Verhältnisse der Ratsuchenden und ihre persönlichen Lebensumstände. Schulden, darauf wurde bereits aufmerksam gemacht, haben das Potenzial, Betroffene auch psychosozial und gesundheitlich massiv zu belasten, sodass sie teilweise vorübergehend für langfristige Vereinbarungen noch nicht die erforderliche Stabilität aufweisen. In der Sozialen Schuldnerberatung werden diese Hintergrundinformationen stets bei der Auswahl von Regulierungswegen, die immer gemeinsam mit den Ratsuchenden entwickelt werden, berücksichtigt. Vereinbarungen mit Gläubigern, die mühsam gefunden werden, sollten immer nur dann geschlossen werden, wenn die Aussicht besteht, dass Ratsuchende ihre eingegangenen Verpflichtungen auch durchhalten können. Zu fragen ist, wie sicher das gegenwärtig verfügbare Einkommen ist, inwieweit familiäre Veränderungen anstehen oder geplant sind (etwa ein Kind, das die Einkommenssituation verändert), ob gesundheitliche Risiken vorliegen oder ob Ratsuchende auf Unterstützung in ihrem sozialen Netz rechnen können (vgl. Spahn 2012, S. 77). Jede gescheiterte Vereinbarung erschwert die weitere Regulierungsarbeit und sollte möglichst vermieden werden. Gläubiger reagieren danach teilweise reserviert oder ungehalten, und Ratsuchende erleben ein erneutes Scheitern auf dem Weg aus den Schulden als besonders belastend und kränkend, was ihre weitere Motivation schwächt.

Verhandlungen mit Gläubigern, die mit dem Ziel geführt werden, einen *Schuldenerlass* zu erreichen, machen immer dann Sinn, wenn die Lebensumstände der Ratsuchenden darauf schließen lassen, dass es ihnen auf unabsehbare Zeit nicht möglich ist, ihre Schulden auch nur teilweise zu begleichen. Dies ist beispielsweise bei einer schweren und chronisch verlaufenden Erkrankung gegeben, die die Erwerbsmöglichkeiten der Ratsuchenden dauerhaft unterminieren, und wenn keine Ersparnisse verfügbar sind, die für die Schuldentilgung eingesetzt werden könnten. Allgemein gilt, dass ein Schuldenerlass – bei öffentlichen Gläubigern wie Sozialleistungsträgern heißt der Schuldenerlass Niederschlagung – dann mit einer gewissen Aussicht auf Erfolg angestrebt werden kann, wenn Ratsuchende aus ganz unterschiedlichen Gründen auf unabsehbare Zeit mit ihrem Einkommen unter der Pfändungsfreigrenze verharren und bereits erfolglose Pfändungsversuche unternommen wurden. In den Verhandlungen werden die Lebensumstände entsprechend dargelegt. Gläubiger erkennen, teilweise auch durch beigefügte Nachweise, dass sie keine Chancen haben, ihre Forderungen erfolgreich einzutreiben. Stimmen sie einem Schuldenerlass zu, können sie die dann uneinbringlichen Forderungen gewinn- und damit steuermindernd ausbuchen, zudem sparen sie Kosten, die mit der Buchung und Verfolgung ihrer Forderungen verbunden sind (vgl. Lackmann/Binner 2017, S. 33). In der Darstellung der Lebensumstände Ratsuchender ist darauf zu achten, dass sie nicht stigmatisiert werden und dass nur die Informationen offengelegt werden, die für die Entscheidung der Gläubiger in Bezug auf einen Schuldenerlass erheblich sind. Ganz entscheidend ist, dass in den Schreiben an Gläubiger die Sachverhalte immer wahrheitsgemäß dargestellt werden.

Wird kein Schuldenerlass erreicht oder sind Ratsuchende mit einem Einkommen unter der Pfändungsfreigrenze möglicherweise auch nicht motiviert, sich auf Verhandlungen einzulassen, bleibt als Beratungsstrategie die Vorbereitung auf ein *Leben mit Schulden*. Die Einrichtung eines Pfändungsschutzkontos und die Information Ratsuchender über Pfändungen und angemessene Verhaltensweisen bei gerichtlichen Maßnahmen zählen dann zu den beraterischen Vorgehensweisen (vgl. Jahn 2012, S. 77). Ratsuchenden mit einer langen Schuldenkarriere fehlt teilweise der Antrieb, sich um die Lösung ihres Schuldenproblems zu kümmern. In der Sozialen Schuldnerberatung sollte ihnen mit Toleranz begegnet werden, ihre Erfahrungen und Entmutigungen im Umgang mit Schulden haben ihnen mitunter die Phantasie geraubt, dass überhaupt eine Lösung gefunden werden könnte. Begleitet man sie in ihrem Leben mit Schulden, ist nicht auszuschließen, dass sie zu einem späteren Zeitpunkt doch noch andere Wege zu gehen bereit sind. Sich dafür im Beratungsprozess offenzuhalten ist allemal eine geeignete Haltung im Umgang mit den Betroffenen. Wer sich für ein Leben an der Pfändungsfreigrenze bei Schulden entscheidet, hat es damit nicht einfach. Gläubiger werden immer wieder versuchen, ihre Forderungen einzutreiben, sodass Ratsuchende keine Ruhe finden. Wiederholt werden sie ein Vermögensverzeichnis abgeben müssen, titulierte Forderungen verjähren schließlich erst nach 30 Jahren. Das Thema Schulden findet bei dieser Variante für die Ratsuchenden keinen Abschluss. Sollte es dann doch einmal gelingen, wieder zu Geld zu kommen, und sei es durch eine unvorhergesehene Erbschaft, wird der finanzielle Neustart erschwert oder unmöglich gemacht. Insofern gibt es gute Gründe, auch bei einer Entscheidung für ein Leben mit Schulden die Ausstiegsoption im Beratungsprozess offenzuhalten.

Sind Ratsuchende motiviert oder motivierbar für eine Schuldenregulierung und sind finanzielle Mittel vorhanden, stehen die folgenden Vorgehensweisen für *Vergleichsverhandlungen* zur Verfügung.

- *Vereinbarung einer vorübergehenden Stundung*: Bis eine Übersicht über sämtliche Schulden vorliegt, vergeht häufig einige Zeit, da Ratsuchende in vielen Fällen die Übersicht verloren haben. Auch die Klärung der Einnahmen und Ausgaben sowie die Beantragung möglicherweise infrage kommender Sozialleistungen beansprucht Zeit. Erst nach diesen Vorarbeiten steht fest, welche finanziellen Möglichkeiten für Vergleichsverhandlungen zur Verfügung stehen, um diese auch seriös vorschlagen zu können. Für diese Zeit bietet sich an, mit Gläubigern eine zins- und kostenfreie Stundung der Schulden zu vereinbaren. Der Vorteil der Gläubiger besteht darin, dass sie ihre Aussichten auf einen umsetzbaren Vorschlag zur Bereinigung der Schulden erhal-

ten. Ratsuchende können sich in dieser Zeit ein wenig von den Schuldenthemen erholen und Kraft schöpfen für die Tilgungszeit.
- *Begleichung der Schulden durch eine Einmalzahlung*: Wenn eine Vergleichssumme zur Verfügung steht, sei es durch eine freiwillige Unterstützung Ratsuchender durch die Familie und/oder Freunde, durch die Auflösung von Sparvermögen und Lebensversicherungen oder durch die Mobilisierung von Stiftungsmitteln, beispielsweise der Straffälligen- oder Suchtkrankenhilfe oder der Krebshilfe, kann diese Gläubigern angeboten werden, wenn sie im Gegenzug auf ihre Restforderungen verzichten. Die Gläubiger werden proportional zu ihrem Anteil an den Gesamtschulden mit einer entsprechenden Quote des für den Vergleich zur Verfügung stehenden Betrags berücksichtigt. Ihr Vorteil besteht darin, dass sie einen Teil ihrer Forderung unmittelbar erhalten, eine längere Rückzahlungsvereinbarung enthält immer das Risiko, dass Ratsuchende diese nicht einhalten können. Für Ratsuchende liegt der Vorzug darin, dass sie unmittelbar schuldenfrei wären und ihr (finanzielles) Leben unbelastet neu ordnen können.
- *Begleichung der Schulden durch Ratenvereinbarungen*: Ratsuchende mit einem pfändbaren Einkommensanteil verpflichten sich bei dieser Variante, über einen Zeitraum von heute üblicherweise längstens sechs Jahren (diese Zeit entspricht der sogenannten Wohlverhaltensperiode im Restschuldbefreiungsverfahren der Verbraucherinsolvenz, ▶ Kap. 6.4), entweder bei einer festen Ratenvereinbarung regelmäßig eine festgelegte Rate an Gläubiger zu überweisen oder bei einer flexiblen Ratenvereinbarung immer den pfändbaren Teil, der im jeweiligen Monat zur Verfügung steht, abzutragen. Die Ratenhöhe wird ausgehend von dem zur Verfügung stehenden monatlichen Betrag wie bei den Einmalzahlungen entsprechend dem Forderungsanteil der einzelnen Gläubiger an der Gesamtschuld des Ratsuchenden ausgerichtet. Feste Ratenzahlungen bieten den Vorteil einer überschaubaren Situation, am Ende der vereinbarten Zeit steht dann der Erlass der Restschulden. Sie bietet sich bei stabilen finanziellen und persönlichen Verhältnissen der Ratsuchenden an, denn jede Unterbrechung einer Vereinbarung berechtigt den Gläubiger, diese zu kündigen und die Restsumme in einem Betrag zuzüglich Verzugszinsen fällig zu stellen. Daraus ergibt sich, dass flexible Ratenzahlungen dann empfehlenswert sind, wenn die Verhältnisse der Ratsuchenden instabil sind. Schwankungen in den Zahlungsmöglichkeiten führen dann nicht gleich zu einer Kündigung der Vereinbarung (vgl. Lackmann/Binner 2017, S. 31f.).

Außergerichtliche Regulierungsvereinbarungen enthalten immer das Risiko, dass nicht berücksichtigte Gläubiger später auftauchen und beispielsweise durch Pfändungen getroffene Vereinbarungen zu Fall bringen. In einem Verbraucherinsolvenzverfahren besteht diese Gefahr nicht. Insofern sollte man außergerichtliche Einigungsversuche vor allem dann in Erwägung ziehen, wenn man davon ausgehen kann, die Gläubiger vollständig erfasst zu haben. Eine Anfrage bei der SCHUFA und beim Vollstreckungsgericht trägt dazu bei, eine möglichst genaue Übersicht über die Gläubiger von Ratsuchenden zu erhalten, eine Gewähr für Vollständigkeit besteht dennoch nicht, denn Gläubiger melden ihre Forderungen teilweise nicht der SCHUFA oder sie haben noch keine Vollstreckungsmaßnahmen eingeleitet.

6.4 Privatinsolvenzverfahren

Das Privatinsolvenzverfahren (auch Verbraucherinsolvenzverfahren genannt) wurde 1999 eingeführt. Es ermöglicht Privatschuldnern durch die Restschuldbefreiung einen finanziellen Neustart, den es vor dieser Gesetzgebungsreform im Bereich des Insolvenzrechts für Verbraucher nicht gab. Die Verbraucherinsolvenz ist für Personen vorgesehen, die keine selbständige Tätigkeit ausüben bzw. ausgeübt haben, für sie kommt das Regelinsolvenzverfahren in Betracht. Ehemals Selbständige mit weniger als 20 Gläubigern und keinen Schulden, die aus der Selbständigkeit resultieren wie ausstehende Lohn- und Gehaltszahlungen oder offene Sozialversicherungsbeiträge, fallen ebenfalls unter das Privatinsolvenzrecht. Seit einigen Jahren ist die Zahl der Anträge rückläufig, im Jahr 2015 wurden rund 85.000 Verbraucherinsolvenzen eingeleitet, bis zum Jahr 2012 lag die Zahl der Anträge regelmäßig bei ca. 100.000 und darüber (vgl. iff-Überschuldungsreport 2016, S. 10). Der Rückgang könnte damit zusammenhängen, dass Schuldner vermehrt auf das Pfändungsschutzkonto zurückgreifen und sich auf ein Leben mit Schulden einrichten, zumal dann, wenn sie über keine Mittel für (Teil-)Tilgungen verfügen und eine Änderung ihrer Lage für sie auch nicht absehbar ist. Trotz der rückläufigen Zahl der Anträge dominiert das Privatinsolvenzverfahren die Soziale Schuldnerberatung weiterhin. Zum einen ist dieser Weg eine sehr häufige Regulierungsstrategie und zum anderen strahlen die Verfahrensbedingungen auf die Beratungspraxis aus. In Vergleichsverhandlungen werden heute maximale Tilgungszeiträume von sechs Jahren angeboten. Innerhalb dieser Frist ist im Privatinsolvenzverfahren eine Restschuldbefreiung möglich. Die Vergleichsbeträge werden überwiegend mit Blick auf das Privatinsolvenzverfahren berechnet. Sie ergeben sich aus der Summe der pfändbaren Einkommensanteile, die in maximal sechs Jahren zusammenkommen. Gläubiger lassen sich eher auf außergerichtliche Vergleiche ein, wenn ihnen bewusst ist, dass sie auch in einem Gerichtsverfahren keine höheren Rückzahlungen erwarten können.

Das Privatinsolvenzverfahren umfasst in einer orientierenden Übersicht die folgenden Etappen (▶ Abb. 2):

- Voraussetzung für die Einleitung eines Privatinsolvenzverfahrens ist der Nachweis über einen *gescheiterten außergerichtlichen Einigungsversuch*, den u. a. Rechtsanwälte oder geeignete Stellen wie anerkannte Schuldner- und Insolvenzberatungsstellen unter Angabe der für das Scheitern maßgeblichen Gründe ausstellen. Gegenstand des außergerichtlichen Einigungsversuchs sind die im Kapitel 6.3 ausgeführten Regulierungsmöglichkeiten.

- Im Anschluss an die gescheiterte außergerichtliche Einigung erfolgt ein *Insolvenzantrag*, der beim Insolvenzgericht am Wohnsitz des Schuldners gestellt wird. Dem formularisierten Insolvenzantrag werden die Bescheinigung über den gescheiterten außergerichtlichen Einigungsversuch, die nicht älter als sechs Monate sein darf, ein Vermögens- und Schuldverzeichnis sowie ein Schuldenbereinigungsplan beigefügt, der auf der Basis des bisherigen Regulierungsversuchs erstellt wird.
- Soweit das Insolvenzgericht zu der Auffassung gelangt, dass ein weiterer Einigungsversuch erfolgen soll, wird den Gläubigern ein *gerichtlicher Schuldenbereinigungsplan* unterbreitet. Stimmt die Mehrzahl der Gläubiger, die überdies mehr als 50 Prozent der Forderungen gegen den Ratsuchenden vertreten, dem Schuldenbereinigungsplan zu, können ausbleibende und fehlende Zustimmungen weiterer Gläubiger durch das Gericht ersetzt werden, sodass der vorliegende Schuldenbereinigungsplan in Kraft tritt und der Ratsuchende bei Erfüllung der vereinbarten Tilgung von den Restschulden befreit wird. Wie bei der außergerichtlichen Einigung besteht das Risiko, dass nicht erfasste Gläubiger, die zu einem späteren Zeitpunkt auf den Plan treten, ihre Forderungen weiter auch mittels Pfändungsmaßnahmen eintreiben.
- Scheitert auch der gerichtliche Schuldenbereinigungsplan oder wird gar kein weiterer Regulierungsversuch seitens des Gerichts wegen mangelnder Erfolgsaussichten unternommen, kommt es zur Eröffnung des *förmlichen Insolvenzverfahrens*. Das Gericht prüft zu diesem Zweck, ob eine drohende Zahlungsunfähigkeit oder eine Überschuldung vorliegt, ob die Verfahrenskosten von durchschnittlich etwa 2.000 EUR gedeckt sind oder eine Kostenstundung infrage kommt, und ob Hinderungsgründe für das Insolvenzverfahren vorliegen. Vom Zeitpunkt der Verfahrenseröffnung dürfen Gläubiger keine Pfändungen mehr ausbringen. Durch die Veröffentlichung der Verfahrenseröffnung im Internet haben alle noch nicht erfassten Gläubiger noch die Gelegenheit, ihre Ansprüche geltend zu machen und bei der Regulierung der Schulden berücksichtigt zu werden. Das Insolvenzgericht setzt für die Abwicklung des Verfahrens bis zur Eröffnung des Restschuldbefreiungsverfahrens einen Insolvenzverwalter ein. Hierbei handelt es sich üblicherweise um einen Rechtsanwalt, der aus den Zahlungen des Schuldners vergütet wird.
- Nach dem Eröffnungsbeschluss setzt das eigentliche *Restschuldbefreiungsverfahren* ein. Erfüllt der Schuldner seine gesetzlich geregelten Obliegenheiten, wird er nach spätestens sechs Jahren von den dann noch bestehenden Restschulden befreit. Dieser Zeitraum wird nach § 287 Abs. 2 Insolvenzordnung (InsO) Abtretungsfrist genannt. Gelingt es dem Schuldner, die Verfahrenskosten innerhalb von fünf Jahren zu begleichen, erfolgt die Restschuldbefreiung bereits nach dieser Zeit. Ist der Schuldner zusätzlich zu der Begleichung der Verfahrenskosten in der Lage, innerhalb von drei Jahren 35 Prozent der angemeldeten Forderungen zu tilgen, erfolgt dann bereits die Restschuldbefreiung. Während dieser Verfahrensphase wird ein Treuhänder eingesetzt (hierbei handelt es sich in der Regel um den Insolvenzverwalter, der in dieser Phase des Verfahrens allerdings Treuhänder genannt wird), der die pfändbaren Einkommensanteile verwaltet und einmal im Jahr an die Gläubiger ausschüttet.

6.4 Privatinsolvenzverfahren

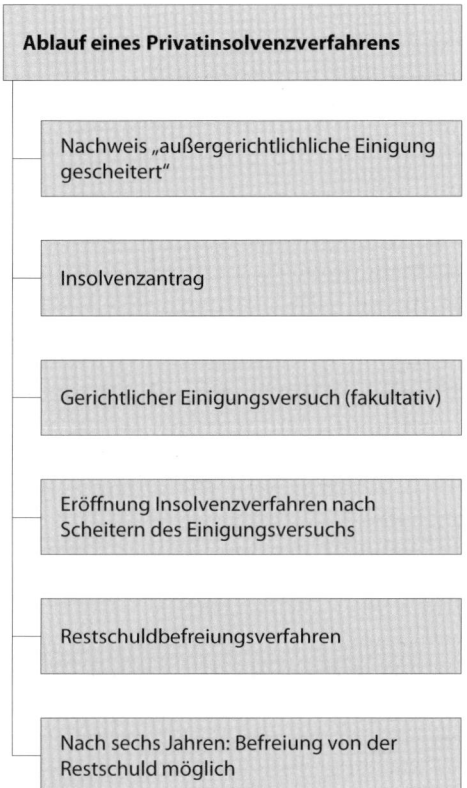

Abb. 2: Übersicht des Ablaufs einer Privatinsolvenz

Während des Insolvenzverfahrens muss der Schuldner eine Reihe von Obliegenheiten erfüllen, um am Ende als redlicher Schuldner eine Restschuldbefreiung zu erhalten. Diese scheidet aus, wenn dem Schuldner in den vergangenen zehn Jahren bereits eine Restschuldbefreiung zugesprochen wurde. Hinsichtlich der *Obliegenheiten* gilt nach § 295 InsO, dass sich der Schuldner ernsthaft und regelmäßig um eine Erwerbstätigkeit zu bemühen hat, er die Hälfte eines möglichen Erbes an den Treuhänder abtritt, diesem alle Änderungen seiner persönlichen Verhältnisse mitteilt und die pfändbaren Teile seiner Einkünfte ausschließlich dem Treuhänder überlässt und keine weiteren Vereinbarungen mit Gläubigern trifft. Verletzungen dieser Pflichten führen dazu, dass das Insolvenzverfahren scheitert.

> Eine Restschuldbefreiung ist alles andere als ein Selbstgänger im Privatinsolvenzverfahren.

Ausgenommen von der Restschuldbefreiung sind nach § 302 InsO Schulden aus vorsätzlich verübten unerlaubten Handlungen, Geldstrafen und Unterhaltsschulden, soweit der Schuldner leistungsfähig war, sowie die gestundeten Kosten für das Insolvenzverfahren. Eine Restschuldbefreiung kann auf Antrag eines Gläubigers nach § 290 InsO *versagt* werden, wenn einer der folgenden Gründe vorliegt:

- Der Schuldner wurde wegen einer Straftat in Verbindung mit einem Bankrott oder der Verletzung von Buchhaltungsaufgaben zu mehr als 90 Tagessätzen oder einer Freiheitsstrafe von mehr als drei Monaten verurteilt.
- Der Schuldner hat in den zurückliegenden drei Jahren vor dem Antrag auf Eröffnung des Insolvenzverfahrens oder danach wegen vorsätzlicher oder grob fahrlässiger falscher Angaben über seine wirtschaftliche Situation einen Kredit oder mit öffentlichen Mitteln finanzierte Leistungen erhalten.
- Der Schuldner hat im letzten Jahr vor dem Antrag auf Verfahrenseröffnung durch vorsätzliches oder grobfahrlässiges Handeln wie Verschwendung von Vermögen oder dem Eingehen von überzogenen Verbindlichkeiten Insolvenzgläubigern geschadet.
- Der Schuldner ist während des Insolvenzverfahrens seinen Mitwirkungspflichten einschließlich der wahrheitsgemäßen Aufstellung seines Vermögens und seiner Einkünfte nicht nachgekommen.

Das Privatinsolvenzverfahren richtet an Ratsuchende wie an Beratungsfachkräfte hohe Anforderungen. Die korrekte Handhabung der gesetzlichen Vorschriften ist unabdingbar, denn Fehler führen zu Verfahrensrisiken, die dazu führen können, dass die erstrebte Restschuldbefreiung nicht ausgesprochen wird. Besonders heikel ist die Frage, inwieweit Ratsuchende in der Lage sind, die *Abtretungszeit*, die früher Wohlverhaltensperiode genannt wurde, von maximal sechs Jahren verbindlich durchzuhalten. In der Sozialen Schuldnerberatung ist sorgfältig über die Verfahrensansprüche aufzuklären und gemeinsam mit den Ratsuchenden einzuschätzen, ob dieser Weg durchgehalten werden kann. Prognosen sind immer unsicher, zumal im Leben von multipel belasteten Ratsuchenden. Wenn allerdings schon zu Beginn eines Privatinsolvenzverfahrens eine Unsicherheit darüber besteht, ob die Anforderungen erfüllt werden können, sollten andere Möglichkeiten der Schuldenregulierung bevorzugt ausgereizt werden.

6.5 Konsequenzen für die Soziale Schuldnerberatung

Die Schuldenregulierung in der Sozialen Schuldnerberatung ist eine hoch komplexe Aufgabe, die, das zeigen die Ausführungen dieses Kapitels, umfängliches Wissen und Können erfordern, das permanent auf den neuesten Stand gebracht werden muss, um Fehler zu vermeiden. Ein entscheidender Erfolgsfaktor ist immer die für den Beratungsprozess zur Verfügung stehende Zeit. In einem Beratungsprozess, in dem Rückkoppelungsschleifen unvermeidlich sind, in dem Ratsuchende und ihr soziales Umfeld zu beteiligen sind, in dem unvorhergesehene Ereignisse einschließlich ökonomischer und persönlicher Krisen auftreten, verbieten sich schematische Vorgehensweisen. Mitunter sind Sitzungen erforderlich, in denen das Thema Geld und Schulden vielleicht keine oder nur eine nebengeordnete Rolle spielen. Stehen dafür keine finanziell abgesicherten Zeiten zur Verfügung, wird der Beratungsprozess abschlussorientiert beschleunigt. Den Fachkräften und den Trägern der Beratungsstellen ist dies nicht vorzuwerfen, sie müssen auch wirtschaftlich Denken und Handeln im Interesse der Erhaltung ihrer Einrichtung. Ein stabiles Beratungsergebnis ist damit allerdings nicht gewährleistet. Es müsste im Interesse der Leistungsträger liegen, auch mit Blick auf die anhaltende Stabilisierung von Ratsuchenden die Finanzierungsgrundlagen so zu gestalten, dass eine umfänglich angelegte Soziale Schuldnerberatung durchgeführt werden kann. Gegenwärtig ist dies noch nicht flächendeckend der Fall, allenfalls, wenn Träger Eigenmittel oder Spendengelder einbringen, was sozialstaatlich für die Soziale Schuldnerberatung als ein Element der Daseinsvorsorge nicht vorausgesetzt werden kann.

Überschuldung ist für die meisten Betroffenen ein soziales Problem. Eine Schuldenregulierung, die nur auf das Thema Geld und Schulden fokussiert ist, verfehlt ihren Auftrag aus der Perspektive der Sozialen Schuldnerberatung. Für die weitere Profilierung dieses wichtigen Arbeitsfeldes ist es empfehlenswert, einen *lebensweltorientierten* Zugang zu den Ratsuchenden und ihrem Umfeld einzuschlagen. Schulden treten nicht isoliert auf. Sie hängen mit den biografischen und sozialen Lebensumständen ebenso zusammen wie mit persönlichen Verhaltensweisen und Arrangements mit alltäglichen Herausforderungen. Erst wenn der Blick auf die Lebenswelt gerichtet wird, können die Belastungen und Handlungsmöglichkeiten ratsuchender Personen genauer beurteilt werden. Regulierungsvorstellungen, wie sie aufgezeigt wurden, haben dann eine größere Chance auf Erfolg, wenn sie mit den alltäglichen Lebensumständen einigermaßen in Einklang zu bringen sind. Erst diese Anschlussfähigkeit trägt dazu bei, den langen Weg aus den Schulden auch durchzuhalten, und Verpflichtungen, wie sie beispielsweise mit der Privatinsolvenz verbunden sind, auch so einzuhalten, dass die angestrebte Restschuldbefreiung erreicht werden kann. Die Weichen sollten auf der Grundlage einer erweiterten sozialdiagnostischen Einschätzung gestellt werden. Dafür müssen die vorhandenen Instrumente weiterentwickelt und empirisch erprobt werden. Die schuldentechnischen Kenntnisse sind allerorten auf einem hohen Niveau vorhanden, die sozialarbeiterisch-fallanalytischen Kompetenzen dagegen sind noch ausbaufähig.

In der Sozialen Schuldnerberatung dominiert die Schuldenregulierung das Beratungsgeschehen. Das kann angesichts der zentralen Aufgabenstellung auch nicht anders sein. Die Frage an dieser Stelle ist, ob die Schwerpunkte immer zutreffend gelegt werden. Der weiterhin bestehende Vorrang des Privatinsolvenzverfahrens sollte daraufhin überprüft werden, ob es nicht möglich wäre, die Spielräume für außergerichtliche Einigungen noch weiter auszuschöpfen. Auch wenn dies mehr Zeit erfordert, bietet sich dieser Weg an, um noch besser auf die Besonderheiten von Einzelfällen in den Regulierungsbemühungen Rücksicht nehmen zu können. Ein besonderer Nachholbedarf besteht in diesem Zusammenhang in der Frage der Sicherung der Lebensgrundlagen, dem klassischen Thema der Sozialen Beratung. Versorgungslücken im Alltag der Ratsuchenden werden im Beratungsprozess aufgedeckt. Auch wenn dann die Delegation an zuständige Fachstellen und Behörden indiziert ist, bleibt das Thema in der Sozialen Schuldnerberatung auf der Tagesordnung. Zum einen benötigen Fachkräfte ein sehr fundiertes Wissen über Hilfesysteme und ihre Zugänge, um weiter vermitteln zu können. Es geht vielfach um mehr als um finanzielle Sozialleistungen, die hier skizziert wurden. Insbesondere der Übergang in Dienstleistungen, also andere Beratungsangebote, Therapien, Rehabilitations- oder Bildungsmaßnahmen ist angesprochen. Im Verlauf eines Beratungsprozesses vertrauen Ratsuchende den Fachkräften häufiger Inhalte an, die sie erst äußern, wenn ein hinreichendes Vertrauen und eine Beziehung entstanden sind. Sie dann gleich weiter zu verweisen kann als Kränkung und Zurückweisung erlebt werden. Das Fenster ist schnell wieder geschlossen, das Ratsuchende mal öffnen, um weitere Hilfen zuzulassen. Solche Situationen erfordern neben dem Wissen um Zuständigkeiten einen sensiblen Umgang. Die Soziale Schuldnerberatung wird für Anliegen, die direkt und indirekt mit der Überschuldung zusammenhängen, eine Art Erstanlaufstelle, die Wege in Hilfesysteme bahnt. Diese wichtige Leistung kommt einstweilen in den Evaluationen und Beobachtungen der Sozialen Schuldnerberatung noch viel zu wenig zum Ausdruck.

In der Schuldenregulierung, dem Alltag der Sozialen Schuldnerberatung, steht der Umgang mit häufig multipel belasteten Menschen im Mittelpunkt, die deutlich mehr benötigen als eine ausschließlich wirtschaftlich orientierte Beratung. Fachkräfte bewältigen tagein und tagaus schwierige Gesprächssituationen, für die ein breit angelegtes Inventar an Gesprächsführungskompetenzen gebraucht wird, das Gegenstand des folgenden Kapitels ist.

Weiterführende Literatur

Schruth, Peter u. a. (Hrsg.): Schuldnerberatung in der Sozialen Arbeit. Weinheim, München 2011

7 Gesprächsführung in der Sozialen Schuldnerberatung

Was Sie in diesem Kapitel lernen können

Die Anforderungen im Arbeitsfeld der Sozialen Schuldnerberatung sind inhaltlich äußerst komplex, wie die bisherigen Ausführungen in diesem Buch unterstreichen. Nicht minder anspruchsvoll sind die Herausforderungen in der Gesprächsführung. Fachkräfte der Sozialen Schuldnerberatung begegnen sehr unterschiedlichen Menschen in finanziell, persönlich und sozial prekären Lebensumständen, mit denen sie über eine kürzere oder längere Zeit zusammenarbeiten. Hierbei kommt es darauf an,

- eine tragfähige Beziehung aufzubauen,
- die mit einer Überschuldung verbundenen Probleme in Erstgesprächen zu erfassen,
- Ratsuchende zu motivieren, sich auf den zuweilen langen Prozess einer Schuldenregulierung einzulassen,
- sie an ihre vorhandenen Ressourcen und Handlungsmöglichkeiten zu erinnern,
- sie mit einem handlungsbefähigenden Wissen auszustatten,
- mit Konflikten angemessen umzugehen
- und Ratsuchenden in der Bewältigung akuter Krisen zu unterstützen.

In den folgenden Ausführungen werden Gesprächsführungsansätze portraitiert, die diesen verzweigten Aufgabenstellungen entsprechen. Es handelt sich um ein Grundinventar, das je nach dem Verlauf des Beratungsprozesses und wechselnden situativen Anforderungen in unterschiedlichen Kombinationen eingesetzt werden kann.

7.1 Arbeitsbeziehung und Gesprächsführung

Der Erfolg der Sozialen Schuldnerberatung ist sowohl von den Inhalten als auch von der Qualität der Arbeitsbeziehung abhängig. Die herausgehobene Bedeutung der Beziehung in der Beratung wird in der Beratungsforschung durchgängig unterstrichen. Eine produktive Arbeitsbeziehung, getragen von gemeinsam entwickelten Zielen, einem Konsens über die zu lösenden Probleme und einer guten menschlichen Begegnung, ist grundlegend für den gesamten Beratungsprozess (vgl. McLeod 2004, S. 294f.).

Eine professionell gestaltete Arbeitsbeziehung weist eine partielle Nähe zu alltäglichen Beziehungen auf, wie sie in der Familie, im Freundeskreis oder in anderen engen sozialen Bezügen gelebt werden. In diesen Konstellationen sind die Beziehungspersonen nicht beliebig austauschbar, die Beziehungen sind kontinuierlich und nicht von vornherein befristet angelegt, es besteht eine große emotionale Nähe und wechselseitige Abhängigkeit voneinander (vgl. Lenz/Nestmann 2009, S. 11f.). Davon ist die professionelle Arbeitsbeziehung abzugrenzen, auch wenn der persönliche Bezug und eine gewisse emotionale Dichte hier eine Rolle spielen und insofern immer eine Gratwanderung bewältigt wird. Die Charakteristika einer professionellen Arbeitsbeziehung umfassen im Anschluss an die Auseinandersetzung mit der pädagogischen Beziehung die folgenden Aspekte:

- Die Arbeitsbeziehung ist kein Selbstzweck, sie dient vielmehr einer bestimmten Aufgabe, in der Sozialen Schuldnerberatung der Bearbeitung schuldenbedingter Probleme. Insoweit ist das Themenspektrum umgrenzt, das in der Arbeitsbeziehung eine Rolle spielt. Der Sachverstand der Fachkräfte ist im Umgang mit den Themen gefordert.
- Die Arbeitsbeziehung ist per se auf Zeit angelegt, sowohl in der punktuell begrenzten Begegnung in einzelnen Terminen als auch im gesamten Verlauf, der Abschied ist gewissermaßen integraler Bestandteil der Beziehung. Die Auflösung der Arbeitsbeziehung ermöglicht es Ratsuchenden, wieder autonom zu leben.
- Die Arbeitsbeziehung folgt partnerschaftlichen Grundsätzen wie emotional hinreichender Distanz, Höflichkeit, Toleranz, Respekt vor den Gefühlen und Haltungen anderer Menschen. Sie stehen für einen gleichberechtigten Umgang miteinander, in dem Wohlwollen und Achtung dominieren.
- Die Arbeitsbeziehung basiert auf Vertrauen, das der Kompetenz der Fachkraft entgegengebracht wird, die sich an Wahrheit und Richtigkeit orientiert und weder indoktriniert noch agitiert.
- Die Arbeitsbeziehung wird in einem Klima realisiert, das von Freundlichkeit, Entspanntheit, Aufmerksamkeit und ggf. Humor geprägt ist. Zudem zählen Zuversicht und Hoffnung auf Veränderungen zu den atmosphärischen Voraussetzungen für die Arbeitsbeziehung (vgl. Giesecke 2015, S. 105f.).

Diese Charakteristika sind entscheidend für die Auswahl von Gesprächsführungsansätzen, die der Realisierung einer Arbeitsbeziehung dienen. Für die Bildung und Aufrechterhaltung einer Arbeitsbeziehung sind sowohl die eingenommene Haltung als auch methodische Vorgehensweisen bedeutsam. Zunächst kommt es auf eine *authentische Haltung* an: Fachkräfte verstecken sich nicht hinter einer Rolle, sondern pflegen einen offenen und ehrlichen Umgang mit Ratsuchenden. Voraussetzung dafür sind Selbstwahrnehmung, Selbstbeobachtung, Selbstakzeptanz und die Bereitschaft, sich auf einen ernsthaften Kontakt mit Ratsuchenden einzulassen. Hinzu kommen warme und herzliche Umgangsformen, mit denen Ratsuchende vorbehaltlos akzeptiert werden. Diese Haltung teilt sich vor allem nonverbal durch Zuwendung und Blickkontakt mit. Weiter geht es mit der *Ermutigung* Ratsuchender, die u. a. in einer entsprechenden Rückmeldung zum Ausdruck kommt. Eine ermutigende Haltung betont die Stärken der Ratsuchenden, die damit in ihrer Selbstachtung gefördert werden. Hinzu kommt ein einfühlsamer Umgang, der dann gelingt, wenn man in die Sichtweisen der Ratsuchenden eintaucht und diese erkennbar nachvollzieht. Schließlich ist ein interessierter und zugewandter Stil gefragt, in dem man sich von den Mitteilungen der Ratsuchenden erreichen und ggf. in seinen eigenen Sichtweisen irritieren lässt. Nur dann kann ein verständigungsorientiertes Vorgehen gelingen (vgl. Lishman 2009, S. 75f.).

Von diesen grundsätzlichen Erwägungen ausgehend sind für den Aufbau einer Arbeitsbeziehung die folgenden methodischen Aspekte besonders relevant.

- *Präsent sein und zuhören*: Aktive Präsenz kommt in Haltung, Sitzposition und Blickkontakt zum Ausdruck.
- *Wiederholen*: Zentrale Aussagen der Ratsuchenden werden wörtlich aufgegriffen, um sie zu weiteren Äußerungen zu veranlassen.
- *Paraphrase*: Die Kernbotschaften der Ratsuchenden werden in eigenen Formulierungen möglichst kurz und direkt wiederholt, sie dienen der Überprüfung der eigenen Wahrnehmung und signalisieren Aufmerksamkeit, Akzeptanz und Verstehen. Entscheidend dafür ist, dass die Inhalte ohne moralische Bewertung aufgegriffen werden.
- *Zusammenfassung*: Sie ist länger als eine Paraphrase, Informationen und Mitteilungen werden strukturiert aufbereitet. Die Ziele bestehen darin, zentrale Inhalte zu klären, auf die bisherige Arbeit zurückzublicken, mögliche Schwerpunkte zu vereinbaren und Missverständnisse zu korrigieren (vgl. Culley 2015, S. 65f.).

Mit diesen elementaren Vorgehensweisen in der Gesprächsführung wird der Boden für einen kooperativen Umgang bereitet, der für das Gelingen der Sozialen Schuldnerberatung unerlässlich ist. Weiter gefördert wird die Zusammenarbeit im Beratungsprozess, wenn die folgenden Gesprächsführungshinweise beachtet werden.

- *Herstellen einer vertrauensfördernden Kommunikation*: Zu den vertrauensfördernden Schritten zählen zunächst räumliche und zeitliche Bedingungen, die ein ungestörtes Gespräch ermöglichen. Zu Beginn werden die Abläufe und allgemeinen Ziele der Beratung und die Rahmenbedingungen wie etwa die bestehende Schweigepflicht für die Fachkräfte erläutert, sodass sich Ratsuchende informiert für die Fortsetzung der Sozialen Schuldnerberatung entscheiden können. Ratsuchende werden mit ihren Fähigkeiten und Kenntnissen in die Arbeit einbezogen.
- *Abbau vertrauenshemmender Bedingungen*: Die Arbeit an diesem Thema beginnt bereits mit einer systematischen Gesprächsvorbereitung, die dazu bei-

trägt, vermeidbare Störungen auszuschließen. Fachkräfte ziehen sich nicht auf die Rolle eines ausführenden Organs zurück, sie sind mit ihrer Fachkompetenz ebenso präsent wie mit ihrer Persönlichkeit. Entscheidend ist, dass Konkurrenzkämpfe mit Ratsuchenden ebenso vermieden werden wie ihre entmutigende Überforderung. In Situationen der Unsicherheit und des Orientierungsverlusts werden eindeutige Informationen und Hinweise gegeben, die Ratsuchende für die weitere Zusammenarbeit benötigen. Vertrauenshemmend wäre es, wenn sich Beraterinnen und Berater beispielsweise über Dritte abwertend äußern, Ratsuchende müssten dann befürchten, dass sie ebenfalls bei anderer Gelegenheit abfällig kommentiert würden. Durchgängig kommt es darauf an, alle Handlungen zu unterlassen, die Ratsuchenden das Gefühl geben, sie würden im Stich gelassen oder mit ihren Gedanken und Gefühlen nicht ernst genommen.

- *Sichern einer vertrauensvollen Kommunikation*: Das aufgebaute Vertrauen wird nicht auf die Probe gestellt, auch dann nicht, wenn bereits mehr Sicherheit im Umgang mit Ratsuchenden erreicht wurde. Eine dialogische, auf Konsens ausgerichtete Form der Kommunikation wird fortgesetzt. Insbesondere ist es wichtig, Vereinbarungen einzuhalten und Ratsuchenden in der Wahrnehmung ihrer Interessen auch gegenüber Dritten beizustehen. Ratsuchende werden in den Fortschritten, die sie in der Beratung erzielen, durch Rückmeldungen gestärkt (vgl. Mutzeck 2014, S. 76f.).

Die methodischen Überlegungen zum Aufbau und zur Aufrechterhaltung einer Arbeitsbeziehung erfüllen eine doppelte Funktion. Zum einen liefern sie ein Reflexionsraster, auf dessen Grundlage Fehler in der Beziehungsgestaltung vermieden werden können, die Ratsuchende dazu veranlassen, die Kooperation erst gar nicht zu wagen oder sich aus dem Prozess vorzeitig zu verabschieden. Auf der anderen Seite werden Maßstäbe benannt, die die Auswahl geeigneter Kommunikationstechniken unterstützen. Die Ausführungen über die Zusammenarbeit zwischen Ratsuchenden und Fachkräften verdeutlichen überdies, dass die Arbeitsbeziehung fortlaufend gepflegt werden muss, ein einmal erreichtes Niveau ist immer nur vorläufig und durch Fehler in der Gesprächsführung oder durch äußere Ereignisse gefährdet.

Hilfreich für die Umsetzung einer für die Arbeitsbeziehung förderlichen Gesprächsführung sind auf der konkreten Ebene die folgenden Kommunikationstechniken.

- *Direktes Ansprechen*: Ratsuchende werden direkt angesprochen, ihre Äußerungen und Sichtweisen werden unmittelbar aufgegriffen. So heißt es beispielsweise »Wie stehen Sie dazu?« und nicht »Wie ist das einzuschätzen?« Verallgemeinerungen werden so weit wie möglich vermieden, um einen persönlichen Kontakt herzustellen.
- *Anteilnahme zeigen und aktiv zuhören*: Für Ratsuchende ist es häufig schon hilfreich, dass Beraterinnen und Berater ihnen interessiert und aufmerksam zuhören und dies etwa durch Körpersprache oder Nachfragen unterstreichen. Instruktiv ist darüber hinaus der Verzicht auf Selbstdarstellung, Fach-

kräfte konzentrieren sich auf die Einlassungen der Ratsuchenden, die nicht infrage gestellt, sondern nachvollzogen werden. So kommt es u. a. darauf an, eigene Reaktionen nicht mit »aber« einzuleiten, denn dieses Wort verweist auf einen Widerspruch zu den Äußerungen des Ratsuchenden; auch Fragen wie »Was stört Sie daran?« stehen nicht für ein aktives, auf Ratsuchende ausgerichtetes Zuhören. Ratsuchenden wird die Zeit eingeräumt, die sie benötigen, um ihre Anliegen vorzubringen, ihnen werden Pausen zugestanden, sie werden allenfalls gebeten, Inhalte zu vertiefen, die anders nicht zu verstehen sind.

- *Dialog und Konsens*: Im dialogischen Umgang mit Ratsuchenden bemühen sich Beraterinnen und Berater, die Situation der Ratsuchenden in deren Sinn nachzuvollziehen. Hilfreich sind dafür wörtliche Wiederholungen, Paraphrasen und strukturierende Zusammenfassungen längerer Gesprächsabschnitte. Entscheidend ist immer die Rückmeldung der Ratsuchenden: Sie und nicht die Fachkräfte entscheiden, wie sie ihre Mitteilungen gemeint haben.
- *Veranlassung zur Konkretisierung*: Gesprächstechniken, die diesem Ziel dienen, umfassen strukturierende Hilfen für Ratsuchende, ein für sie stimmiges Bild ihrer Situation zu zeichnen. Weiterführend sind Fragen danach, wo sich die Situation abspielt, wer beteiligt ist, wie sich die Beteiligten verhalten, wie Ratsuchende die Lage sehen und wie sie darauf reagieren. Diese Fragen dienen einer möglichst konkreten Darstellung, die nicht selten bereits zu einer veränderten Wahrnehmung beiträgt. Ratsuchende werden gebeten, allgemeine Formulierungen und Fachbezeichnungen genauer auszuführen und dabei die inneren und äußeren Vorgänge zu berücksichtigen. Zur Konkretisierung lädt auch ein, die Wahrnehmungen Ratsuchender den Beobachtungen der Beraterinnen und Berater gegenüberzustellen. Dieser Vergleich kann ein Ausgangspunkt für vertiefende Beschreibungen sein.
- *Gedanken ansprechen*: Dieser Aspekt der Kommunikation zielt darauf, die Gedanken Ratsuchender aufzugreifen, mit denen sie die Erfahrungen und Schwierigkeiten begleiten, die sie in die Beratung geführt haben. Fragen beziehen sich auf Gedanken und Vorstellungen der Ratsuchenden selbst, beispielsweise könnte es heißen, »Was haben Sie dabei gedacht?«
- *Gefühle verbalisieren*: Die ausdrückliche Beachtung von Gefühlen im Gespräch betrifft emotionale Reaktionen auf erlebte oder bevorstehende Entwicklungen und Probleme. Eine differenzierte Auseinandersetzung mit den eigenen Gefühlen dient einem tieferen Selbst- und Fremdverständnis von Ratsuchenden. Auf diese Weise erfahren Fachkräfte, was Ratsuchende als bedrohlich oder entlastend erleben.
- *Vermeidung typischer Gesprächsfehler*: Die Kunst besteht im Gespräch darin, Ratsuchende zunächst davon abzuhalten, Ursachen ihrer Probleme zu suchen, weiterführend ist es eher, Ratsuchende ausdrücklich darauf hinzuweisen, dass es nicht darauf ankommt, jetzt Ursachen zu benennen und nach Kausalitäten zu suchen. Das Gleiche gilt für die voreilige Suche nach Lösungen, auch dafür ist ein späterer Zeitpunkt in der Beratung günstiger. Zu den häufigen Gesprächsfehlern zählen ebenso Bewertungen, Moralisierungen, Bagatellisierungen, Kategorisierungen und Belehrungen. Diese Formen der

Kommunikation nehmen Ratsuchende nicht ernst, sie verharmlosen ihre Schwierigkeiten und zeichnen sich durch eine Pseudoüberlegenheit aus, die der Beziehungsstabilisierung und der Einladung zur weiteren Zusammenarbeit im Weg stehen (vgl. Mutzeck 2014, S. 83f.).

Die hier zusammengestellten Kommunikationstechniken stehen für eine Grundausstattung in der Gesprächsführung, mit der es möglich ist, eine tragfähige Arbeitsbeziehung aufzubauen. Die ausgewählten kommunikativen Vorgehensweisen tragen dem Verständnis der Arbeitsbeziehung in der Sozialen Schuldnerberatung Rechnung. Sie laden die Adressatinnen und Adressaten in angemessener Form ein, am Beratungsprozess mitzuwirken. Hierbei können *Missverständnisse* auftreten, die dazu führen, dass Ratsuchende im Beziehungsverhalten der Fachkräfte mehr sehen als ein professionelles Beziehungsangebot. Hinweise darauf liefern persönliche Fragen, Einladungen und sonstige Versuche der Ratsuchenden, den Rahmen der Sozialen Schuldnerberatung zu verlassen. Zu klären ist in diesem Zusammenhang, ob Beraterinnen und Berater für diesen Versuch der Neudefinition der Beziehung Anlässe geboten haben – in diesen Fällen ist eine Änderung des eigenen Handelns geboten. Liegen dafür keine Anhaltspunkte vor, ist es konstruktiv, das Angebot der Ratsuchenden (beispielsweise eine Einladung) als eine freundliche Geste zu würdigen, verbunden mit dem Hinweis, dass Einladungen grundsätzlich nicht angenommen werden, um die Arbeitsgrundlage für eine professionelle Arbeitsbeziehung und Beratung aufrecht zu erhalten. Schließlich werden im weiteren Gespräch die Motive erörtert, die Ratsuchende mit dem Wunsch nach privatem Kontakt verbinden. Von hier aus können in einem günstigen Verlauf die Intentionen der Ratsuchenden in die weiteren Beratungsinterventionen eingebunden werden. Beispielsweise kann es darum gehen, neue Kontakte zu finden und Gesprächsmöglichkeiten im Alltag zu fördern (vgl. Noyon/Heidenreich 2009, S. 81f.).

Eine Arbeitsbeziehung, vor allem bei einem längeren Verlauf, bedeutet für Ratsuchende am Ende der Zusammenarbeit, dass sie Abschied nehmen müssen von den Fachkräften. Diese Phase kann als Verlust erlebt werden, der heftige Reaktionen auslösen kann wie die Dramatisierung noch bestehender Probleme oder gar die Herbeiführung neuer Probleme, um die weitere Zusammenarbeit zu erzwingen. Auf der anderen Seite treten teilweise auch Aggressionen und Entwertungen der bisherigen Arbeit auf. Dadurch wird der Abschied für die Betroffenen unter Umständen leichter (vgl. Schwing/Fryszer 2012, S. 314f.). Zur Vermeidung solcher Prozesse ist es hilfreich, die Beendigung der Zusammenarbeit rechtzeitig anzusprechen und mit einem Rückblick auf die bisher erzielten Ergebnisse zu verbinden. Solche Bilanzen tragen dazu bei, sich besser auf die Zeit nach der Beratung einzustellen. Damit verbunden werden Optionen aufgezeigt, auf die Ratsuchende nun zurückgreifen können. In diesem Zusammenhang bietet es sich überdies an, mit Ratsuchenden zu erörtern, wie sie in künftigen Problemsituationen reagieren können (vgl. Culley 2015, S. 183f.). An einem Fallbeispiel wird im Folgenden idealtypisch dargestellt, wie eine Arbeitsbeziehung realisiert werden kann.

Fallbeispiel

Frau Meier wendet sich wegen diverser finanzieller Probleme an die Soziale Schuldnerberatungsstelle eines freien Trägers in ihrem Wohnbezirk. Sie hat bisher keinerlei Erfahrungen mit Beratungsangeboten und wirkt entsprechend unsicher. Frau Meier weiß nicht, was auf sie zukommt, die Adresse hat sie von ihrer Schwester erhalten. Mit ihr hat sie über ihre Mietzahlungsprobleme gesprochen, die sie wegen der mittlerweile vorliegenden fristlosen Kündigung der Wohnung sehr beunruhigen. Die Beraterin kennt Frau Meier noch nicht, es handelt sich um einen Erstkontakt, in dem es zunächst darauf ankommt, die Basis für eine mögliche Zusammenarbeit zu schaffen. Frau Meier scheut sich zunächst, über ihre Probleme zu sprechen, sie äußert die Befürchtung, dass sie selbst schuld sei an der Wohnungskündigung, von der nicht nur sie, sondern auch ihre beiden Kinder betroffen sind.

Die Beraterin zeigt sich an Frau Meier interessiert, sie signalisiert, dass sie ihr gerne helfen möchte, ihr Anliegen steht im Mittelpunkt des weiteren Gesprächs (*wohlwollende Rückmeldung*). Die Beraterin versucht zunächst, sich in Frau Meier hineinzuversetzen und ihre Gedanken und Gefühle nachzuvollziehen. Frau Meier ist danach in einer für sie besonders schwierigen Lebenslage, die sie offenbar ohne fachliche Hilfe nicht bewältigen kann. Ihre bisherigen Handlungsstrategien reichen nicht mehr aus. Auf der Gefühlsebene wirkt Frau Meier sehr traurig und zurückgenommen, ihr ist die ganze Situation unangenehm. Frau Meier wirkt in ihrer Lage verletzlich und wenig belastbar. Unter Berücksichtigung ihrer Überlegungen kommt die Beraterin zu dem Ergebnis, dass Frau Meier mit einer sehr kritischen Lebenslage zurechtkommen muss, die ihre vorhandenen Kräfte überfordert. Darauf wird die Beraterin im weiteren Gespräch Rücksicht nehmen. Sie berichtet Frau Meier kurz ihre Eindrücke, dass sie sich vorstellen könne, wie schwer es ihr möglicherweise falle, über ihre Probleme offen zu sprechen und dass sie gerne bereit ist, sie zu unterstützen. Dabei hoffe sie, dass Frau Meier ihre Hilfe annehmen könne, auch wenn es nicht einfach für sie ist.

Die Beraterin erläutert Frau Meier in groben Zügen, wie die Soziale Beratung verläuft. Sie spricht über notwendige Termine, die verabredet werden, über die möglichen Gesprächsinhalte und auch darüber, dass die Beratung ohne die Mitarbeit von Frau Meier in den für sie zumutbaren Grenzen nicht gelingen kann (*vertrauensfördernde Kommunikation*). Die Beraterin gibt zu erkennen, dass sie sich für Frau Meier einsetzen wird, um die aktuellen Schwierigkeiten zu lösen. Sie tritt souverän und fachlich vertrauenerweckend auf (*Abbau vertrauenshemmender Bedingungen*). Die Beraterin beteiligt Frau Meier an allen Überlegungen und Entscheidungen, es wird nichts über ihren Kopf hinweg verfügt. Hierbei betont sie, dass alle Schritte nur in Übereinstimmung mit Frau Meier eingeleitet werden (*vertrauensvolle Kommunikation*). Auf der Ebene der Gesprächsführung achtet die Beraterin darauf, diese Informationen und Rückmeldungen Frau Meier durch direkte Mitteilung zu vermitteln. Die Beraterin hört Frau Meier aufmerksam zu und reagiert unmittelbar auf ihre Äußerungen. Sie sucht den Konsens mit Frau Meier in allen Belangen und bittet sie bei Bedarf, einzelne Informationen zu konkretisieren, um sich ein besseres Bild machen zu können. Auf wahrgenommene Gedanken und Gefühle spricht die Beraterin Frau Meier dosiert an. Die Beraterin greift signifikante Äußerungen von Frau Meier wörtlich auf, beispielsweise wenn sie sagt, dass sie große Angst vor dem Verlust ihrer Wohnung hat. Andere Gesprächssequenzen werden in eigenen Formulierungen paraphrasiert, damit wird ein Fokus im Gespräch gefunden. Nach längeren Gesprächsabschnitten erfolgt durch die Beraterin eine strukturierende Zusammenfassung. Damit überprüft sie ihre Wahrnehmungen im Spiegel der Sichtweisen von Frau Meier. Bei unterschiedlichen Wahrnehmungen sucht die Beraterin mit Frau Meier einen Konsens. Im Gespräch vermeidet die Beraterin typische Gesprächsstörer wie eine rasche Diagnose, sie spielt die Probleme nicht herunter und macht vor allem Frau Meier keine Vorwürfe wegen der Mietschulden oder wegen ihrer späten Reaktion auf Mahnungen des Vermieters.

7.2 Gesprächsführung in Erstgesprächen

Die für den Aufbau einer Arbeitsbeziehung förderlichen Formen der Gesprächsführung gelten ohne Abstriche auch für Erstgespräche und alle weiteren Etappen des Beratungsprozesses. Hinzu kommen Besonderheiten, die Erstgespräche auf der Ebene der Gesprächsführung prägen. In Erstgesprächen geht es vorrangig darum, einen *Einstieg* in den Unterstützungsprozess gemeinsam mit den Ratsuchenden zu finden, indem Informationen erhoben und je nach Einschätzung der Situation eine Zusammenarbeit vereinbart wird. Hierbei werden die Erwartungen der Ratsuchenden mit den Handlungsmöglichkeiten der Sozialen Schuldnerberatung unter Beachtung ihres professionellen, institutionellen und gesetzlichen Hintergrunds abgeglichen. Schon in einer frühen Phase kann deutlich werden, dass beispielsweise eine einmalige Information oder eine punktuelle Unterstützung ausreichen oder andere Dienste und Einrichtungen zuständig sind. In diesen Fällen bestehen die Interventionen entweder in einer unmittelbaren Hilfe oder in der Weiterverweisung und bei Bedarf auch Unterstützung bei der Inanspruchnahme geeigneter Stellen. Um rasch zu diesen Themen vorzudringen, werden Gespräche in der Regel mit der Frage eröffnet, was Ratsuchende konkret veranlasst, die Soziale Schuldnerberatungsstelle aufzusuchen. In diesem Zusammenhang erfolgen Hinweise über die Institution, das Beratungsangebot und die üblichen Handlungsweisen. Damit werden Ratsuchende über die Schritte im Beratungsprozess informiert. Vorkenntnisse darüber liegen in der Regel nicht vor, insofern tragen bereits diese Informationen dazu bei, Unsicherheiten abzubauen, die den Beginn eines Beratungsprozesses üblicherweise besonders begleiten.

Hilfreich für die erste Sondierung des Anliegens Ratsuchender ist die Klärung der Frage, wer an die Beratungsstelle mit welcher Absicht verwiesen hat, auf welche weiteren Unterstützungsangebote aktuell zurückgegriffen wird bzw. welche Hilfen in der Vergangenheit mit welchen Erfahrungen beansprucht wurden und welche Erwartungen und Ziele mit der Beratung verbunden werden (vgl. Widulle 2012, S. 136). Den Antworten kann entnommen werden, welche grundsätzlich infrage kommenden Vorgehensweisen in besonderen Fallkonstellationen vermieden werden sollten, weil sie sich schon in der Vergangenheit nicht bewährt haben. Am Ende der Erstgespräche steht die Verabredung der weiteren Zusammenarbeit. Die Verständigung über ein Arbeitsbündnis umfasst die zunächst absehbaren Ziele und Vorgehensweisen. Klare Verabredungen unter Beachtung der Grenzen aufseiten der Ratsuchenden und der Handlungsmöglichkeiten der Fachkräfte ermöglichen erst eine informierte Entscheidung für die Zusammenarbeit (vgl. Kähler/Gregusch 2015, S. 112f.).

Nicht immer sind Ratsuchende auf Anhieb in der Lage oder bereit, offen über ihre Schwierigkeiten zu berichten. Die Gründe dafür sind vielfältig, so können Ratsuchende eine Verurteilung befürchten, sie sind möglicherweise nicht mit den Angeboten der Sozialen Schuldnerberatung vertraut, sie stehen Veränderungen ambivalent gegenüber oder sehen darin keinen Sinn, sie interpretieren die Annahme von Hilfe als Schwäche und fühlen sich gescheitert (vgl. Lishman 2009, S. 154f.). Hinzu kommt, dass Ratsuchende unter Umständen noch kein Problembewusstsein entwickelt haben, nicht über eine angemessene Sprache verfügen, um ihre Schwierigkeiten darzustellen oder im Gespräch keine Gelegenheit angeboten wird, sich offen zu äußern (vgl. Pantucek 1998, S. 132f.). Aus diesen Erwägungen resultieren Anforderungen an die Gesprächsführung, in der sensibel auf die Verfassung und Fähigkeiten Ratsuchender einzugehen ist. In Erstgesprächen stellen sich die Fachkräfte immer neu auf ganz unterschiedliche Ratsuchende ein. Sie benötigen ein breit gefächertes Gesprächsführungsspektrum. Einen Eindruck davon vermittelt der folgende Fragenkatalog nebst typischen Reaktionsvarianten auf Ratsuchende:

- Stellen Ratsuchende ihr Anliegen steril und im Vortragsstil dar oder sind sie innerlich beteiligt?
Durch gezielte Fragen kann hier die Routine unterbrochen werden.
- Erfolgt die Darstellung der Probleme besonders dramatisch?
Fachkräfte konzentrieren sich in diesen Fällen auf Ratsuchende mit ihren Gefühlen, sie thematisieren nicht das Verhalten.
- Ist das Verhalten Ratsuchender infantil?
Durch eine Rückmeldung werden sie darin unterstützt, diese Ebene zu verlassen.
- Fragen Ratsuchende, was sie tun sollen?
Hier kommt es darauf an, die Verantwortung für die Problemlösung bei den Ratsuchenden zu lassen, sie werden in der Problemlösung unterstützt, Entscheidungen müssen sie selbst treffen.
- Bestehen Widersprüche zwischen den Mitteilungen und den nonverbalen Botschaften?

Diese Auffälligkeiten werden mit dem Ziel angesprochen, die eigene Wahrnehmung zu klären.
- Machen Ratsuchende andere für ihre Schwierigkeiten verantwortlich?
In Erstgesprächen werden sie damit nicht konfrontiert, die Haltung wird zunächst nur registriert.
- Erleben Ratsuchende ihre Probleme als Schicksal, Vorherbestimmung oder in einer ähnlichen Form?
Die Hintergründe dieses Denkmusters werden im Gespräch eruiert.
- Äußern Ratsuchende, dass in ihrem Leben nichts wertvoll und lohnend ist?
Fachkräfte argumentieren nicht dagegen, sie hören in dieser Gesprächsphase zu, was tendenziell ermutigend wirkt.
- Tendieren Ratsuchende dazu, ihre Schwierigkeiten zu rationalisieren und zu erklären?
Diese Haltung wird zunächst zugelassen, Ratsuchende könnten sie ohnehin nicht kurzfristig aufgeben.
- Äußern Ratsuchende Schuld, Scham, Verzweiflung?
Diese Gefühle werden nicht bagatellisiert, sondern reflektiert.
- Berichten Ratsuchende über Bewältigungsversuche?
Sie werden darin ausdrücklich bestärkt (vgl. Fine/Glasser 1996, S. 39f.).

Im Beratungsgespräch bildet das von Ratsuchenden präsentierte Problem den Ausgangspunkt. Die Aufgabe besteht darin, es in eine für die Bearbeitung geeignete Form zu übersetzen. Äußern Ratsuchende beispielsweise Unbehagen über eine Situation, drücken sie damit implizit aus, was anders sein sollte. In anderen Fällen präsentierten sie schon eine Lösung, damit teilen sie mit, was sie benötigen. Wer so zuhört, kann Ratsuchende darin unterstützen, ihr Thema oder Problem genauer zu formulieren (vgl. Pantucek 2012, S. 149f.).

Die Klärung der Anliegen Ratsuchender wird allerdings dadurch erschwert, dass sie teilweise nicht auf Anhieb verständlich sind. Ein offener Auftrag mit klaren Erwartungen, auf die Beraterinnen und Berater eindeutig reagieren, wäre eine ideale Ausgangsbasis. Häufiger trifft man in Beratungsgesprächen allerdings auf ambivalente Aufträge, in diesen Fällen ist der Auftrag unklar, Ratsuchende haben zwar ein Anliegen, wollen die dafür erforderlichen Schritte aber einstweilen nicht gehen; beispielsweise wollen sie ihre finanziellen Probleme regeln, sind aber nicht bereit, ein Haushaltsbuch mit sämtlichen Einnahmen und Ausgaben zu führen und auf weitere Schulden vorübergehend zu verzichten. In diesen Fällen ist eine Rückmeldung sinnvoll, die es Ratsuchenden ermöglicht, ihre Ambivalenzen zu reflektieren. In anderen Fällen liegen verdeckte oder heimliche Aufträge vor, die ebenfalls behutsam angesprochen werden. Ein Ratsuchender könnte Beratungstermine auf Druck einer Behörde wie dem Jobcenter mit dem Ziel wahrnehmen, eine entsprechende Bescheinigung zu erhalten, um so seine ausreichende Mitwirkung zu dokumentieren und Sanktionen zu vermeiden. Bei dieser Ausgangslage ist der Ratsuchende nicht an einem ernsthaften Beratungsgespräch interessiert. In anderen Konstellationen werden Beraterinnen und Berater mit sich widersprechenden Aufträgen konfrontiert, etwa wenn ein überschuldeter Ratsuchender einerseits Unterstützung bei der

Regulierung seiner Schulden sucht und andererseits weitere hohe finanzielle Verpflichtungen eingeht. Auch hier kommt es darauf an, diese Situation im Gespräch zu klären (vgl. zu den unterschiedlichen Auftragslagen Schwing/Fryszer 2012, S. 113f.). Die skizzierten Bemühungen tragen zur Klärung der Frage bei, wer der Ratsuchende mit welchem Anliegen ist. Nicht immer sind diejenigen, die in Erstgesprächen in Erscheinung treten, auch diejenigen, mit denen im weiteren Beratungsprozess gearbeitet wird. Unterschieden wird zwischen Primärklienten, die ein Beratungsgespräch teilweise stellvertretend für andere in Anspruch nehmen, und Klienten, die Probleme lösen möchten (vgl. Kähler/Gregusch 2015, S. 127f.). In der Sozialen Schuldnerberatung könnte die Mutter eines erwachsenen Sohnes vorstellig werden, die sich große Sorgen wegen der Gerichtspost macht, die ihr Sohn erhält, ohne darauf zu reagieren. Sie ist dann die Primärklientin, der zu beratende Klient ist allerdings ihr Sohn.

Die Erfassung des Anliegens der Ratsuchenden hängt entscheidend davon ab, sie angemessen zu befragen. Hilfreich sind Fragen, die zu einer gemeinsamen Reflexion einladen. Methodisch betrachtet sollten Warum-Fragen vermieden werden, sie veranlassen Ratsuchende häufig, sich zu rechtfertigen oder gar zu verteidigen. Weniger hilfreich sind auch Suggestivfragen, geschlossene Fragen mit vorgezeichneten Antwortalternativen, Serienfragen, die zuweilen den Eindruck eines Verhörs erzeugen, und Entweder-Oder-Fragen mit ihrer restriktiven Wirkung. Zu bevorzugen sind nach Möglichkeit offene Fragen, die Ratsuchende nicht vor Antwortalternativen stellen, sondern eine eigenständige Antwort nahelegen. Fragen sollten überdies einen direkten Bezug zu den Äußerungen der Ratsuchenden haben, damit werden Sprünge im Gesprächsverlauf vermieden. Es sollten primär Fragen ausgewählt werden, die dazu beitragen, dass Ratsuchende sich und ihre Situation besser verstehen können. Diesem Ziel sind u. a. Orientierungsfragen verpflichtet, mit denen ein gemeinsamer Fokus für das weitere Beratungsgespräch gesucht wird. Für die konkrete Formulierung ist es geboten, Fragen direkt und knapp zu formulieren und dabei auf ausführliche Begründungen zu verzichten (vgl. Culley 2014, S. 86f.). Fragen im Zusammenhang mit der Erfassung von Ressourcen und Problemen tragen zur Klärung der Frage bei, was für welche Beteiligten ein Problem darstellt, wobei sich auch Fachkräfte die Frage stellen sollten, was für sie das Problem ist. Überdies zielen Fragen darauf, wer welches Mandat für die Zusammenarbeit erteilt und wer welche Mittel einbringen kann, die eine Problemlösung unterstützen. Hierbei geht es um die Klärung von Zuständigkeiten. Die Antworten Ratsuchender geben schließlich Auskunft darüber, welche Ziele unter Berücksichtigung der Prioritäten Ratsuchender angestrebt werden und welche Vorgehensweisen möglicherweise kontraproduktive Wirkungen entfalten können und vor allem, welche Schwierigkeiten vordringlich bearbeitet werden sollten (vgl. Müller 2012, S. 124f.).

In der Gesprächsführung ist neben der angemessenen Befragung Ratsuchender auch der Umgang mit ihren Antworten bedeutsam. Die Anforderung besteht darin, unzensiert zuzuhören und Ratsuchende einzuladen, ihre Sichtweisen und Erfahrungen mitzuteilen. An dieser Stelle schleichen sich häufig Fehler ein, die Beraterinnen und Beratern bewusst sein sollten. Zum einen sind sie auf eine breite Aufnahme- und Gedächtniskapazität angewiesen, die es ihnen erlaubt, auch länger zurückliegende Informationen aufzugreifen und in die weiteren Überlegungen einzubeziehen. Zweitens ist es wichtig, Wahrnehmungsverzerrungen durch rasche Analogien, Vorurteile, Logikfehler und die ungeprüfte Anwendung von Alltagswissen möglichst zu vermeiden. Das ist schwieriger als auf den ersten Blick erkennbar, denn Fachkräfte kommen nicht umhin, aus einer Fülle von Informationen und Daten eine Auswahl vorzunehmen und diese zu einer Falleinschätzung zu verdichten (vgl. Oberloskamp u. a. 2017, S. 65f.). Weitere Fehlerquellen bestehen in dieser Gesprächsphase darin, dass sich Beraterinnen und Berater auf Randprobleme einlassen und die zentralen Anliegen Ratsuchender übersehen, teilweise auch, weil sie sich auf Probleme konzentrieren, mit denen sie sich besonders gut auskennen. Mitunter fällt es Fachkräften schwer, Ungewissheiten auszuhalten, sie sind manchmal auch nicht bereit, ihre Hypothesen zu überprüfen oder sie lassen sich zu vorzeitigen Interventionen verführen (vgl. Kähler/Gregusch 2015, S. 206f.). Einen Eindruck davon, wie ein Erstgespräch verläuft, vermittelt das folgende Fallbeispiel.

Fallbeispiel

Nach telefonischer Anmeldung erscheint Herr Adam, ein junger Mann von 23 Jahren, zum Erstgespräch in der Sozialen Schuldnerberatungsstelle. Der Berater begrüßt Herrn Adam freundlich, erkundigt sich kurz, ob er die Beratungsstelle auch gleich gefunden habe oder lange suchen musste, denn einige Ratsuchende hätten schon Schwierigkeiten gehabt, den Eingang zu finden. Mit diesem Hinweis gelingt es dem Berater, Herrn Adam zu verdeutlichen, dass auch andere Menschen Schulden haben und auf das Beratungsangebot zurückgreifen. Der Berater bittet Herrn Adam noch vor der Erledigung von Formalitäten, doch zu erzählen, was ihn konkret veranlasst hat, den Termin mit der Sozialen Schuldnerberatungsstelle zu vereinbaren. Damit erhält das Gespräch einen Fokus und es kann zügig geklärt werden, ob Herr Adam mit seinem Anliegen an der richtigen Stelle ist. Sollte dies nicht der Fall sein, wäre es kontraproduktiv, ihn zunächst umfänglich auszufragen und dann zu sagen, er müsse sich an eine andere Stelle wenden. Im Gespräch stellt sich gleichwohl heraus, dass Herr Adam diverse Schulden hat, die teilweise schon zu Pfändungen geführt haben, und dass er unterdessen die Übersicht über seine finanzielle Situation verloren hat. Herr Adam und der Berater vereinbaren, dass sie vor diesem Hintergrund das Erstgespräch vertiefen, die Soziale Schuldnerberatungsstelle ist grundsätzlich für seine Themen zuständig.

In der zunächst orientierenden Auseinandersetzung mit den Schulden, die der Berater mit offenen Fragen danach einleitet, wie hoch die Schulden aus Sicht von Herrn Adam in etwa sind, wie lange sie schon bestehen, welche Umstände möglicherweise dazu beigetragen haben, wer noch davon betroffen ist und was er in der Vergangenheit schon unternommen hat, um das Problem zu lösen, wird immer deutlicher, dass Herr Adam sehr unter den Schulden und vor allem der ständigen Post von den Gläubigern, von Rechtsanwälten und nun auch noch vom Gericht leidet. Der Berater hört aufmerksam zu und meldet Herrn Adam zurück, dass er nachvollziehe, wie sehr ihm die Schulden zusetzen und dass er das Problem möglichst loswerden möchte. Diese ›Übersetzung‹ der erlebten Drucksituation in die Bitte um Unterstützung bereitet den Boden für eine Zusammenarbeit, die u. a. das Ziel von Erstgesprächen darstellt.

Im weiteren Gespräch berichtet Herr Adam, dass er in der Vergangenheit Hilfe von seinen Eltern und Geschwistern erbeten habe, diese hätten es aber regelmäßig abgelehnt, ihn finanziell zu unterstützen, er solle sich allein kümmern, war die Botschaft. Für die weitere Beratung folgt daraus, dass zunächst wegen der schlechten Erfahrungen nicht auf mögliche Hilfen im familiären Umfeld gesetzt werden sollte. Herr Adam äußert den Wunsch, dass er am liebsten alle Schreiben vorbeibringen würde und der Berater alles für ihn regelt. Hier wird der Berater sehr aufmerksam. Er erläutert noch einmal, wie die Schuldnerberatung angelegt ist und dass Ratsuchende immer alle Entscheidungen selbst treffen, freilich erhalten sie dafür die erforderliche Unterstützung. Herr Adam hat sich mehr versprochen und wirkt unsicher, ob er dennoch das Angebot der Sozialen Schuldnerberatung in Anspruch nehmen soll. Der Berater äußert Verständnis für seine Unsicherheit und drängt heute nicht auf eine Entscheidung, gleichzeitig gibt er die Rückmeldung, dass aus seiner Sicht die Schuldenproblematik ohne beraterische Unterstützung eher massiver werden wird. Herr Adam bittet um etwas Zeit für seine Entscheidung, er bedankt sich für das Gespräch und vor allem dafür, dass der Berater so geduldig zugehört habe, das habe er in seinem Alltag schon lange nicht mehr erlebt. Er zeigt sich auch erleichtert darüber, dass ihm keine Vorwürfe wegen der Schulden gemacht worden seien, wie er es in seiner Familie ganz häufig schon erleben musste.

7.3 Motivationsförderung durch Gesprächsführung

Motivationsprobleme treten während des gesamten Beratungsprozesses auf, wenn auch sicherlich gehäuft in der Frühphase, in der es für Ratsuchende um die Entscheidung geht, sich ggf. auf eine längere Zeit in Anspruch nehmende Schuldenregulierung mit ihren Anforderungen in Bezug auf Veränderungen des Ausgabeverhaltens oder die Überprüfung eigener Konsummuster einzulassen. Auch auf der Strecke, vor allem, wenn Ratsuchende den Eindruck gewinnen, es gehe nicht voran, kommt es zu Motivationsproblemen, sodass Elemente der Motivationsförderung während der gesamten Beratungsdauer immer wieder relevant sind. Grundsätzlich setzt Motivation voraus, dass die angestrebten Veränderungen subjektiv für Ratsuchende bedeutsam sind und dass sie überdies davon überzeugt sind, die damit verbundenen Maßnahmen bewältigen zu können. In einer differenzierenden Betrachtung ist zu unterscheiden zwischen einer *Veränderungsmotivation*, die von Wünschen, Bedürfnissen und Zielen gespeist wird, einer *Inanspruchnahmemotivation*, die für die Bereitschaft steht, erforderliche Hilfen aufzusuchen, und einer *Handlungsmotivation*, die zu konkreten Schritten in der Verfolgung der Ziele führt (vgl. Stimmer/Ansen 2016, S. 82).

Die Motivationsförderung in der Gesprächsführung steht vor der Aufgabe, Ratsuchende bei der Überwindung von Motivationsbarrieren zu unterstützen. Hierbei dominieren fehlende attraktive Ziele, für die der Einsatz lohnt, fehlendes Handlungswissen für notwendige Veränderungen, der Umgang mit überfordernden Belastungen und negative Erwartungen, die bis zum Vollbild einer erlernten Hilflosigkeit reichen können (vgl. Stimmer/Weinhardt 2010, S. 76f.). Aus dieser Liste möglicher Motivationsbarrieren leiten sich bereits die zentralen Themen der Motivationsförderung in der Sozialen Schuldnerberatung ab. Es geht um die Entwicklung erstrebenswerter und positiv besetzter Ziele für ein Leben ohne Überschuldung, um die Vermittlung eines Handlungsbewusstseins bei eskalierten Schuldenproblemen, um die Unterstützung in der Bewältigung akuter Belastungen, wie sie beispielsweise durch konkrete Regulierungsschritte erfolgt (▶ Kap. 6), und um die Ermutigung, dass der Betroffene den Weg aus der Überschuldung schaffen kann. An dieser Stelle kann man festhalten, dass jede Maßnahme der Sozialen Schuldnerberatung, die zu einer Entlastung der Ratsuchenden führt, eine motivierende Wirkung entfaltet. Im Anschluss an die bewährten vier Phasen der Motivierenden Gesprächsführung, nämlich Beziehungsaufbau, Fokussierung, Evokation und Planung (vgl. Miller/Rollnick 2015, S. 11), die hier mit Blick auf die Soziale Schuldnerberatung in einer teilweise modifizierten Form aufgegriffen werden, geht es in den folgenden Ausführungen um ausgewählte Gesprächsführungshinweise, die unmittelbar der Motivationsförderung dienen.

Eine tragfähige Arbeitsbeziehung entfaltet bereits dann motivierende Wirkung, wenn sie zur Mitarbeit einlädt und darin die Wünsche, Bedürfnisse und Anliegen der Ratsuchenden zum Ausdruck kommen. Die Ausführungen über die Arbeitsbeziehung (▶ Kap. 7.1) sind insofern ein unverzichtbarer Bestandteil der Motivationsförderung. Vor dem Hintergrund von Motivationsbarrieren, insbesondere dem Zweifel Ratsuchender an eigenen Handlungsoptionen, kommt es in der Beziehungsgestaltung darauf an, eine ermutigende Atmosphäre zu schaffen. Ergänzend zu den beziehungsorientierten Gesprächsführungshinweisen ist eine Haltung der Fachkräfte gefordert, die Ratsuchenden vermittelt, dass man ihnen die Schuldenregulierung zutraut. Hierzu gehört aus pädagogischer Perspektive die Übertragung von Aufgaben im Rahmen der Beratung, deren Erledigung Erfolgserlebnisse erzeugt. Wenn es gelingt, Ratsuchenden zu verdeutlichen, dass man an ihre Fähigkeiten und Möglichkeiten glaubt, entfaltet dies eine positive Erwartung, die zu neuen Handlungsweisen motiviert. Es geht gewissermaßen um eine positive Self-Fulfilling Prophecy, die das Potenzial hat, Wirklichkeit zu erzeugen (vgl. Bollnow 2001, S. 45f.).

Die ermutigende Haltung allein reicht vielfach noch nicht aus, um Ratsuchende zu motivieren, sich auf neue Inhalte und Handlungsweisen einzustellen. Hinzukommen sollte auf der Ebene der konkreten Gesprächsführung eine Normalisierung des Überschuldungsproblems; der Ratsuchende ist einer von vielen, die davon betroffen sind. Ein in diesem Sinn normalisierender Hinweis lässt das

Problem eher lösbar erscheinen, schließlich haben es schon viele vor dem heute anwesenden Ratsuchenden geschafft. Ferner sollten Ratsuchende durch Komplimente für genau beobachtete Handlungen und Leistungen ermutigt werden, diesen Weg fortzusetzen. Komplimente drücken Wertschätzung aus, die Ratsuchende in ihrem Alltag teilweise gar nicht oder viel zu selten erfahren. Eine weitere Gesprächsführungsvariante, die ermutigend wirkt, sind Kommentare zu Äußerungen von Ratsuchenden, mit denen auf bestehende Handlungsmöglichkeiten aufmerksam gemacht wird. Statt sich darauf zu beschränken, was alles in der Vergangenheit nicht gelungen ist, wird eine kleine sprachliche Nuance eingebracht, die eine Wende zur Ermutigung darstellen kann. Fachkräfte betonen nicht länger, was alles nicht funktioniert, sondern was bisher *noch* nicht funktioniert. Sie geben sich im Beratungsgespräch nicht damit zufrieden, wenn ein Ratsuchender Zweifel äußert, ob er die notwendigen Veränderungen vornehmen kann, sondern lenken die Aufmerksamkeit darauf, wie die neuen Möglichkeiten, die im Beratungsgespräch aufscheinen, erreicht werden können und wer dabei unterstützend mitwirken kann (vgl. Schwing/Fryszer 2012, S. 238f.). Soweit mit diesen Formen der Gesprächsführung einschließlich der dahinterstehenden Haltung Ratsuchende hinreichend für die Mitarbeit in der Sozialen Schuldnerberatung motiviert werden, sind die weiteren Komponenten der Motivationsförderung, die hier entfaltet werden, entbehrlich.

Ratsuchende sind in der Sozialen Schuldnerberatung wie in der Beratung überhaupt vor allem dann motiviert, wenn sie ein für sie relevantes Anliegen mit einer subjektiv wahrgenommenen Erfolgsaussicht verfolgen. Die Klärung des Anliegens bzw. die Fokussierung stellt insoweit eine weitere Vorgehensweise in der Motivationsförderung in der Sozialen Schuldnerberatung dar. Die Auseinandersetzung mit Hoffnungen, Erwartungen und auch Ängsten wirkt sich auf die Verfassung der Ratsuchenden aus. Wiederholt ist es im Beratungsprozess erforderlich, diesen Themen nachzugehen und Ratsuchende darin zu unterstützen, das Anliegen zu klären, das für sie antreibend wirkt (vgl. Miller/Rollnick 2015, S. 121).

Die Soziale Diagnose, die in Kapitel 6.1 umrissen wurde, dient bereits dem Ziel der Klärung des Anliegens Ratsuchender. Unter den Gesichtspunkten der Motivationsförderung geht es in einer vertiefenden Betrachtung um die Frage, welche inneren Themen und Anliegen Ratsuchende beschäftigen und welche Aspekte motivierende und demotivierende Auswirkungen haben. Um die Absichten Ratsuchender gemeinsam herauszuarbeiten, ist es weiterführend, unterschiedliche Aspekte herauszuhören, die einzelnen Aussagen zu entnehmen sind. Hierzu zählen im Anschluss an die Kommunikationspsychologie Selbstaussagen, Beziehungsaussagen, Sachaussagen und Appelle, die an Gesprächspartner gerichtet werden. Werden durch Fachkräfte mögliche Widersprüche oder Ungereimtheiten festgestellt, kommt es darauf an, diese mit den Ratsuchenden zu reflektieren, um ihr teilweise verdecktes Anliegen zu klären, das in der weiteren Beratungsarbeit im Mittelpunkt steht (vgl. Pallasch/Kölln 2014, S. 108). Erst dann kann man von einer Mitarbeit in der Beratung ohne Versteckspiele ausgehen.

In der Sozialen Schuldnerberatung kann nun die Situation auftreten, dass ein Ratsuchender eine Soziale Schuldnerberatung in Anspruch nimmt und sich auch verbal auf die Regeln der Zusammenarbeit einlässt, die u. a. selbstständige Mitarbeit und das Einhalten von Absprachen im Umgang mit Geld umfassen. Im Beratungsverlauf hingegen wird deutlich, dass der Ratsuchende am liebsten die Verantwortung für seine Schulden an die Beraterin abgeben möchte und auch nicht bereit ist, Absprachen in Bezug auf die Vermeidung neuer Schulden einzuhalten, die vorher nicht im Beratungsgespräch rückgekoppelt wurden. Offenkundig folgt der Ratsuchende einem anderen Anliegen als dem auf der Vorderbühne mit der Fachkraft vereinbarten Vorgehen. Gelingt es, diesen Widerspruch mittels einer gemeinsamen Betrachtung des formulierten und des verborgenen Anliegens aufzulösen und kann sich der Ratsuchende danach auf die weitere Zusammenarbeit auf der Grundlage transparenter Vereinbarungen einlassen, ist viel für die motivierte Mitarbeit erreicht. Stellt sich hingegen heraus, dass der Ratsuchende gegenüber der Beratung und der Schuldenregulierung ambivalent ist, sind Gesprächsführungsvarianten erforderlich, die der Bearbeitung von Ambivalenzen dienlich sind. Sie bereichern die Motivationsförderung durch Gesprächsführung um wichtige Dimensionen.

Die *Auseinandersetzung mit Ambivalenz* wird in der Motivierenden Gesprächsführung unter der Überschrift der *Evokation* behandelt. Gemeint ist damit, durch bestimmte Vorgehensweisen eine bestehende Ambivalenz dahingehend aufzulösen, dass sich Ratsuchende eindeutig für Veränderungen und gegen die Aufrechterhaltung ihrer Probleme entscheiden. Ratsuchende, die zwischen Argumenten für und gegen eine Veränderung stehen, tragen innere Konflikte aus, die unterschiedliche Formen annehmen.

- *Annäherungs-Annäherungskonflikt*: Erforderlich ist eine Entscheidung zwischen zwei positiv besetzten Alternativen, die für den Betroffenen jeweils wünschenswert sind.
- *Vermeidungs-Vermeidungskonflikt*: Hier steht eine Person zwischen zwei unangenehmen Alternativen in einer Entscheidungssituation.
- *Annäherungs-Vermeidungskonflikt*: Es kommt, wenn es nach dem Wunsch des Betroffenen geht, nur eine Möglichkeit in Betracht.
- *Doppelter Annäherungs-Vermeidungskonflikt*: In diesem Fall enthalten beide Entscheidungsalternativen sowohl positive als auch negative Implikationen (vgl. Miller/Rollnick 2015, S. 185f.).

Übertragen auf Ratsuchende mit Überschuldungsproblematik besteht ein Annäherungs-Annäherungskonflikt beispielsweise darin, dass eine gewünschte Schuldenregulierung sowohl außergerichtlich als auch durch ein Insolvenzverfahren infrage kommt. Ein Vermeidungs-Vermeidungskonflikt liegt u. a. dann vor, wenn ein Ratsuchender vor der für ihn jeweils unerwünschten Alternative zwischen einem Leben mit Schulden oder einer langfristigen Regulierung steht; in beiden Konstellationen verfügt er nicht mehr über den pfändbaren Teil seines Einkommens. Ein Annäherungs-Vermeidungskonflikt könnte entstehen, wenn einerseits die erwünschte Schuldenregulierung in Gang kommt, diese aber andererseits mit der unerwünschten Einbringung des pfändbaren Teils des vorhandenen Einkommens über einige Jahre einhergeht. Der doppelte Annäherungs-

Vermeidungskonflikt entsteht bei einer Überschuldung und der angestrebten Lösung dieses Problems, wenn auf der Annäherungsseite die spätere Restschuldbefreiung (positiv) und das Leben an der Pfändungsfreigrenze in den folgenden sechs Jahren (negativ) steht und auf der Vermeidungsseite einerseits die Stigmatisierung durch die Veröffentlichung des Insolvenzverfahrens (negativ) und andererseits der Schutz vor weiteren Pfändungen (positiv). Die inneren Konflikte können Betroffene lähmen und damit Entscheidungen verhindern. Sie aufzulösen ist Teil der Motivationsförderung durch Gesprächsführung.

Eine systematische Beleuchtung der Ambivalenzen kann in der Gesprächsführung durch die Erörterung einer Vier-Felder-Matrix erfolgen, die auch Entscheidungswaage (vgl. Miller/Rollnick 2015, S. 279) genannt wird (▶ Tab. 5).

Tab. 5: Entscheidungswaage (in Anlehnung an Miller/Rollnick 2015, S. 279)

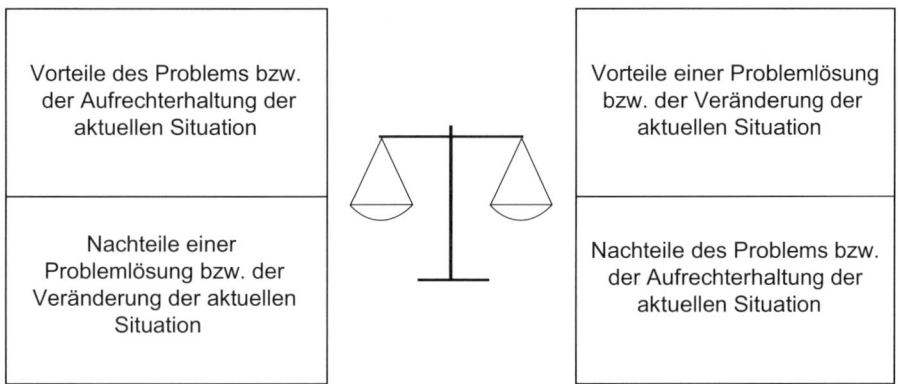

Mit Ratsuchenden werden die vier Felder durch den Einsatz offener Fragen und den ausdrücklichen Verzicht auf die Parteinahme für eines der Felder erkundet; bei Bedarf werden gleichwohl Informationen eingebracht, die Ratsuchende erbitten, um sich genauere Gedanken machen zu können. Die Matrix kann als Orientierungsraster im Gespräch oder auch in Schriftform gemeinsam mit den Ratsuchenden ausgefüllt werden. Gelingt es Ratsuchenden, sich eindeutig für die Vorteile einer Problemlösung zu entscheiden und die Nachteile der Aufrechterhaltung der aktuellen Situation als schwerwiegender denn die Vorteile des Problems und die Nachteile einer Problemlösung zu erkennen, kann die Arbeit an den inhaltlichen Themen der Sozialen Schuldnerberatung fortgesetzt werden. Ratsuchende sind in diesen Konstellationen für die Zusammenarbeit eher motiviert. Die Motivation wird durch den sogenannten Change Talk stabilisiert, in dem die Wünsche Ratsuchender und ihre Fähigkeiten, diese umzusetzen, ebenso aufgegriffen werden wie ihre Gründe für Veränderungen einschließlich wahrgenommener Notwendigkeiten (vgl. ebd., S. 190f.).

Soweit Ratsuchende noch nicht bereit sind, Veränderungen zuzustimmen, reagieren sie auf Fachkräfte, die für Veränderungen werben, bevorzugt mit Unterbrechungen, der Verharmlosung ihres Problems oder auch mit Distanzierung von den Beratungsinhalten. In der Sozialen Schuldnerberatung sollten diese Hinweise wahrgenommen werden, um nicht in die Falle ständiger Gegenargumente zu tappen, die das Beratungsgespräch allmählich zu einem Machtkampf werden lassen. Günstiger ist es, die wahrgenommenen Reaktionen Ratsuchender direkt mit ihnen zu reflektieren, bei Bedarf auch in zugespitzter Form. Wenn Ratsuchende beispielsweise äußern, dass ihre Schulden nicht so dramatisch seien, könnte man sie darin bestätigen mit der Zuspitzung, dass man sich freut, wie entspannt sie das Problem sehen können, während andere sehr beunruhigt sind. Eine andere probate Reaktion auf Argumente gegen Veränderungen besteht darin, die Entscheidungs- und Handlungsfreiheit der Ratsuchenden zu betonen, die zu keinem Schritt gegen ihren ausdrücklichen Willen veranlasst werden. Infrage kommt auch, Ratsuchenden in ihren Äußerungen zuzustimmen und danach eine Ergänzung einzufügen, die der Sichtweise der Fachkräfte entspricht (vgl. ebd., S. 234f.). Möglicherweise gelingt es auf diese Weise, Ratsuchende zu veranlassen, ihre Haltung noch einmal zu überprüfen und Veränderungen in Erwägung zu ziehen.

Stellt sich hingegen heraus, dass Ratsuchende in ihren Ambivalenzen befangen bleiben, sind weitere Schritte in der Gesprächsführung angezeigt. So können beispielsweise *Ambivalenzkommentare* eingesetzt werden, die den Wunsch nach Veränderungen und die gleichzeitige Bestrebung, alles möge so bleiben wie es ist, akzeptieren und normalisieren. Probleme können systemisch durchdacht für die Betroffenen eine Lösung für andere Probleme darstellen; sie verleihen Menschen teilweise Macht und Einfluss im System und sorgen für Entlastung und Schonung. Die Kenntnis dieser möglichen Funktionen von Problemen erleichtert es, die Entscheidung von Ratsuchenden, Probleme aufrecht zu erhalten, nachzuvollziehen. Im Ambivalenzkommentar kann dann dazu geraten werden, das Tempo einer möglichen Veränderung zu mindern oder sich eine Problemlösung zunächst nur vorzustellen, die Ausführung kann später erfolgen. Mit einer darauf bezogenen Kommunikation steigen Fachkräfte aus dem Veränderungs-Beharrungs-Spiel aus, das in der Beratung viel Zeit beansprucht und zu keinen weiterführenden Ergebnissen führt.

Ambialenzkommentare in diesem Zuschnitt sollten allerdings bei stark verunsicherten Ratsuchenden und bei Ratsuchenden mit sehr geringer Veränderungsmotivation nicht eingesetzt werden (vgl. Schwing/Fryszer 2012, S. 249f.). Der Ambivalenzkommentar verschafft Ratsuchenden einen teilweise erforderlichen Aufschub vor einer Entscheidung für oder gegen Veränderungen. Fachkräfte stehen dabei für die Erörterung der Vor- und Nachteile zur Verfügung, die Entscheidung verbleibt dennoch bei den Ratsuchenden.

Überwinden Ratsuchende ihre Ambivalenzen und damit ihre inneren Konflikte durch die angebotenen Hilfen oder durch Einflüsse außerhalb der Sozialen Schuldnerberatung, geht es in der Motivationsförderung im weiteren Gesprächsverlauf darum, gemeinsam zu überlegen und zu planen, wie eine Veränderung aussehen und gelingen könnte. Den Übergang in diese vierte Phase markieren Ratsuchende, indem sie fragen, wie eine Veränderung gelingen könnte und was auf sie zukäme, wenn sie sich darauf einlassen. Die Stärkung dieser Bereitschaft wird durch die Suche nach geeigneten Zielen unterstützt, die auf einen Wunschzustand, mithin auf einen Zukunftsentwurf verweisen, der für Ratsuchende dann motivierend wirkt, wenn sie damit für sich attraktive Umstände und Situationen assoziieren. Kommen in Zielen ihre Wünsche, Anliegen und Präferenzen zum Ausdruck, gewinnen diese Bindekraft und tragen dazu bei, Ratsuchende zu aktivieren (vgl. Schwing/Fryszer 2012, S. 146f.). Die Zielentwicklung unterstützend und auch erleichternd sind gemeinsame Überlegungen zur zukünftigen Lebensgestaltung Ratsuchender. Sie werden im Gespräch eingeladen, sich darüber Gedanken zu machen, auch vorläufige und fragmentarische Ideen zu äußern, die im weiteren Gespräch allmählich konkretisiert werden. Wesentlich ist, dass Ratsuchende mit ihren Zukunftsvorstellungen ernst genommen werden, dass Raum für Phantasien bleibt, und gleichzeitig werden im Gespräch Widersprüche aufgegriffen und Möglichkeiten der Umsetzung eruiert (vgl. Pallasch/Kölln 2014, S. 163). Daran anschließend werden Ziele in einer erstrebenswerten Form so konkret wie möglich formuliert und hinsichtlich ihrer Bedeutung für Ratsuchende sowie ihrer Zuversicht bewertet, diese Ziele auch umsetzen zu können (vgl. Stimmer/Ansen 2016, S. 199).

Den Abschluss der Motivationsförderung in der Gesprächsführung bildet die *Lösungsexploration*, mit der die Umsetzung von Zielen thematisiert wird. In der Lösungsexploration werden vorzugsweise Ideen aufgegriffen, die Ratsuchende selbst einbringen. Ist es ihnen nicht möglich, eigene Lösungen einzubringen, denken Ratsuchende und Fachkräfte gemeinsam über mögliche Lösungen nach, bei Bedarf werden auch Lösungswege angeboten oder aufgezeigt. Entwickelte Lösungsideen werden in einer Matrix zusammengeführt (▶ Tab. 6), in der zunächst ideale Vorstellungen notiert werden, ehe es um reale, also umsetzbare Lösungen geht, die sowohl als innere Lösungen vorstellbar sind, in der Einstellungen und Haltungen im Mittelpunkt stehen, als auch als äußere Lösungen, die sich auf die materiellen, räumlichen und sonstigen Lebensumstände beziehen. Auch hier ist es gut möglich, die Inhalte der Lösungsexploration schriftlich in der folgenden Form aufzubereiten.

Tab. 6: Lösungsebenen (in Anlehnung an Pallasch/Kölln 2014, S. 201)

Ideale Lösung: Wunschvorstellung	Reale Lösung: Würdigung der konkreten Lebensumstände
Innere Lösung: Einstellung, Haltung etc.	Äußere Lösung: Lebensbedingungen im weiteren Sinn

Im Beratungsgespräch gefundene Lösungen werden im weiteren Verlauf konkretisiert und hinsichtlich der Umsetzbarkeit im Alltag vertieft. Bei Bedarf wird mit Ratsuchenden ein Probehandeln vereinbart, vorstellbar sind auch sogenannte Hausaufgaben, die dazu dienen, zwischen einzelnen Beratungsterminen in Eigenregie Umsetzungsschritte zu realisieren (vgl. ebd., S. 201f.). Wie die einzelnen Phasen der Motivationsförderung in der Gesprächsführung praktisch aussehen könnten, wird in dem folgenden Fallbeispiel sichtbar.

Fallbeispiel

Herr Beier steht in der Sozialen Schuldnerberatung am Ende des Erstgesprächs vor der Frage, ob er sich auf den Beratungsprozess einlassen soll. Zum Hintergrund: Herr Beier, 45 Jahre, ist verheiratet, hat zwei schulpflichtige Kinder und ist Alleinverdiener in seiner Familie. Im Rahmen des sondierenden Erstgesprächs wurden diverse Schulden in einer Gesamthöhe von ca. 17.000 EUR erfasst, darunter Mietrückstände, Bankkreditschulden, Versandhausschulden sowie Schulden bei einem Autohaus. Die Einkünfte von Herrn Beier (er ist als Handwerker in einem kleinen Betrieb erwerbstätig) reichen nach Abzug der Ausgaben für den Unterhalt der Familie längst nicht mehr aus, um die Schulden in den vereinbarten Raten zu tilgen. Unterdessen ist ein Pfändungs- und Überweisungsbeschluss bei seinem Arbeitgeber eingegangen. Das Autohaus hat nach mehreren ausgebliebenen Tilgungsraten und vergeblichen Mahnungen diesen Weg beschritten. Herr Beier wurde von seinem Arbeitgeber dringend aufgefordert, eine Schuldnerberatungsstelle aufzusuchen und seine finanziellen Probleme zu lösen.

Nach der Erfassung der aktuellen Lebensumstände geht es im Beratungsgespräch um die Frage, inwieweit Herr Beier sich eine Schuldenregulierung mithilfe der Sozialen Schuldnerberatung vorstellen kann. Er ist sehr skeptisch, hat schon erwogen, Überstunden zu machen, um das Geld für die Tilgung aufzubringen. Die Beraterin würdigt seine Überlegungen, mit denen er Verantwortung übernimmt, sie kann sich vorstellen, dass dies ein gangbarer Weg ist, um das Problem anzugehen. Ihre ermutigende Reaktion freut Herrn Beier. Im weiteren Verlauf überlegen beide, wo die Vorteile und Nachteile einer Regulierung mithilfe der Sozialen Schuldnerberatung liegen könnten. Herr Beier sieht auf der Seite der Nachteile, dass er sich regelmäßig melden und in der Zeit der Beratung immer wieder seine finanziellen Verhältnisse offenlegen muss und dass es ihm zu lange dauert, bis er seine Schulden los ist. Die Vorteile der Beratung kann er nach weiteren Informationen durchaus erkennen, so beispielsweise die Sicherung seiner Wohnung und seines unpfändbaren Einkommens und die Erledigung vieler Briefe, die geschrieben werden müssen, um Gläubiger für einen Regulierungsvorschlag zu gewinnen. Er stellt die Frage, wie genau er sich die weitere Beratung vorstellen müsse, ohne bereits zuzustimmen, dass die Beratung von seiner Seite aus fortgesetzt werden soll.

Als die Beraterin ihm die Möglichkeiten einer Schuldenregulierung aufzeigt und davon spricht, dass er äußerstenfalls sechs Jahre tilgen müsste, unterbricht er sehr abrupt und hält das für völlig überzogen. Aus seiner Sicht könne er das in viel kürzerer Zeit schaffen. Hierzu muss man wissen, dass der pfändbare Anteil seines Einkommens gegenwärtig bei rund 90 EUR liegt. Die Beraterin greift seine Äußerung auf, zeigt sich empathisch ihm gegenüber, sechs Jahre sind eine lange Zeit, gleichzeitig zeigt sie die Grenzen der Beratung auf und betont, dass er entscheiden müsse, ob er sich auf die Schuldnerberatung einlassen will. Die Betonung seiner Entscheidungsfreiheit irritiert Herrn Beier ein wenig, er gibt zu erkennen, dass er die Beraterin nicht beleidigen wolle und er einfach genau überlegen möchte, was er will. Nach einer vertiefenden Auseinandersetzung mit seinen Ideen zur Schuldenregulierung und mit den aus Sicht der Beratung damit verbundenen Risiken entscheidet sich Herr Beier, das Beratungsangebot zunächst anzunehmen. Seine Motivation ist noch fragil, was angesichts seiner Probleme und der Vielzahl von Informationen, die er verarbeiten muss, auch nicht überrascht. Nach seiner Einwilligung dreht sich das Gespräch um infrage kommende Lösungswege, die sämtlich dem Ziel dienen, so rasch wie möglich die Schulden zu tilgen. Die Lösungsexploration mit Herrn Beier ist sehr ergiebig. Er kann sich vorstellen, Überstunden einzulegen, sein Arbeitgeber hat das auch in der Vergangenheit schon einmal angeboten. Außerdem möchte er mit seiner Frau darüber sprechen, ob deren Eltern vielleicht bereit wären, der Familie ein Darlehen zu gewähren, mit dem Vergleichsverhandlungen geführt werden könnten. Zwar schämt er sich, andererseits hat er in der Beratung gehört, dass es vielen Menschen so wie ihm und seiner Familie geht und dass es nun darauf ankommt, eine weitere Zuspitzung der finanziellen Belastungen auch im Interesse seiner Kinder, die schon heute darunter leiden, zu vermeiden.

7.4 Ressourcenorientierte Gesprächsführung

Das Ziel jeder Beratung und damit auch der Sozialen Schuldnerberatung besteht darin, Ratsuchende in akuten Überforderungssituationen zu unterstützen, wieder selbstständig in ihrem Alltag zurechtzukommen. Einen Beitrag dazu leistet die ressourcenorientierte Gesprächsführung, mit der Ratsuchende darin unterstützt werden, vorhandene Ressourcen wahrzunehmen, verdeckte Ressourcen erneut zu entdecken und noch nicht vorhandene Ressourcen zu erschließen. Der Ressourcenbegriff wurde bereits in Kapitel 7.1 im Rahmen der Auseinandersetzung mit der Sozialen Diagnose eingeführt. Daran anschließend werden in der Gesprächsführung persönliche Ressourcen und Umweltressourcen aufgegriffen und mit den Beratungsthemen, hier der Überschuldung einschließlich der weiteren Konsequenzen, in Verbindung gebracht. Ratsuchende, die durch ein Ressourcenbewusstsein eigene Handlungsmöglichkeiten entdecken, sind motivierter in der Zusammenarbeit und sie erleben dadurch auch eine Entlastung. Für die methodische Umsetzung der Ressourcenorientierung in der Gesprächsführung sind in der Sozialen Schuldnerberatung insbesondere das Ressourceninterview, der Stärkendialog und ressourcenaktivierende oder ressourcennutzende Gesprächsführung probat. Diese Ansätze wurden aus einer Fülle ressourcenbezogener Zugänge ausgewählt, die gegenwärtig weit verbreitet sind. Auch wenn gelegentliche Überschneidungen vorliegen, werden die Ansätze in ihrer vorliegenden Form zusammengefasst (▶ Abb. 3).

7 Gesprächsführung in der Sozialen Schuldnerberatung

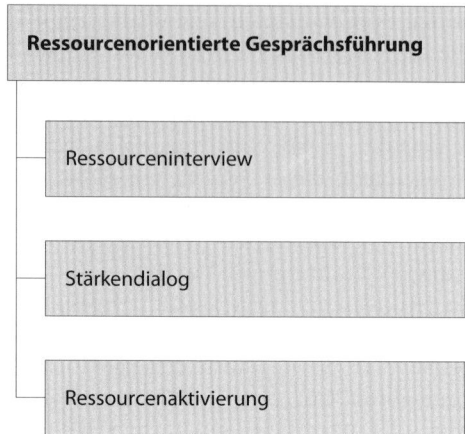

Abb. 3: Ressourcenorientierte Gesprächsführung

Ressourceninterview

Die Förderung eines Ressourcenbewusstseins kann mit dem Ressourceninterview realisiert werden, das ursprünglich für die Suchttherapie entwickelt wurde, wobei es gleichwohl auch in anderen Arbeitszusammenhängen wie etwa der Sozialen Schuldnerberatung eingesetzt werden kann. Das Ziel besteht darin, Ressourcen für die Bewältigung konkreter Lebensaufgaben zu aktivieren. Ratsuchende können ihre Ressourcen vor allem dann gezielt einsetzen, wenn sie sich ihrer Möglichkeiten bewusst sind. Genau darum geht es im Ressourceninterview, das in fünf Schritten in der Gesprächsführung umgesetzt wird:

- Den Ausgangspunkt bildet die Frage, welche Ressourcen Ratsuchende in den vergangenen Monaten als hilfreich erlebt und wahrgenommen haben. Vielfach müssen Ratsuchende bei dieser Gelegenheit mit dem Ressourcenbegriff vertraut gemacht werden. Auf der Grundlage ihrer Antworten wird eine vorläufige Ressourcenliste erstellt.
- Im nächsten Schritt steht die Frage im Mittelpunkt, in welchem Umfang die genannten Ressourcen für die Ratsuchenden tatsächlich vorhanden waren. Je nach Empfänglichkeit der Ratsuchenden kann auch eine Skalierung von 0 (nicht vorhanden) bis 10 (optimal vorhanden) vorgenommen werden. Diese Skalierung führt zu einer Einschätzung vorhandener Ressourcen.
- Weiter geht es von hier aus mit der Frage, inwieweit die bislang genannten Ressourcen, über die Ratsuchende gegenwärtig nicht verfügen, erschließbar wären, wenn keine Hinderungsgründe für ihre Nutzung im Raum stünden. Hinderungsgründe können Lücken in der Wahrnehmung, akute Krisen oder die finanziell verengten Spielräume sein, um nur einige Beispiele zu nennen. Die Frage zielt auf das Ressourcenpotenzial, das je nach Gesprächsverlauf auch wieder von 0 (nicht erreichbare Ressourcen) bis 10 (potenziell voll er-

reichbare Ressourcen) mit den Ratsuchenden skaliert werden kann. Ermittelt werden damit potenzielle Ressourcen.
- Vor diesem Hintergrund werden Ratsuchende daraufhin befragt, in welchem Umfang Ressourcen in einem bestimmten Zeitraum für sie erschließbar werden könnten. Diese Frage dient der Erfassung der Ressourcenziele der Ratsuchenden. Auch hier kann eine Skalierung von 0 (nicht erstrebenswert) bis 10 (sehr erstrebenswert) erfolgen. Hieraus ist abzulesen, welche Ressourcenziele Ratsuchende für erstrebenswert erachten.
- Abschließend werden die einzelnen Ressourcen, die im Gespräch eine Rolle spielen, noch hinsichtlich ihrer Bedeutung für die Ratsuchenden bewertet. In einer Skalierung von 0 (ohne Bedeutung) bis 10 (besonders relevant) wird die Relevanz der Ressourcen für die Ratsuchenden in ihrer gegenwärtigen Verfassung festgestellt (vgl. Schiepek/Cremers 2003, S. 148f.).

Die Bewusstmachung einzelner Ressourcen reicht allerdings noch nicht aus, um sie zu aktivieren. Ratsuchende sind dafür auf Erfahrungen mit ihren Ressourcen im alltäglichen Tun angewiesen. Wenn sich Ressourcen bei der Bewältigung von Zielen und Herausforderungen bewähren, erhöht sich die Chance, dass sie auch weiterhin eingesetzt werden (vgl. ebd., S. 183). Ratsuchende werden deshalb darin unterstützt, ihre identifizierten und mobilisierten Ressourcen für die Lösung ihrer Probleme und ihrer alltäglichen Herausforderungen zu nutzen.

Stärkendialog

Ein anderer Weg, Ratsuchende darin zu bestärken, ihre Ressourcen wahrzunehmen und zu nutzen, ist der Stärkendialog. Durch eine stärkenorientierte Gesprächsführung werden Ratsuchenden neue Möglichkeiten der eigenständigen Lebensführung eröffnet. Das Leben ist nach den grundlegenden Einsichten dieses Ansatzes eine Gestaltungsaufgabe. Zu den zentralen Hintergrundüberzeugungen zählen die Empowerment-Idee, die Einsichten der Resilienzforschung und der Glaube an die Kraft von Dialog und Kooperation beim Aufbau von Zuversicht für eine bessere Zukunft (vgl. Saleeby 2009a, S. 11f.). Die Umsetzung der Stärkenperspektive setzt eine optimistische Haltung aufseiten der Ratsuchenden und der Fachkräfte voraus, verbunden mit dem Glauben an Verbesserungsmöglichkeiten, die mit den Potenzialen der Ratsuchenden erreicht werden können. Der Stärkenansatz ist langfristig angelegt, die Selbsthilfemöglichkeiten werden mit den Umweltressourcen verzahnt, um die Lebensumstände zu verbessern (vgl. Healy 2005, S. 158f.). Eine Stärke kann nach diesem Ansatz alles sein, was Menschen ermutigt, sich ihren Lebensaufgaben positiv zuzuwenden. Das Spektrum reicht von Inhalten, die Menschen gelernt haben, über ihre Erfahrungen, ihre Eigenschaften, ihre Talente und Qualifikationen bis zu vorhandenen Lebensbedingungen. Stärken werden in einer im Wesentlichen auf Fragen basierenden Gesprächsführung herausgearbeitet. Die folgenden Fragen bilden das Herzstück der Stärkenperspektive.

- »*Survival Questions*«: Gegenstand dieser Fragen sind Hinweise darauf, wie es Ratsuchenden gelungen ist, trotz widriger Umstände über die Runden zu kommen. Erforscht wird, wie es ihnen möglich war, Herausforderungen zu bewältigen, in welcher Verfassung sie sich befunden haben, was sie in diesem Prozess über sich, über ihr Umfeld und im weiteren Sinn über die Welt gelernt haben und woraus sie die Kraft bezogen haben, Belastungen durchzustehen.
- »*Support Questions*«: Mit diesen Fragen werden die unterstützenden Einflüsse und Faktoren identifiziert. Thematisiert wird, wer den Ratsuchenden verstanden und unterstützt hat, auf welche Personen sie sich verlassen konnten und welche besonderen Eigenschaften diese Menschen auszeichnen, wie es ihnen möglich war, unterstützende Beziehungen aufzubauen und welche Gruppen oder Organisationen ebenfalls hilfreich gewesen sind.
- »*Exception Questions*«: Ausnahmen von Problemen und Belastungen in Erinnerung zu rufen kann ebenfalls ein Stärkenbewusstsein fördern. Gefragt wird u. a. was anders war, als es für die Ratsuchenden besser lief im Leben, welche Momente und Phasen sie gerne beibehalten hätten und welche Einflüsse auf sie stärkend gewirkt haben.
- »*Possibility Questions*«: Möglichkeitsfragen öffnen den Blick für die Zukunft. Sie kreisen um Wünsche der Ratsuchenden, um ihre Hoffnungen, um vorstellbare Fähigkeiten und darum, wer helfen könnte, diese Ziele zu verwirklichen.
- »*Esteem Questions*«: Mit Fragen soll auf dieser Ebene die Selbstachtung gefördert werden. Gefragt wird, in welcher Weise sich andere über die Ratsuchenden positiv äußern, was sie an sich schätzen, was ihnen Freude im Leben vermittelt und wann sie gedacht haben, sie könnten ihre Ziele erreichen.
- »*Perspective Questions*«: Ratsuchende werden mit darauf zielenden Fragen auf ihre Perspektiven aufmerksam gemacht. Sie werden ermuntert, über ihre Ideen und Sichtweisen zu den aktuellen Lebensumständen zu sprechen, sich Gedanken über den möglichen Sinn der zu bewältigenden Aufgaben zu machen und auch der Frage nachzugehen, wie sie sich und anderen ihre Lage erklären könnten.
- »*Change Questions*«: In zuweilen festgefahrenen Situationen kommt es darauf an, den Blick für Veränderungen zu öffnen. Dies erfolgt über Fragen, welche Ideen Ratsuchende haben, um ihr Verhalten, ihre Gedanken oder Gefühle zu ändern, was in der Vergangenheit zu Veränderungen beigetragen hat, was sie heute dafür tun können und in welcher Form aus ihrer Sicht eine Unterstützung erfolgen könnte.
- »*Meaning Questions*«: Die Würdigung von Stärken zulassen zu können setzt u. a. voraus, einen Sinn darin zu sehen, etablierte Sichtweisen und Verhaltensmuster zu ändern. Hilfreich dafür ist es, Ratsuchende mit entsprechenden Fragen an ihre Ideen und Wertvorstellungen zu erinnern, die ihrem Leben und ihren alltäglichen Aktivitäten Sinn verleihen. Die Klärung der Frage, wo man heute steht, wo man herkommt, welche persönlichen Erfahrungen tragend sind und welche kulturellen und sonstigen Präferenzen eine Rolle spielen, kann eine sinnstiftende Wirkung entfalten (vgl. Saleeby 2009b, S. 104f.).

Mit diesen Fragen werden Stärken identifiziert, über die Ratsuchende verfügen oder die sie aktivieren könnten. In den Beratungsgesprächen werden diese Fragen je nach Situation und Erfordernis nur punktuell eingesetzt. Damit die Stärken nicht äußerlich oder ohne Verbindung zum Alltag und zur Beratung bleiben, ist es erforderlich, sie den Ratsuchenden gewissermaßen darzustellen oder vorzuführen, ihr Bewusstsein für vorhandene und aktivierbare Stärken zu fördern, ihnen zu versichern, dass sie damit zumindest teilweise vorhandene Schwierigkeiten angehen können, und sie in den Beratungsprozess und die Aufgaben einzubeziehen, die Ratsuchende zu bewältigen haben. Erst auf diesem Weg werden die Stärken erlebbar, ihre Beiträge zur Problemlösung werden unmittelbar einsichtig (vgl. ebd.).

Ressourcenaktivierung

Eine weitere Variante der ressourcenorientierten Gesprächsführung liegt mit dem Ansatz der Ressourcenaktivierung vor. Darin geht es um eine prozessuale Würdigung vorhandener Ressourcen, die im Beratungsgespräch aufgegriffen und genutzt werden, um das Ressourcenbewusstsein der Ratsuchenden unmittelbar zu erweitern. Fachkräfte werden mit den folgenden Empfehlungen angehalten, mit eingebrachten Ressourcen im Gespräch achtsam umzugehen.

- *Wahrnehmen und verstärken eingebrachter Ressourcen*: Hierbei geht es darum, im Beratungsgespräch aufscheinende Ressourcen wie unproblematische Bereiche, Veränderungen oder kooperatives Verhalten in Bezug auf Ziele der Beratung explizit zu würdigen und eine defizitorientierte Sichtweise zu überwinden. Äußert ein Ratsuchender, dass seine Probleme mit seinem Verhalten zusammenhängen, dann lautet die Reaktion der Beraterinnen und Berater nicht, worin er seine Anteile sieht (das wäre defizitorientiert), sondern dass der Ratsuchende selbstreflektiert ist. Von Interesse ist, wo er Verbindungen zwischen seinen Problemen und seinen Verhaltensweisen sieht.
- *Heranführen an nicht genutzte Ressourcen*: In der Vergangenheit vorhandene und heute nicht mehr genutzte Ressourcen werden in die Beratung einbezogen. Ähnlich wie die Ausnahmefrage im Stärkendialog geht es um die Suche nach Zeiten, in denen Ratsuchende auf ihre Probleme anders als heute reagiert haben, und um die Frage, welche Möglichkeiten sie sehen, erneut zu einem konstruktiven Vorgehen zu kommen.
- *Verbalisieren von Ressourcen*: Wahrgenommene Ressourcen werden ausdrücklich benannt, das macht sie anschaulich und löst Nachdenken darüber aus. Berichtet ein Ratsuchender, dass ihm beispielsweise ein Spaziergang früher mehr Vergnügen bereitet hätte als eine Spielhalle aufzusuchen, dann lautet die Frage der Fachkräfte nicht, wie lange er das schon nicht mehr gemacht habe, sondern was ihm bei Spaziergängen besonderes Vergnügen bereitet habe.
- *Erlebbarmachen von Ressourcen*: Für Ratsuchende ist es hilfreich, wenn sie ihre Ressourcen in die Beratung einbringen können, dies wirkt motivierend

und entfaltet günstigenfalls eine Eigendynamik, die zu einer weiteren Ressourcennutzung beiträgt. Ratsuchende können beispielsweise angehalten werden, ein Ressourcentagebuch zu führen und von dort aus zu überlegen, welche Ressourcen sie künftig häufiger nutzen wollen.
- *Potenzielle Ressourcen nutzen*: In den Schilderungen der Probleme tauchen häufiger als vermutet Ressourcen auf, die freizulegen sind. Berichtet ein Ratsuchender, er schaffe es schon länger nicht mehr, Briefe zu öffnen, dann wäre Verständnis dafür eine eher defizitorientierte Sichtweise, während die Frage, wie er es dennoch aushält, mit diesem Problem umzugehen, auf Potenziale verweist.
- *Motivationale Ressourcen integrieren*: Unter dieser Überschrift stehen Ziele, Bedürfnisse, Wünsche, Träume Entscheidungen, Veränderungserwartungen etc. der Ratsuchenden, die beachtet und in die Beratungsarbeit einbezogen werden. Hierzu zählen etwa die geäußerten Wünsche, ohne Schulden zu leben oder wieder eine Wohnung zu finden. Im Beratungsgespräch heißt es dann nicht, das ist ein langer Weg, sondern: Was tut der Ratsuchende zuerst, wenn dieses Ziel erreicht ist?
- *Stärkung persönlicher Ressourcen*: Eigenschaften, Besonderheiten, Fähigkeiten, Stärken, Interessen, Vorlieben und vieles mehr ist damit gemeint. Im Beratungsgespräch werden diese Punkte benannt und hervorgehoben, beispielsweise Mut zum Wagnis oder Stehvermögen im Umgang mit Problemen.
- *Förderung von Ressourcen des sozialen Umfelds*: Soziale Formen der Unterstützung von anderen Menschen wie emotionaler Beistand, praktische Hilfe oder gedanklicher Austausch werden aufgegriffen mit der Frage, wer im Umfeld der Ratsuchenden dafür zur Verfügung steht und was sie mit diesen Menschen besonders verbindet.
- *Fokussieren auf problemunabhängige Ressourcen*: Gefragt wird nach Lebensbereichen, in denen Ratsuchende Genuss, Freude und Entspannung erleben, und was ihnen bei der Verfolgung ihrer Interessen auch heute Vergnügen bereitet. Den Blick dafür zu weiten, macht die problemfreien Bereiche sichtbarer und wieder attraktiver für die Ratsuchenden.
- *Problemrelevante Ressourcen nutzen*: Alle Ressourcen, die der Problemlösung dienen und Fortschritte bringen, werden aufgegriffen. Dafür wird gefragt, wann das Problem weniger intensiv oder gar nicht vorhanden ist und was Ratsuchende in solchen Zeiten anders machen als heute bzw. wer sie dabei unterstützt.
- *Schonender Umgang mit Ressourcen*: Zeit, Energie und sonstige Ressourcen jedweder Art sind endlich und erschöpfbar, auch im sozialen Umfeld, deshalb ist ein pfleglicher Umgang geboten, der Grenzen achtet (vgl. Flückinger/ Wüsten, S. 19f.).

Die Umsetzung dieser sehr verzweigten Gesprächsführungshinweise, die teilweise Parallelen zu den anderen Ansätzen der ressourcenorientierten Gesprächsführung aufweisen, sollte im Gespräch *dosiert* erfolgen. Mitunter genügt es, einzelne Elemente einzusetzen. Entscheidend ist die Haltung, sich neben den Problemen auf Ressourcen zu konzentrieren und im Gespräch dazu beizutragen, eigene

Handlungsmöglichkeiten und Potenziale zu entdecken. Auch hier wird an einem Fallbeispiel demonstriert, wie einzelne Vorgehensweisen einer ressourcenorientierten Gesprächsführung praktiziert werden können.

Fallbeispiel

Frau Müller, 38 Jahre, ist alleinerziehende Mutter von zwei Kindern im Vorschulalter. Sie und die Kinder beziehen derzeit Grundsicherungsleistungen. Frau Müller nimmt die Soziale Schuldnerberatung seit geraumer Zeit in Anspruch. Sie hat diverse Schulden, u. a. wegen einer Bürgschaft, die sie für einen hohen Bankkredit ihres früheren Partners übernommen hat. Frau Müller strebt in absehbarer Zeit eine Erwerbstätigkeit an, in den zurückliegenden Monaten war ihr dies nach einer problematischen und für sie unerwarteten Trennung nicht möglich. Unterdessen sind die Kinder in einer Kindertagesstätte gut versorgt, wie sie sagt, und allmählich komme sie auch wieder zu Kräften. Bisher lag die Aufgabe der Sozialen Schuldnerberatung vor allem darin, die Schulden genau zu rekonstruieren, teilweise wurden die Forderungen auf ihre Rechtmäßigkeit zu überprüfen, Gläubiger wurden schriftlich gebeten, vorübergehend auf Maßnahmen gegen Frau Müller zu verzichten, um einen möglichen Regulierungsvorschlag vorzubereiten. Frau Müller reagiert auf Hinweise auf die bevorstehende Schuldenregulierung im Beratungsgespräch sehr zurückhaltend, sie äußert, dass sie sich gar nicht vorstellen kann, wie sie das alles schaffen soll. Der Berater entscheidet sich, Elemente der ressourcenorientierten Gesprächsführung einzusetzen. Frau Müller ist aus seiner Sicht durchaus motiviert, ihr fehlt ein wenig der Glaube, dass sie den Anforderungen der Schuldenregulierung gewachsen ist.

Im Gespräch fragt der Berater, was Frau Müller in den vergangenen Monaten als hilfreich in ihrer schwierigen Lebenslage wahrgenommen hat. Diese dem Ressourceninterview entnommene Frage veranlasst Frau Müller, genauer nachzudenken. Es war vor allem ihre engste Freundin, die ihr immer wieder beigestanden hat, die sich um die Kinder gekümmert hat und mit der sie häufig sprechen konnte. Sie müsse ihrer Freundin das auch einmal so sagen, selbstverständlich sei das ja nicht. Der Berater bestärkt Frau Müller darin, ihrer Freundin diese Rückmeldung zu geben. Er fragt davon ausgehend, ob sie noch weitere Unterstützung in ihrem Umfeld erhalten habe. An dieser Stelle kombiniert der Berater Elemente des Ressourceninterviews mit der Unterstützungsfrage, die dem Stärkendialog entnommen ist. Frau Müller sagt, ihre Eltern hätten ihr immer wieder Hilfe angeboten, doch sie habe darauf nicht zurückgegriffen. In der Vergangenheit habe es viele Konflikte wegen der Beziehung zu ihrem früheren Partner gegeben, den ihre Eltern nie wirklich akzeptiert hätten. Im Verlauf des Beratungsgesprächs ermuntert der Berater Frau Müller, einmal in Ruhe zu überlegen, ob es nicht doch sinnvoll wäre, auf das Unterstützungsangebot ihrer Eltern zurückzugreifen. Frau Müller ist nicht abgeneigt, auch wenn sie für diese Entscheidung Zeit braucht.

Im nächsten Schritt wirft der Berater die Frage nach ihren Perspektiven auf, die ebenfalls aus dem Stärkendialog stammt. Frau Müller wird gefragt, wie sie ihre Zukunft sieht, worauf es ihr ankommt. Ohne jedes Zögern äußert sie, dass sie ihren Kindern ein gutes Leben ermöglichen möchte, so wie sie es selbst in ihrer Kindheit und Jugend erfahren durfte. Dieser Perspektive ordnet sie andere Überlegungen unter. Der Berater reagiert mit Komponenten der ressourcenorientierten Gesprächsführung. Er verbalisiert die im Beratungsgespräch zutage geförderten Ressourcen, nämlich die zuverlässige Freundin, das Angebot der Eltern und die für Frau Müller so wichtige Perspektive für ihre Kinder, die sie veranlassen, ihre Probleme, nicht nur die finanziellen, lösen zu wollen. In einer zusammenfassenden Betrachtung dieser Gesprächssequenz formuliert der Berater, dass die heute verdeutlichten Ressourcen in der weiteren Beratung eine wichtige Rolle spielen können, um die Schulden in den Griff zu bekommen. So könnte die Aufnahme einer Erwerbstätigkeit für Frau Müller erleichtert werden, wenn sie auf Unterstützungsangebote ihrer Freundin und vielleicht auch ihrer Eltern zurückgreifen würde. Möglicherweise wären die Eltern sogar bereit, Frau Müller finanziell zu unterstützen, was infrage kommende Vergleichsverhandlungen ermöglichen würde. Frau Müller sagt dem Berater, dass sie darüber nachdenken und ihm auch mitteilen werde, wie sie sich insbesondere hinsichtlich ihrer Eltern entscheidet.

7.5 Wissensvermittlung in der Gesprächsführung

Die Vermittlung von Wissen spielt in der Sozialen Schuldnerberatung durchgängig eine entscheidende Rolle, ob in Erstgesprächen, in der Fallanalyse und Hilfeplanung oder in den im engeren Sinn interventionsorientierten Phasen des Beratungsprozesses. Auch in der Prävention geht es um die Vermittlung von Wissen in Gestalt komplexer Informationen, die dazu beitragen, Sachverhalte besser zu verstehen, Entscheidungsoptionen zu erkennen und Entscheidungen zu treffen und auch angemessen umzusetzen. Die Ausführungen über die Schuldenvarianten und die unterschiedlichen Regulierungsmöglichkeiten haben einen Eindruck vermittelt, um welche vielschichtigen Inhalte es in der Sozialen Schuldnerberatung geht, mit denen Ratsuchende in der Regel nicht vertraut sind.

Die Dimension der Wissensvermittlung in der Sozialen Schuldnerberatung verweist auf ihren edukativen Charakter, den es ausdrücklich zu würdigen gilt. Wer in der Beratung Kenntnisse vermittelt, begegnet Ratsuchenden in ihrer lebenslangen Lernfähigkeit und Lernbereitschaft, wobei das, was sie lernen, ausschließlich in ihrem eigenen Ermessen liegt. Nur das, was sie sich aneignen, wird zu Inhalten, mit denen sie dann in ganz unterschiedlichen Situationen und Lebensumständen umgehen. Insofern setzt die Aneignung von Wissen immer Selbsttätigkeit voraus, also den eigenständigen Umgang mit den Bildungsinhalten. Unterstützt wird die Selbsttätigkeit durch Aufgaben, die Menschen gestellt werden, durch die Aufforderung, erlangte Kenntnisse zu erproben, und durch weitreichende Möglichkeiten der Mitwirkung (vgl. Benner 2012, S. 71f.). Für die Soziale Schuldnerberatung folgt aus dieser grundlegenden Orientierung, dass Ratsuchenden Kenntnisse über ihre Schulden und die unterschiedlichen Wege der Regulierung einschließlich möglicher Klippen verständlich zu vermitteln sind, um die eigenständige Reflexion zu fördern und Entscheidungsalternativen zu eröffnen. Eine an Bildsamkeit und Selbsttätigkeit ausgerichtete Soziale Schuldnerberatung tritt mit dem Anspruch auf, Ratsuchende sowohl am Beratungsprozess zu beteiligen als auch ihre Handlungsmöglichkeiten im Umgang mit Geld und Schulden, dem zentralen Beratungsfokus, zu verbessern. Die Mitwirkung Ratsuchender kann bedeuten, dass nicht alle infrage kommenden Regulierungsstrategien ausgereizt werden können, sondern nur die Vorgehensweisen ins Spiel gebracht werden, die Ratsuchende mitgehen können. Stellvertretende Entscheidungen und Handlungen werden auf ein Minimum reduziert, sie sind nur so lange gerechtfertigt, wie Ratsuchende nicht in der Lage sind, erforderliche Schritte mitzuentscheiden und in eigener Verantwortung umzusetzen.

Die Wissensvermittlung in der Sozialen Schuldnerberatung richtet sich an erwachsene Ratsuchende, insofern sind Lernprozesse für diese Altersgruppe bedeutsam. Erwachsene lernen vor allem solche Inhalte, die für sie unmittelbar relevant sind und die sie für die Lösung anstehender Aufgaben und Probleme benötigen. Soweit Vorkenntnisse vorhanden sind, fällt es deutlich leichter, neue Inhalte aufzunehmen, zu verarbeiten und auf konkrete Lebensaufgaben zu übertragen. Lernen führt ein Leben lang zu Wissenszuwachs, zu Verhaltensänderungen und zur Weiterentwicklung der Persönlichkeit (vgl. Gängler/Liebig 2017, S. 253). Die Soziale Schuldnerberatung leistet mit dem Rückgriff auf Wissensvermittlung im Rahmen von Bildungsvorgängen, die damit ermöglicht werden, deutlich mehr als eine reine Schuldenregulierung. Sie unterstützt den Aufbau von Kompetenzen der Lebensführung und ermöglicht Bildungserfahrungen, die Ratsuchende möglicherweise ermutigen, sich auch anderen Themen ihres Lebens zu stellen, die nicht unmittelbar mit den Schulden zusammenhängen.

Noch eine weitere grundsätzliche Anmerkung ist erforderlich, um den Boden für konkrete Strategien der Wissensvermittlung in der Sozialen Schuldnerberatung zu bereiten. Erwachsene lernen ganz überwiegend informell auf der Basis von Erfahrungen, die sie in unterschiedlichen Lebensbereichen und insbesondere im Umgang mit Herausforderungen und Problemen sammeln. Informelles Lernen erfolgt begleitend in ganz unterschiedlichen Zusammenhängen wie beispielsweise der Wahrnehmung eines Beratungsangebots; es sind auch zufällige Ereignisse, die Lernprozesse anregen, wobei die reflexive Verarbeitung immer unverzichtbar ist. Informelles Lernen vollzieht sich vorzugsweise im alltäglichen Miteinander (vgl. Overwien 2007, S. 121f.). Übertragen auf die Soziale Schuldnerberatung implizieren diese Erwägungen, dass Lernen durch die gemeinsamen Gespräche, die Auseinandersetzung mit den Schulden, ihrer Entstehung und ihrer Bewältigung, und durch das gemeinsame Tun begünstigt wird, also etwa durch das Formulieren von Briefen, die Erfassung der Einnahmen und Ausgaben oder die Recherche infrage kommender Sozialleistungen. Informelles Lernen in der Sozialen Schuldnerberatung setzt transparentes Vorgehen und einen partizipativen Beratungsstil voraus. Daneben sind auch gezielte und systematische Vorgehensweisen der Wissensvermittlung gefragt, die im Folgenden skizziert werden.

Die systematische Wissensvermittlung in der Beratung setzt didaktische Erwägungen voraus. Hierzu zählt, dass die zu vermittelnden Kenntnisse angemessen in einer gelingenden Interaktion so zur Verfügung gestellt werden, dass Adressatinnen und Adressaten sie auch nutzen können. Die Lernvoraussetzungen und Interessen der Zielgruppe sind stets im Blick zu behalten (vgl. Gängler/Liebig 2017, S. 254). Für die Analyse der *Lehr-Lern-Bedingungen* sind drei Faktoren zu beachten. Erstens geht es um die Lehrenden, ihre Ressourcen, ihr Fachwissen und ihre Kompetenzen, zweitens um Lernende mit ihren diskrepanten Voraussetzungen und individuellen Faktoren wie Alter, Lerngeschichte, Motivation und vieles mehr, und drittens um die Lehr-Lern-Situation, vor allem um die zur Verfügung stehende Zeit, die Institution und die Qualität der Beziehung (vgl. Schilling 2016, S. 62f.).

Wissensvermittlung erfordert also ein Klima, in dem die Chance erhöht wird, dass die weitergegebenen Informationen angenommen und verarbeitet werden. Die Überlegungen zur Arbeitsbeziehung, zur Gestaltung von Erstgesprächen und zur Förderung von Motivation und Ressourcenbewusstsein begünstigen neben ihren eigenständigen Effekten auch eine Atmosphäre, die der Wissensvermittlung dienlich ist. Auf dieser Basis erfolgt die systematische Wissensvermittlung, in der darauf zu achten ist, die ausgewählten Kenntnisse auf die aktuelle Situation zu beziehen und an das Vorwissen Ratsuchender anzuschließen, die die vermittelten Kenntnisse unmittelbar verstehen sollten. Präzise, knappe und verständliche Formulierungen sind dafür erforderlich (vgl. Giesecke 2015, S. 82f.). Beraterinnen und Berater stehen bei der Auswahl der zu vermittelnden Kenntnisse mithin vor den folgenden Fragen:

- Welche Informationen braucht der Ratsuchende?
  Das zentrale Auswahlkriterium ist die unmittelbare Nützlichkeit, Fachwissen Schulden.
- Wie sind die Informationen zu vermitteln?
  Handlungsleitend ist, dass Ratsuchende die Informationen unmittelbar nachvollziehen können.
- Wie reagiert der Ratsuchende möglicherweise?
  Mögliche emotionale Reaktionen sind bei der Auswahl zu berücksichtigen.
- Können die Informationen eigenständig genutzt werden?
  Hierfür muss eingeschätzt werden, inwieweit Ratsuchende vermittelte Informationen im Alltag eigenverantwortlich anwenden können (vgl. Pallasch/Kölln 2014, S. 144f.).

Bezogen auf die Soziale Schuldnerberatung stehen die Fachkräfte vor der Aufgabe, aus einer Fülle möglicher Informationen diejenigen auszuwählen, die Ratsuchende unmittelbar benötigen. So werden nicht alle Varianten der Schuldenregulierung akademisch dargelegt, sondern nur die für den konkreten Fall infrage kommenden Vorgehensweisen erläutert. Bei der Aufbereitung kommt es im Interesse der Verständlichkeit darauf an, das Fachvokabular, mit dem Beraterinnen und Berater selbstverständlich umgehen, so weit wie möglich durch alltagssprachliche Formulierungen zu ersetzen und auf sprachliche Macht- und Eindrucksverhaltensweisen zu verzichten. Dabei werden mögliche Reaktionen Ratsuchender einbezogen, was nicht bedeutet, dass man sie mit notwendigen Mitteilungen verschont (etwa mit der sechsjährigen Tilgungszeit in der Privatinsolvenz). Kommen die Fachkräfte allerdings zu der Einschätzung, dass diese Information im Moment mehr Schaden als Nutzen bringen würde, wartet man auf einen günstigeren Zeitpunkt, zu dem Ratsuchende damit besser zurechtkommen können. Schließlich vergewissern sich die Beraterinnen und Berater, ob sich Ratsuchende die Umsetzung von Informationen tatsächlich vorstellen können. Es ist leicht gesagt, ein Haushaltsbuch zu führen; wer damit keinerlei Erfahrungen gesammelt hat, ist möglicherweise überfordert. In einem solchen Fall ist zu überlegen, ob man mit einer reduzieren Version beginnt oder diese Aufgabe in der Sozialen Schuldnerberatung zunächst gemeinsam erledigt.

Deutlich wird der hohe Stellenwert einer geeigneten Wortwahl in der Wissensvermittlung. Ein auf Ratsuchende bezogenes Sprachniveau setzt eine personenzentrierte Haltung voraus, die am ehesten dann gelingt, wenn die folgenden Aspekte beachtet werden.

- *Achtung und Rücksichtnahme*: Dem Ratsuchenden soll es möglichst leichtgemacht werden, die Inhalte des Beratungsgesprächs zu verstehen. Dies setzt voraus, seine Bedürfnisse und Wünsche aufzugreifen, seine Fähigkeiten zu würdigen und Grenzen seiner Verstehensmöglichkeiten ernst zu nehmen.
- *Einfühlung in seelische Situation*: Gemeint ist damit Empathie, die dazu beiträgt, sich auf die Erlebniswelt der Ratsuchenden einzustellen, Schwierigkeiten aufzugreifen, auf Rückmeldungen Ratsuchender einzugehen und mit ihnen responsiv umzugehen.
- *Aufrichtigkeit*: Angesprochen ist damit, sich seiner Gefühle und Gedanken bewusst zu sein, sich zu öffnen und Stellung zu beziehen. Damit erreicht man Ratsuchende, die spüren, dass Beraterinnen und Berater nicht fassadenhaft kommunizieren, sondern stimmig mit ihnen in Kontakt sind (vgl. Langer/Schulz von Thun/Tausch 2015, S. 161f.).

Ergänzt wird diese Haltung durch eine personenzentrierte und anregende Sprache, die durch einfache Darstellungen auf der Grundlage eines geläufigen Vokabulars ebenso geprägt ist wie durch eine gut strukturierte und themenfokussierte Gliederung (vgl. ebd., S. 22f.). Das folgende Fallbeispiel demonstriert, wie diese Form der Gesprächsführung mit Leben gefüllt werden kann.

Fallbeispiel

Herr Ludwig, 62 Jahre, alleinstehend, hat sich wegen seiner Schulden von insgesamt ca. 9.000 EUR an die Soziale Schuldnerberatung gewandt. Die Schulden resultieren aus der früheren Selbstständigkeit mit einem Imbisswagen. Herr Ludwig hat damit nie wirklich Geld verdient, er lebt heute von Grundsicherungsleistungen, die bis zur demnächst einsetzenden vorzeitigen Altersrente geleistet werden. Herr Ludwig, das wurde schon zu Beginn des Beratungsprozesses deutlich, ist mit vielen alltäglichen Anforderungen, insbesondere mit Behördenfragen, überfordert, sodass er die Soziale Schuldnerberatung auch in Anspruch nimmt, um Fragen der allgemeinen Lebensführung zu besprechen. Wenn der Berater Herrn Ludwig Zusammenhänge erläutert, stimmt er zwar häufig zu, gleichzeitig entsteht der Eindruck, dass die Inhalte ihn nicht wirklich erreichen.

Vor einigen Wochen wurde bei Herrn Ludwig Diabetes diagnostiziert. Sein Hausarzt rät ihm, seine Ernährung umzustellen, was mit höheren Ausgaben verbunden ist, die Herr Ludwig nicht aufbringen kann. In der Sozialen Schuldnerberatung bemüht man sich, Gläubiger zu einem Schuldenerlass zu bewegen, da sich die finanziellen Lebensumstände von Herrn Ludwig aus heutiger Sicht nicht mehr grundlegend verändern werden; die Altersrente ist nach den vorliegenden Berechnungen so niedrig, dass Herr Ludwig dann auf Grundsicherung im Alter angewiesen sein wird. Im heutigen Gespräch wirkt Herr Ludwig ermattet, er würde sich gerne anders ernähren, um die Krankheitsfolgen zu kontrollieren, auch plagen ihn seine Schulden, so recht hat er noch nicht verstanden, wie es in der Sozialen Schuldnerberatung weitergehen soll. Er kann sich einfach nicht vorstellen, dass ihm die Gläubiger seine Schulden erlassen und er endlich wieder in Ruhe leben kann, wenn auch in sehr bescheidenen Verhältnissen.

Die Beraterin nimmt seine Stimmung wahr und reagiert darauf. Zunächst versucht sie zu verstehen, worum es Herrn Ludwig in diesem Termin geht. Zwei Themen dominieren, zum einen das fehlende Geld für die krankheitsgerechte Ernährung und zum anderen die Sorge, dass die Schulden einfach weiterbestehen werden. Im Beratungsgespräch verabreden sie, diese beiden Themen nacheinander zu behandeln. Heute geht es um die Frage, welche Möglichkeiten ggf. bestehen, das Einkommen von Herrn Ludwig zu erhöhen. Herr Ludwig ist damit sehr einverstanden, denn diese Frage beschäftigt ihn seit Tagen fast rund um die Uhr. Mit dieser Fokussierung folgt die Beraterin dem Bedürfnis des Ratsuchenden, er ist für Inhalte empfänglich, die für ihn eine Lösung, zumindest eine Linderung des Problems bedeuten können. Die Beraterin erkundigt sich genauer, worauf Herr Ludwig nach Angaben seines Hausarztes bei der Ernährung achten sollte. Sie kommt zu dem Ergebnis, dass dafür ein Mehrbedarf für krankheitsbedingte Ernährung in der Grundsicherung beantragt werden kann. Da sie weiß, dass Herr Ludwig auf Behördenhinweise eher resigniert reagiert, zeigt sie zunächst auf, welche Leistungen für ihn mutmaßlich infrage kommen. Sie konzentriert die Informationen auf den Mehrbedarfszuschlag, der ausdrücklich für Situationen wie die vorgesehen ist, in der sich Herr Ludwig befindet. Er kann ihre Ausführungen nachvollziehen und ist überrascht, dass man dafür Geld erhalten kann. Emotional wirkt er ein wenig entlastet nach dieser Gesprächssequenz, schließlich zeichnet sich ab, dass seine Lage in Bezug auf die Ernährung doch nicht aussichtslos ist. Im Gespräch erläutert die Beraterin, wie er den Antrag auf einen Mehrbedarfszuschlag auf den Weg bringen kann. Herr Ludwig wirkt mit dieser Information überfordert. Die Beraterin bietet ihm an, dass sie gemeinsam einen Antrag formulieren, den Herr Ludwig dann schriftlich zum Jobcenter mitnehmen kann. Damit ist er einverstanden. Die Beraterin bespricht mit ihm, was im Antrag stehen soll und setzt parallel das Schreiben auf, das sie gleich ausdruckt und von Herrn Ludwig nach aufmerksamer Lektüre unterschreiben lässt. Sie vereinbaren einen Folgetermin, bei dem die Rückmeldung von Herrn Ludwig in Bezug auf seinen Antrag ganz oben auf der Themenliste steht. Sollten noch Schwierigkeiten auftreten, bittet die Beraterin Herrn Ludwig an, dass er sich telefonisch melden möge.

7.6 Konfliktdeeskalierende und verhandlungsorientierte Gesprächsführung

In der Sozialen Schuldnerberatung treten unweigerlich Konflikte auf, sowohl zwischen Ratsuchenden und den Beraterinnen und Beratern als auch zwischen Ratsuchenden bzw. Fachkräften und Gläubigern. Der *Umgang mit Konflikten* verdient deshalb einen angemessenen Platz in der Erläuterung der Gesprächsführung. Es wurden Ansätze ausgewählt, die breit bei Konflikten einsetzbar sind. Überdies werden Überlegungen aufgegriffen, die der Verhandlung dienen, denn Konflikte erfordern in der Regel Einigungen, die auf dem Verhandlungsweg erzielt werden.

Wie ein Konflikt entsteht

Bei einem Konflikt zwischen zwei und mehr Menschen handelt es sich um eine soziale Situation, in der zumindest eine Seite einen Widerspruch oder eine Unvereinbarkeit in Bezug auf die Wahrnehmung, das Denken, das Fühlen und/oder das Handeln der anderen Seite erlebt. Die Besonderheit des sozialen Konflikts besteht darin, dass sich ein Beteiligter durch die Art der Wahrnehmung, des Denkens, Fühlens und/oder Handelns des oder der anderen beteiligten Person(en) beeinträchtigt fühlt (vgl. Glasl 2013, S. 17). In Beratungsgesprächen treten typischerweise Konflikte in Verbindung mit *Machtfragen* auf. Im Kern geht es um die Kontrolle über die Inhalte und den Ablauf des Gesprächs. Konflikte entstehen beispielsweise dann, wenn im Beratungsgespräch unterschiedliche Ziele verfolgt werden und Ratsuchende sich in den Inhalten nicht wiederfinden oder wenn Fachkräfte zu kontrollierend und direktiv vorgehen, sodass sich Ratsuchende in ihrer Autonomie beeinträchtigt fühlen (vgl. Noyon/Heidenreich 2009, S. 59f.). Konflikte sollten rechtzeitig ernst genommen werden, bevor es zu einer gewollten oder ungewollten Eskalation kommt, an deren Ende alle Beteiligten nur noch verlieren können. Die *Eskalation* eines Konfliktes verläuft in der Regel in folgenden Stufen.

1. *Verhärtung*: Meinungen und Standpunkte nehmen zunehmend starre Form an, die beteiligten Parteien beharren darauf und verschließen sich Lösungsvorschlägen und unterstützenden Maßnahmen zunehmend. Die Wahrnehmung wird immer umfänglicher von dem Konflikt beeinflusst, es kommt vermehrt zu Schuldzuweisungen.
2. *Debatte und Polemik*: Die Beteiligten nehmen rigorosere Haltungen ein, harte verbale Auseinandersetzungen finden statt, alle ringen um Überlegenheit und streben danach, die Gegenseite in ihren Argumenten zu erschüttern.
3. *Taten statt Worte*: Vollendete Tatsachen werden geschaffen, Worten wird nicht mehr viel zugetraut, es setzt eine pessimistische Antizipation ein; auf dieser Stufe geht Empathie verloren, die eingenommenen Standpunkte stehen sich unversöhnlich gegenüber.
4. *Sorgen um Image und Koalitionen*: Klischees werden eingebracht, Gerüchte über die Gegenseite gestreut, Verbündete gesucht, um die geworben wird, die Ursachen des Konflikts treten in den Hintergrund.
5. *Gesichtsverlust und Demontage*: Öffentliche und direkte Angriffe werden durchgeführt, verbunden mit Vorwürfen wie Verrat und Illoyalität. Auf diese Weise wird die Gegenseite öffentlich demontiert.
6. *Drohstrategien und Erpressung*: Gegenseitige Drohungen, Ultimaten werden eingesetzt mit dem Ziel, die eigene Machtposition zu stärken.
7. *Begrenzte Vernichtungsschläge*: Die Gegenseite wird tendenziell verdinglicht, es geht nun darum, den anderen regelrecht fertigzumachen, ihm Schaden zuzufügen.
8. *Zersplitterung, totale Zerstörung*: Angriffe auf den anderen werden ausgeführt, um ihn zu zerstören, jedes Mittel erscheint nun zulässig.
9. *Gemeinsam in den Abgrund*: Die Konfrontation nimmt auf dieser letzten Stufe ein Ausmaß an, das keinen Rückweg mehr zulässt, auch eigener Schaden wird in Kauf genommen (vgl. Glasl 2013, 237f.).

Auch wenn in der Sozialen Schuldnerberatung Konflikte selten derart eskalieren, ist dies nicht ganz auszuschließen, sodass orientierende Kenntnisse zur Konfliktdynamik allemal hilfreich sind. Treten Konflikte auf, sollte spätestens nach Stufe 3 externe Hilfe hinzugezogen werden, sei es in Form von kollegialer Beratung, Supervision oder Mediation, denn Sachthemen verlieren in dieser Phase allmählich ihren Stellenwert, es geht immer mehr um persönliche Angriffe und Beschädigungen. Wie man mit Konflikten konstruktiv umgehen kann, wird anhand des Modells der niederlagelosen Konfliktlösung, der gewaltfreien Kommunikation und der Harvard-Methode der Verhandlungsführung erläutert, die mit den nötigen Anpassungen auch in der Sozialen Schuldnerberatung eingesetzt werden können.

Die niederlagelose Konfliktlösung

Das Bestreben einer *niederlagelosen Vorgehensweise* bei Konflikten dient dem Ziel, dass es bei einer Konfliktlösung keine Verlierer gibt, die nachtragend und bei passender Gelegenheit auf Revanche sinnend den Platz verlassen. Voraussetzung dafür ist, dass alle beteiligten Personen in ihrer Selbstachtung gefördert werden, dass der Anspruch besteht, die Beziehung aufrecht zu erhalten und dass man nicht auf eine Lösung für das bestehende Problem fixiert ist. Sprachlich sind Formulierungen in der Ich-Form zu bevorzugen, denn Du-Botschaften klingen leicht vorwurfsvoll. Damit andere mich verstehen, muss ich über mich sprechen. Ohne Anschuldigungen werden die Folgen des Handelns anderer Menschen einschließlich der Empfindungen aufgezeigt (vgl. Gordon 2017, S. 83f.). Kommen Ratsuchende nicht oder sehr verspätet zum vereinbarten Termin, wird dieses Handeln kurz beschrieben, es werden die Folgen verdeutlicht, etwa dass Zeit ungenutzt verstreicht, man in dieser Zeit auch keine anderen Arbeiten beginnt, weil der Ratsuchende ja noch jeden Augenblick kommen könnte und man darüber verärgert oder enttäuscht ist. Auf eine so gegliederte Reaktion kann der Ratsuchende zugewandter reagieren, als wenn ihm vorgeworfen wird, er missachte die Fachkraft oder nehme deren Zeit unnötig in Anspruch.

Reicht diese Form der Kommunikation noch nicht aus, einen Konflikt zu deeskalieren, bleibt der Rückgriff auf die niederlagelose Methode der Konfliktlösung. Zunächst wird ein Konflikt umdefiniert in ein Problem, das Bedürfnisse der Beteiligten zum Ausdruck bringt. Von hier aus beginnt die gestufte Suche nach einer Konfliktlösung, die allen Beteiligten nützt und mit der vermieden wird, anderen die eigene Lösung aufzuoktroyieren:

- Zunächst wird das Problem gemeinsam unter der Fragestellung definiert, welche Bedürfnisse dabei unbefriedigt bleiben.
- Darauf aufbauend erfolgt ein gemeinsames Brainstorming über alle infrage kommenden Lösungen; hierbei wird auf jede Wertung verzichtet, denn das hemmt die Kreativität.
- Im Anschluss daran werden die Lösungsvorschläge gemeinsam bewertet und diejenigen aussortiert, die keine Zustimmung finden.
- Auf dieser Grundlage erfolgt die konsensuale Auswahl einer Lösung, es wird nicht abgestimmt, um Gewinner und Verlierer zu vermeiden. Gelingt keine Auswahl, kehrt man noch einmal in frühere Phasen zurück.
- Von hier führt der Weg zur Planung und Ausführung der gefundenen Lösung, die einzelnen Maßnahmen werden differenziert vereinbart.
- Nach der Implementierung eines Lösungsversuchs erfolgt die Neubewertung des Problems. Funktioniert eine Lösung nicht, wird der eingeschlagene Weg überprüft (vgl. Gordon 2017, S. 103f.)

Diese Schritte sind mit Ratsuchenden ebenso durchführbar wie auch mit Gläubigern. Nicht in jedem Fall muss man beim ersten Punkt zu beginnen, möglicherweise sind einige Aspekte des Konflikts bereits so klar, dass nur Ausschnitte des Ansatzes für eine Lösungssuche gebraucht werden. Die niederlagelose Methode der Konfliktlösung kann sowohl separat als auch in Kombination mit der gewaltfreien Kommunikation eingesetzt werden.

Gewaltfreie Kommunikation

Gewaltfreie Kommunikation ist eine einfühlsame Kommunikation, in der es darum geht, Konflikte ohne frustrierenden Kompromisse, sondern unter Achtung der Bedürfnisse aller Beteiligten zu lösen. Das Einfühlungsvermögen steigt, wenn auf Gewalt im Umgang mit anderen Menschen verzichtet wird, wenn Menschen sich selbst und anderen einfühlend begegnen. Die Neigung, andere Menschen moralisch zu verurteilen, steht der Einfühlung ebenso im Weg wie eine vergleichende Auseinandersetzung mit Maßstäben jenseits eigener Bedürfnisse und der Leugnung der Verantwortung für eigene Gefühle und Gedanken, für die andere nichts können (vgl. Rosenberg 2016, S.18f.). In der Anwendung der gewaltfreien, also einfühlsamen und wertschätzenden Kommunikation mit anderen und sich selbst geht es um die folgenden Haltungen und Vorgehensweisen.

- *Beobachten*: Dem anderen ohne Bewertung in Form von Rückmeldungen mitzuteilen, was wir hören, sehen und wahrnehmen, steht für eine nicht verurteilende Reaktion.
- *Gefühle*: Eigene Gefühle, die durch Beobachtungen ausgelöst werden, etwa Bereicherung, Verletzung oder Freude, werden zum Ausdruck gebracht.
- *Bedürfnisse*: Hinter Gefühlen stehen Bedürfnisse, die reflektiert und mitgeteilt werden. In der Kommunikation ist es ergiebiger, das einzubringen, was gebraucht wird, als zu artikulieren, was mit dem anderen nicht stimmt.
- *Bitten*: Es geht darum, was vom anderen erwartet wird, was als bereichernd eingeschätzt wird. Erbeten und nicht gefordert werden konkrete Handlungen, die Bedürfnisse erfüllen (vgl. ebd., 37f.).

In Konfliktfällen leitet sich aus der gewaltfreien Kommunikation ab, dass andere nicht für den eigenen Ärger verantwortlich gemacht werden. Sie können ihn auslösen, sind aber nicht die Ursache, es ist vielmehr das eigene Gefühl, das aus Beobachtungen resultiert, der Ärger entspringt unserem Denken. Die Aufmerksamkeit wird auf das gelenkt, was gebraucht wird, erst dann wird daraus eine lebensdienliche Energie. Ärger ist im Kern ein nicht erfülltes Bedürfnis, das zum Ausdruck gebracht wird. Andere werden nicht eingeladen, sich mit unseren Bedürfnissen zu befassen, wenn wir sie verurteilen oder analysieren (vgl. ebd., 137f.).

Sind Fachkräfte über Ratsuchende verärgert, die sich nicht an Absprachen halten, wie beispielsweise keine weiteren Schulden während der Regulierungsphase einzugehen, besteht die Besonderheit der gewaltfreien Kommunikation darin, dass keine Vorwürfe erhoben werden, sondern zunächst der Regelverstoß wahrgenommen wird und danach eigene Gefühle wie Enttäuschung oder Verärgerung geäußert werden, verbunden mit dem geäußerten Bedürfnis, Ratsuchenden eine neue Perspektive ohne Schulden in ihrem Leben zu ermöglichen. Danach wird die Bitte formuliert, sich Gedanken über die Bereitschaft zu machen, die Beratungsanforderungen zu respektieren oder doch andere Wege zu gehen, auf die Ratsuchende ein Recht haben. Eine solche Resonanz auf den Regelverstoß beinhaltet die Chance einer vertieften Auseinandersetzung, die dazu führen kann, eine Klärung unter Beachtung der Bedürfnisse der Ratsuchenden und der Fachkräfte herbeizuführen. Ist auf diesem Weg keine Konfliktlösung möglich, bleibt der Weg der Verhandlungen, die ebenfalls eine Reihe methodischer Anforderungen implizieren.

Harvard Negotiation Project

Verhandlungen führen bedeutet nach dem »Harvard Negotiation Project«, Übereinkünfte zu erzielen, ohne sich zu zerstreiten, stattdessen den gegenseitigen Nutzen in einer fairen Auseinandersetzung hervorzuheben, in der Menschen und Probleme getrennt voneinander behandelt werden, in der Interessen und nicht Positionen im Mittelpunkt stehen und in der Entscheidungsalternativen entwickelt und Lösungen auf der Grundlage objektiver Kriterien beurteilt werden. Grundlegend für Verhandlungen ist Kommunikation, in der man sich wieder zuhört, Rückmeldungen gibt und über sich statt über andere spricht (vgl. Fisher/Urie/Patton, S. 24f.). Wie diese vier Punkte umgesetzt werden können, zeigen die folgenden Ausführungen.

1. *Menschen und Probleme getrennt behandeln*: Faire Verhandlungen erfordern einen einfühlsamen Umgang miteinander, in dem Vorstellungen und Gefühle geachtet werden. Vorstellungen stehen für Bilder, die Menschen in Verhandlungen einbringen und die nicht objektiv zu verstehen sind. Die Aufgabe besteht darin, die Bilder nachzuvollziehen und aus dieser Perspektive das Verhandlungsthema zu betrachten. Soweit Änderungen von Vorstellungen entwickelt werden, ist darauf zu achten, dass alle Beteiligten ihre Beiträge darin erkennen und das Gesicht wahren können. Emotionen sind mitunter entscheidend für den Gesprächsverlauf, sodass es ratsam ist, auch die eigenen Emotionen, die sich teilweise körperlich mitteilen, in den Blick zu nehmen. Hinter Emotionen stehen zumeist Grundbedürfnisse nach Autonomie, Wertschätzung, Verbundenheit und Gleichberechtigung.
2. *Auf Interessen, nicht auf Positionen konzentrieren*: Ein Konflikt wird getragen von Nöten, Wünschen, Ängsten und Sorgen. Interessen sind Gründe, die zu Positionen führen, ohne in jedem Fall bewusst zu sein. Es gilt herauszufinden, was Beteiligte veranlasst, eine bestimmte Position zu vertreten, und welche Ergebnisse sie sich wünschen; darin kommen Interessen zum Ausdruck. Grundinteressen, die häufig hinter Positionen stehen, sind Sicher-

heit, wirtschaftliches Auskommen, Zugehörigkeitsgefühl, Anerkennung und Selbstbestimmung. In Verhandlungen wird eine Liste möglicher Interessen erstellt, auf deren Grundlage Vorschläge und deren Konsequenzen diskutiert werden. Entscheidend ist es, den Blick in die Zukunft zu richten und flexibel bzw. kreativ mit Inhalten und Vorstellungen umzugehen.
3. *Entscheidungsmöglichkeiten entwickeln, die beiden Seiten Vorteile bringen*: Barrieren auf diesem Weg sind vorschnelle Urteile, die Suche nach einer Lösung um jeden Preis, die Annahme, der Kuchen sei begrenzt, und die Vorstellung, andere sollten ihre Probleme selbst lösen. Diese Engführungen in Verhandlungen können vermieden werden, wenn Optionen und deren Bewertung getrennt voneinander behandelt werden und die Zahl der Optionen durch ein gemeinsames Brainstorming vergrößert wird. In der Betrachtung von Optionen werden Vorteile für alle Beteiligten gesucht und solche Vorschläge präferiert, die der anderen Seite die Zustimmung erleichtern.
4. *Anwendung neutraler Beurteilungskriterien*: Gefundene Lösungen werden hinsichtlich ihrer wissenschaftlichen, ethischen und wirtschaftlichen Auswirkungen und Kosten für die Beteiligten eingehend vor einer Festlegung untersucht (vgl. ebd., S. 47f.).

Reicht die Beachtung dieser vier Punkte nicht aus, um zu einem Verhandlungsergebnis zu kommen, das alle Beteiligten mittragen, bleibt in der Harvard-Methode noch das sogenannte *Verhandlungs-Judo*, mit dem die Gegenseite zum Einlenken bewogen werden kann. Kennzeichnend dafür ist, dass auf Verteidigung und Zurückschlagen bei Angriffen bewusst verzichtet wird. Das Verhandlungs-Judo ist durch die folgenden Punkte charakterisiert:

- Die andere Position wird nicht angegriffen, vielmehr werden Interessen identifiziert, die verständlicherweise vertreten werden. In der Entwicklung von Optionen wird angeboten, die Ideen der anderen Seite hypothetisch durchzuspielen, sie also für gesetzt zu halten.
- Die andere Seite wird zur Kritik an eigenen Vorstellungen eingeladen, statt diese zu verteidigen. Gefragt wird u. a., was an den eingebrachten Vorschlägen aus Sicht der anderen Seite nicht in Ordnung ist, worin die Ablehnung begründet liegt. In den Gründen kommen Interessen zur Sprache, die fortan in den Gesprächen berücksichtigt werden. Eine andere Variante ist, die Gegenseite zu fragen, was sie tun würde.
- Des Weiteren können persönliche Angriffe in sachbezogene Angriffe umgewandelt werden, um der Versuchung zu widerstehen, sich zu verteidigen (vgl. ebd., 161f.).

Die Anwendung der Harvard-Methode setzt ein hohes Maß an Selbstkontrolle und Bereitschaft zur Einigung voraus. Berücksichtigt man, welche Risiken mit Konflikten verbunden sind, lohnt es allemal, diese Schritte zu erproben, sich zurückzunehmen mit impulsiven und emotionalen Reaktionen, auch wenn der Eindruck entsteht, das sei ein sehr gekünsteltes Verhalten. Letztlich geht es darum, aus einer Eskalationsspirale auszusteigen und mit anderen Menschen eine

Lösung für Konflikte zu finden. Anschaulich werden die vorgestellten Zugänge in folgendem Fallbeispiel.

Fallbeispiel

Während eines Beratungsprozesses treten zunehmend Spannungen zwischen dem Ratsuchenden Herrn Huber und der Beraterin auf. Herr Huber nimmt seit einigen Wochen Termine nur zögerlich wahr, in den Gesprächen unterbricht er die Beraterin häufiger und er hält sich immer weniger an Absprachen. Die Beraterin wirkt zunehmend angespannt, sie stellt sich die Frage, ob die Fortsetzung der Schuldnerberatung in diesem Fall überhaupt noch sinnvoll ist. Ihr zuweilen sehr direktives Vorgehen in der Beratung, das beispielsweise dazu führt, dass sie Herrn Huber entschieden auffordert, sich endlich an Vereinbarungen zu halten und ihre Kompetenz anzuerkennen, stößt bei ihm auf Widerstand. Er fordert die Beraterin auf, diesen Ton ihm gegenüber zu unterlassen, und droht damit, sich bei ihrem Vorgesetzten zu beschweren. Die Beraterin beobachtet bei sich, wie sie schon vor einem Termin aggressiv wird, wenn sie an das Gespräch mit Herrn Huber denkt.

Nach einer kollegialen Beratung im Team hat sich die Beraterin entschieden, den Konflikt nicht länger treiben zu lassen. Das Ergebnis der kollegialen Beratung inspiriert sie, es mit der gewaltfreien Kommunikation und der niederlagelosen Methode der Konfliktlösung einmal zu versuchen, um mit Herrn Huber wieder eine Arbeitsbasis zu finden.

In einem der folgenden Gespräche, in dem es wieder zu Spannungen kommt, reagiert die Beraterin nicht wie bisher, indem sie Herrn Huber Vorhaltungen wegen seiner mangelnden Kooperation macht. Sie äußert im Sinne der gewaltfreien Kommunikation, dass sie wahrnimmt, wie es Herrn Huber ärgert, wenn sie darauf drängt, seine Ausgaben unter Kontrolle zu bringen und längst versprochene Unterlagen mitzubringen, um die Schuldensanierungsmöglichkeiten sondieren zu können. Danach bittet sie Herrn Huber um die Erlaubnis, ihre Emotionen einbringen zu dürfen. Die Beraterin erklärt ihm, dass es sie enttäuscht, wenn er auf sie so gleichgültig wirkt, ihr falle es dann schwer, ruhig zu bleiben. Ihr Bedürfnis ist es, Herrn Huber ernsthaft darin zu unterstützen, seine Schulden loszuwerden. Sie hat die ausdrückliche Bitte, dass sie gemeinsam versuchten sollten, die Arbeit fortzusetzen. Herr Huber hört sich an, was die Beraterin ihm zu sagen hat. Er äußert, dass auch er seine Schulden loswerden wolle, doch er komme mit dem Vorgehen in der Beratung, in der ihm so viele Vorschriften gemacht würden, einfach nicht klar. Die Beraterin schlägt vor, dass sie heute gemeinsam versuchen sollten, eine Lösung zu finden, vielleicht gelinge es ihnen ja, eine Basis zu entdecken, auf der es sich lohnt, die Schuldnerberatung fortzusetzen. Herr Huber ist damit einverstanden.

Die Beraterin schlägt auf der Grundlage der niederlagelosen Methode der Konfliktlösung vor, dass Herr Huber und danach sie selbst zunächst ihr Anliegen oder ihre Bedürfnisse äußern, die sie in der Beratung verfolgen. Herr Huber möchte in seiner Eigenständigkeit wahrgenommen werden, die Schulden würden nicht rechtfertigen, ihm Vorschriften zu machen. Die Beraterin wünscht sich, von Herrn Huber als Unterstützung und nicht als Bestimmerin gesehen zu werden. Beide überlegen, wie sie wieder besser zusammenarbeiten können. Zu den Lösungsideen gehören: eine Unterbrechung der Zusammenarbeit für eine Zeit, in der beide nachdenken, ob es sinnvoll ist, die Arbeit fortzusetzen; ein langsameres Vorgehen in der Beratung, das für Herrn Huber aktuell mit weniger Einschränkungen verbunden wäre, sodass vielleicht ein mehrmonatiges Schuldenmoratorium als Verhandlungsmöglichkeit gangbar würde. Auch der Wechsel zu einer anderen Beraterin in der Schuldnerberatungsstelle wird in Erwägung gezogen, da Herr Huber und die Beraterin möglicherweise einfach nicht zusammenpassen. Die Ideen werden von beiden gemeinsam abgewogen. Sie verständigen sich darauf, die Zusammenarbeit fortzusetzen, ein Moratorium wird verworfen, Herr Huber möchte seine Schulden so schnell wie möglich überwinden. Auch der Wechsel zu einer anderen Beraterin ist für beide keine Lösung, Herr Huber erkennt an, dass sich die Beraterin für ihn einsetzt, er habe das so noch gar nicht gesehen. Sie vereinbaren, dass sie die Beratung fortsetzen, Herr Huber sichert zu, dass er es sagt, wenn ihn etwas stört, und die Beraterin möchte darauf achten, ihn – auch ungewollt – nicht zu bevormunden. Nach einigen Wochen wollen sie eine erste Bilanz ziehen und sehen, ob es nun aus Sicht beider in der Beratung besser läuft.

7.7 Krisenbewältigung und Gesprächsführung

Krisen wie eine plötzlich auftretende schwere Erkrankung, eine Trennung oder der Verlust des Arbeitsplatzes können Auslöser für eine Überschuldung sein, sie sind deshalb häufig auch Thema in der Sozialen Schuldnerberatung. Kommt es, was für eine Krise typisch ist, zu persönlichen und psychischen Belastungen, reicht die ökonomische Krisenintervention (▶ Kap. 6.2) nicht aus, um Ratsuchende zu entlasten. Schulden können auch ohne weitere Belastungen zu einer Krise führen, wenn sie als besonders bedrohlich wahrgenommen werden, Betroffene sich schämen oder sich als Versager attribuieren. In der Sozialen Schuldnerberatung ist zu klären, ob auftretende Krisen mit den begrenzten Möglichkeiten in diesem Rahmen begleitet und bewältigt werden können oder ob Fachstellen einzuschalten sind, was vor allem dann geboten ist, wenn Suizidrisiken wahrgenommen werden oder eine psychiatrische Störung auftritt. In den Ausführungen über die Soziale Diagnose (▶ Kap. 6.1) wurde bereits auf die Risikodiagnose und die Zuweisungsdiagnose hingewiesen, die in der Krisenintervention immer eine Rolle spielen.

Allgemein betrachtet steht eine psychosoziale Krise in Zusammenhang mit belastenden Ereignissen oder veränderten Lebensumständen, die bisherige Lebensziele massiv infrage stellen. Im Umgang mit einer solchen Krise versagen die dem Individuum zur Verfügung stehenden Problemlösungsstrategien, sodass ein Gefühl der Bedrohung aufkommt, die das psychosoziale Gleichgewicht stört. Infolge dieses Prozesses entsteht ein großer emotionaler Stress, der das Selbstwertgefühl beeinträchtigt. Krisen haben das Potenzial, den weiteren Lebensweg zu überschatten, sie machen bisherige Lebensziele fragwürdig und strahlen auf viele weitere Lebensbereiche aus (vgl. Stein 2015, S. 24). Entscheidend für das Aufkommen einer Krise sind das Erleben des krisenauslösenden Ereignisses, mögliche zusätzliche Belastungen und die verfügbaren Bewältigungsressourcen der betroffenen Menschen (vgl. Regehr 2011, S. 136). Überschuldung birgt das Risiko einer psychosozialen Krise. Psychosozial meint in diesem Zusammenhang, dass aus der sozialen Notlage, hier den Schulden und den Veränderungen der materiellen Lebensumstände, psychische Reaktionen hervorgehen wie Ängste, Aggressionen, Resignation oder tiefe Verzweiflung. Die psychischen Reaktionen wirken ihrerseits potenziell verschärfend auf die Schuldenkrise, wenn beispielsweise keine Post mehr geöffnet wird oder angebotene Hilfen zurückgewiesen werden.

Für den Umgang mit Krisen sind Grundsätze zu beachten, die auch für die Soziale Schuldnerberatung instruktiv sind. Vorrangig kommt es in der Unterstützung darauf an, eine tragfähige Beziehung herzustellen, die subjektiven Einschätzungen nachzuvollziehen und zu bearbeiten und angemessene Formen der Unterstützung zu erschließen. Ohne geeignete Hilfen droht eine Eskalation, an deren Ende ein psychiatrischer Notfall mit Selbst- und/oder Fremdgefährdung stehen kann, der einen invasiven Handlungsbedarf zur Folge hat (vgl. Stein 2015, S. 48). Die folgenden *Kriseninterventionsprinzipien* stellen eine Orientierung dar, die im beraterischen Vorgehen zu beachten ist:

- unverzüglicher Beginn und ein niedrigschwelliger Zugang,
- aktive Unterstützung, keine zuwartende Haltung,
- problemangemessener Methodenmix,
- Fokussierung auf die aktuelle Situation,
- unmittelbare emotionale Entlastung,
- Einbeziehung formeller und informeller Varianten der sozialen Unterstützung (vgl. Sonneck u. a. 2012, S. 65f.).

In der Sozialen Schuldnerberatung können nur Ausschnitte einer Krisenintervention realisiert werden. Bei erforderlichen umfänglichen Hilfen ist der Verweis an Kriseninterventionsstellen unumgänglich. Soweit in der Sozialen Schuldnerberatung Krisenintervention geleistet wird, steht am Anfang ein für betroffene Ratsuchende unterstützendes Beziehungsangebot. Ergänzend zur Arbeitsbeziehung (▶ Kap. 7.1), die schon maßgeblich zur Entlastung beiträgt, kommt es darauf an, in der Begegnung die Not und Verzweiflung des krisenbelasteten Ratsuchenden zu akzeptieren und für Klarheit und Ruhe zu sorgen. In der Zuwendung zum Ratsuchenden wird die aktuelle Situation angenommen, jeder Druck, sich dafür zu rechtfertigen, wird vermieden, stattdessen erhalten Emotionen Raum, die verbal aufgegriffen werden. Handlungsleitend ist die Frage, was der Ratsuchende in seiner Situation benötigt, was ihm hilft, die

Krise auszuhalten und Bewältigungsmöglichkeiten wahrzunehmen (vgl. Sonneck u. a. 2012, S. 68f.).

Auf der Grundlage einer entlastenden Beziehung erfolgt die Erfassung der die Krise auslösenden Umstände, es geht in der Krisenintervention ausdrücklich nicht um eine breite Fallerfassung. Gefragt wird, was die Krise ins Rollen gebracht hat und welche psychischen, kognitiven, sozialen, aktionalen und wirtschaftlichen Konsequenzen zu beachten sind. In der Zusammenschau dieser Faktoren erfolgt eine vorläufige Situationseinschätzung, in der Fragen nach den Kooperationsmöglichkeiten der Ratsuchenden und nach ggf. erforderlichen Schritten, die über die Handlungsmöglichkeiten der Sozialen Schuldnerberatung hinausweisen, eine wesentliche Rolle spielen. Bereits der Nachvollzug der Krise und ihre Erklärung können eine entlastende Wirkung entfalten, denn damit werden Handlungsmöglichkeiten deutlich, die zuvor nicht gesehen werden konnten (vgl. Stein 2015, S. 95f.).

Die Problembearbeitung in der Krisenintervention ist auf das krisenauslösende Ereignis bezogen. In der Sozialen Schuldnerberatung kann dies ein Behördenschreiben sein, in dem beispielsweise eine Leistungskürzung oder die Pflicht zur Abgabe eines Vermögensverzeichnisses mitgeteilt wird. Schon die Aufklärung über die Implikationen mittels informierender Gesprächsführung kann entlastend wirken. Was Ratsuchende krisenhaft erleben, hängt ganz von ihren subjektiven Wahrnehmungen ab, die ernst genommen werden. Interventionsmöglichkeiten in der Sozialen Schuldnerberatung sind für die Krisenintervention geeignet, wenn sie fokussiert in solchen besonderen Situationen zum Einsatz kommen. Sowohl die schuldenbezogenen Interventionen als auch die vorgestellten Gesprächsführungsansätze kommen punktuell für die Krisenintervention in der Sozialen Schuldnerberatung infrage. Dabei ist per se die Frage ausschlaggebend, was Ratsuchenden unmittelbar Entlastung bringt, sodass sie Linderung in Bezug auf das Gefühl der Überforderung und des Ausgeliefertseins erfahren. Angesichts der Belastungen, die mit einer psychosozialen Krise einhergehen, sind solche Vorgehensweisen auszuwählen, die Ratsuchende mit ihren vorübergehend begrenzten Handlungsmöglichkeiten auch annehmen können. Im Zweifelsfall sollte auch stellvertretend für Ratsuchende gehandelt werden, bis sie wieder stabiler sind. Erneut wird an einem Fallbeispiel verdeutlicht, worauf es in dieser Form der Gesprächsführung in der Sozialen Schuldnerberatung ankommt.

Fallbeispiel

In der Notfallsprechstunde, für die keine Anmeldung erforderlich ist, erreicht den Berater ein Anruf, in dem eine verzweifelt klingende Frau sagt, ihr sei die Wohnung fristlos gekündigt worden und nun lande sie auf der Straße, jetzt sei alles zu spät, sie wisse nicht ein noch aus. Der Berater bietet der Anruferin, Frau Konrad, an, sie könne jetzt gleich zu ihm ins Büro kommen, wenn sie es schaffe, anderenfalls würde er sie am Telefon beraten. Frau Konrad willigt ein, sich auf den Weg zu machen, sie könne in etwa 20 Minuten vor Ort sein. Der Berater hat die Not der Frau erkannt und ihr unmittelbar ein Unterstützungsangebot unterbreitet, das sie dankbar annimmt. Im kurzen Telefongespräch äußert er noch, dass ihr Problem in vielen Fällen gut zu lösen sei, sie solle nun erst einmal kommen.

Frau Konrad erscheint in der Beratungsstelle, sie sieht verweint aus und wirkt durcheinander. Der Berater begrüßt sie freundlich und konzentriert sich unmittelbar auf das Problem der Wohnungskündigung. Er verzichtet, wie in Erstgesprächen üblich, auf eine breite Sondierung der Schulden und der sonstigen Probleme, dafür wäre Frau Konrad in ihrer gegenwärtigen Verfassung auch nicht erreichbar. Im Gespräch stellt sich heraus, dass Frau Konrad seit einiger Zeit nicht mehr in der Lage ist, ihre Miete vollständig zu bezahlen, die fristlose Kündigung wegen Mietschulden erscheint rechtlich zulässig. Frau Konrad berichtet ganz aufgelöst, was sie alles versucht hat, um die Miete aufzubringen, sie arbeitet geringfügig und bezieht aufstockende Grundsicherungsleistungen. Die Miete hat sie zwar anteilig von der Behörde erhalten, doch die alltäglichen Ausgaben seien ihr einfach über den Kopf gewachsen, sodass sie Teile der Miete anderweitig verwenden musste. Der Berater hört aufmerksam zu, er erläutert Frau Konrad, was nun zu tun sei, um die Kündigung unwirksam werden zu lassen. Frau Konrad kann zunächst nicht glauben, dass das möglich ist. Der Berater erklärt ihr in einfachen Formulierungen, dass in ihrem Fall in der Regel die Mietschulden vom Jobcenter übernommen werden, wenn auch nur als Darlehen. Damit wäre die Wohnung gesichert, der Vermieter muss die Kündigung zurücknehmen. Auf die Darstellung der Details verzichtet der Berater in diesem Gespräch. Vielmehr bietet er an, nun das Jobcenter bzw. die Fachstelle für Wohnungssicherung anzurufen, um die Situation schon einmal telefonisch zu besprechen und die weiteren Schritte abzustimmen.

In dem Gespräch mit der Fachstellenkollegin, bei dem Frau Konrad anwesend ist, wird vereinbart, dass der Berater der Sozialen Schuldnerberatungsstelle gemeinsam mit Frau Konrad einen Antrag auf Übernahme der Mietschulden formuliert, den Frau Konrad noch heute in der Fachstelle abgeben kann. Die Fachstellenkollegin hat zugesagt, Frau Konrad um 15:00 Uhr zu empfangen und alles Weitere mit ihr zu besprechen. Sollten noch Rückfragen auftreten, würde sie sich erneut bei der Schuldnerberatungsstelle melden. Frau Konrad wirkt nach diesen Schritten etwas entlastet. Sie traut sich zu, den Antrag heute Nachmittag abzugeben und vergewissert sich noch einmal, dass ihre Wohnung wirklich erhalten bleibt. Der Berater bestätigt dies.

7.8 Handlungsleitende Maximen in der Gesprächsführung

Es besteht immer die Gefahr, dass Gesprächsführungshinweise in der Sozialen Schuldnerberatung ausschließlich technisch eingesetzt werden. Ihre Wirksamkeit ist dann äußerst begrenzt. Erst eine reflektierte Handhabung auf der Basis einer professionsethischen Haltung verringert dieses Risiko. Hierfür werden handlungsleitende Maximen vorgeschlagen, die in der Sozialen Arbeit und auch in der Sozialen Schuldnerberatung für den Umgang mit methodischen Instruktionen besonders geeignet sind.

- *Verhandlungsorientierung*: Mit Ratsuchenden mögliche Wege der Problemlösung zu verhandeln impliziert, sie in ihrer Zuständigkeit für ihren Alltag zu sehen, auch wenn sie partiell auf Unterstützung angewiesen sind, und sie als gleichwertige und gleichberechtigte Partner anzuerkennen (vgl. Grunwald/Thiersch 2016, S. 24f.). Die Beteiligung durch Verhandlung ist auch eine symbolische Botschaft an Ratsuchende, die mit ihren Handlungsmöglichkeiten ernst genommen werden. Dieses Prinzip verlangt von Sozialarbeiterinnen und Sozialarbeitern, auf eine bevormundende Wissensanwendung zu verzichten. Sich auf Verhandlungen einzulassen bedeutet überdies, dass nur solche Lösungen angestrebt werden, die Menschen im Einzelfall mittragen können.
- *Partizipation*: Die Beteiligung der Ratsuchenden an allen Phasen der Unterstützung geht über das Prinzip der Verhandlungsorientierung hinaus. Die Partizipation trägt dem Verständnis der Sozialen Arbeit als personenbezogener sozialer Dienstleistung Rechnung. Danach sind Ratsuchende mit ihrer Kooperationsfähigkeit und -bereitschaft unverzichtbarer Teil der Leistungsentstehung (vgl. Finis-Siegler 2009, S. 44f.). Sie sind nach diesem Verständnis nicht Ko-Produzenten der Leistung, sondern Produzenten (vgl. Schaarschuch 1999, S. 553). Die Ausrichtung des sozialarbeiterischen Handelns am Prinzip der Partizipation entlässt allerdings nicht aus der Verantwortung, bei Bedarf darauf hinzuwirken, dass Menschen ihr Recht auf Mitbestimmung und Mitwirkung auch wahrnehmen können. Die Voraussetzungen dafür müssen teilweise erst geschaffen werden.
- *Empowerment*: Das Prinzip des Empowerment fordert dazu auf, Menschen trotz bestehender Probleme mit ihren ausbaufähigen Stärken wahrzunehmen und ihnen Räume zu eröffnen, in denen sie möglichst nach ihren Vorstellungen leben können. Ganz wesentlich ist es hierbei, sich mit den Ratsuchenden auf die Zukunft zu konzentrieren und nicht zurückliegende Zeiten des Scheiterns umfänglich zu rekonstruieren (vgl. Herriger 2014, S. 74f.). Die Ausrichtung an der Idee des Empowerment fordert dazu auf, den Unterstützungsprozess so zu gestalten, dass Menschen wieder mehr Kontrolle über ihre Lebensumstände erlangen, eigene Ziele entwickeln und umsetzen und damit ihre Selbsthilfepotenziale ausbauen können (vgl. Adams 2008, S. 17).

- *Kontextorientierung*: Die ausdrückliche Berücksichtigung der äußeren und der sozialen Lebensumstände prägt die Wahrnehmung in der Sozialen Arbeit. Die Handlungsmöglichkeiten von Individuen werden allzu leicht überschätzt, wenn die Kontextfaktoren vernachlässigt werden. Aus sozialökologischer Perspektive zählen hierzu die physische Umwelt wie Bauwerke oder Plätze, auf denen Menschen sich aufhalten und zusammentreffen, die soziale Umgebung in Form sozialer Netze, Organisationen und Institutionen, die für die Lebensführung ebenso bedeutsam sind wie die ökonomischen Lebensbedingungen und die kulturelle Umwelt mit ihren Werten, Normen und anerkannten Verhaltensmustern (vgl. Gitterman/Germain 2008, S. 52).
- *Würdigung von Diversität*: Angesprochen ist damit ein akzeptierender und respektvoller Umgang mit unterschiedlichen Identitäts- und Zugehörigkeitskategorien, wie sie mit Fragen von Gender, sexuellen Lebensweisen, Herkunft oder sozialen Milieuverankerungen verbunden sind. Die Anerkennung von Diversität impliziert, dass darauf verzichtet wird, Rollen zuzuweisen, die Hilfebedürftigkeit bedeuten, und sie impliziert weiter, dass Unterschiedlichkeit primär als Ressource verstanden wird (vgl. Mecheril/Plößer 2015, S. 322f.). Ein diversitätssensibler Umgang mit Ratsuchenden ist unabdingbar, denn allzu leicht werden Menschen auf ihren sozialen Status und auf Rollen reduziert und damit in ihren Entwicklungsmöglichkeiten beschnitten. Erforderlich sind eine kulturell offene Selbstreflexivität und eine wissensbasierte wertschätzende Haltung anderen gegenüber. Gleichzeitig ist darauf zu achten, Menschen nicht klischeehaft auf eine differente Identität festzulegen, hier würde im Zeichen der Diversitätssensibilität das Gegenteil dessen erreicht, was mit diesem Prinzip angestrebt wird (vgl. Sickendiek 2013, S. 1430f.).
- *Interessenvertretung*: Mit dem Prinzip der Interessenvertretung ist eine advokatorische Arbeitsweise gemeint, die geboten ist, wenn Menschen auf Unterstützung bei der Durchsetzung ihrer Anliegen angewiesen sind. Insbesondere die Adressaten und Adressatinnen der Sozialen Arbeit befinden sich aufgrund von Ausstattungslücken und teilweise eingeschränkten Austauschbeziehungen in einer gegenüber Diensten und Einrichtungen der sozialen Infrastruktur eher schwachen Position. Mit der professionellen Interessenvertretung stellt die Soziale Arbeit eine »Begrenzungsmacht« dar, die dazu beiträgt, benachteiligende Verteilungsregeln zugunsten der Ratsuchenden auszugleichen (vgl. Staub-Bernasconi 2007, 184f.). Das Eintreten für die Belange anderer birgt immer das Risiko, sie zu entmündigen. Im Sinne der advokatorischen Ethik sind stellvertretende Handlungen nur dann und nur so lange zulässig, wie Ratsuchende noch nicht in der Lage sind, ihre Angelegenheiten selbstständig zu regeln (vgl. Brumlik 2004, 161f.).

Weiterführende Literatur

Stimmer, Franz/Ansen, Harald: Beratung in psychosozialen Arbeitsfeldern. Stuttgart 2016

8 Ausblick

Die Soziale Schuldnerberatung steht für eine Erfolgsgeschichte in der Sozialen Arbeit. Sie wurde aus ihren Reihen zunächst in der Bewährungshilfe entwickelt und hat sich seither als ein differenziertes Beratungsangebot etabliert. Würde man sie besser ausstatten, könnte sie noch bessere Ergebnisse im Umgang mit überschuldeten Personen und Haushalten erzielen. Das wäre gesellschaftlich äußerst sinnvoll. Bei allen Erfolgen, die auch in der vorliegenden Publikation gewürdigt werden, sollte der Blick auch auf die notwendige Weiterentwicklung der Sozialen Schuldnerberatung gerichtet werden.

In der Vergangenheit lag der Fokus der Sozialen Schuldnerberatung aus guten Gründen vor allem auf juristischen und ökonomischen Fragen. Sozialarbeiterische und vor allem beratungsmethodische Fragen standen etwas im Schatten. Künftig kommt es darauf an, dass die Soziale Schuldnerberatung ihre methodische Ausrichtung mit der Methodenforschung in der Sozialen Arbeit und der interdisziplinären Beratungsforschung abstimmt. Zu erkunden ist, welche Impulse diesen Diskurssträngen für die Soziale Schuldnerberatung entnommen werden können, die zunehmend mit einer heterogenen Klientel hinsichtlich unterschiedlicher Altersgruppen, unterschiedlicher Bildungsvoraussetzungen oder unterschiedlicher biografischer und kultureller Hintergründe befasst ist.

Die Soziale Schuldnerberatung als Errungenschaft der Praxis wird von pragmatischen Einsichten und Erfahrungen dominiert. Das gilt auch für den Stand der theoretischen Durchdringung. An dieser Stelle besteht ein weiterer Nachholbedarf. Zu prüfen ist, welche Theorieentwürfe der Sozialen Arbeit für die Soziale Schuldnerberatung instruktiv sind. Die theoretische Vergewisserung ist weit mehr als eine akademische Pflichtübung. Sie trägt dazu bei, eine wissenschaftliche Identität aufzubauen, die weniger anfällig macht für beliebige Aufgabenzuweisungen. Wenn es überdies gelingt, aus theoretischen Erwägungen handlungsmethodische Fragestellungen abzuleiten und die Integration von Handlungsmethoden theoretisch systematisch zu begründen, wäre ein weiterer Entwicklungsschritt der Sozialen Schuldnerberatung zurückgelegt. Schließlich ist mehr Forschung erforderlich, die über den Stand der gegenwärtigen Evaluationserhebungen hinausgeht. Erst eine breite empirische Basis, die die Lebenslage Überschuldung, die Analyse der Rahmenbedingungen der Sozialen Schuldnerberatung und die Beratungspraxis fundiert aufhellt, liefert das für die Weiterentwicklung der Sozialen Schuldnerberatung notwendige Wissen.

Literatur

Adams, Robert: Empowerment, Participation and Social Work. New York 2008
Arbeitsgemeinschaft Schuldnerberatung der Verbände (AG SBV): Positionspapier der AG SBV zu einer neuen gesetzlichen Grundlage für die Schuldnerberatung 2015
Arbeitsgemeinschaft Schuldnerberatung der Verbände (AG SBV): Positionspapier zur Finanzierung der Schuldnerberatung 2011. Online (29.03.2018)
Albrecht, Günter/Groenemeyer, Axel (Hrsg.): Handbuch soziale Probleme, Band 2. Wiesbaden 2012
Althammer, Jörg W./Lampert, Heinz: Lehrbuch der Sozialpolitik. Berlin, Heidelberg 2014
Ansen, Harald/Langer, Andreas/Molle, Jana/Peters, Sally/Schwarting, Frauke/Vaudt, Susanne: Bericht zum Forschungsvorhaben Herausforderungen moderner Schuldnerberatung. Bundesarbeitsgemeinschaft Schuldnerberatung e. V. (Hrsg.). Online unter: http://www.bag-sb.de/fileadmin/user_upload/1_BAG-SB/4_Forschung/Forschungsbericht_DISW_2017.pdf
Ansen, Harald: Armut und Lebensweltorientierung. In: Grunwald, Klaus/Thiersch, Hans (Hrsg.): Praxishandbuch Lebensweltorientierte Soziale Arbeit. Weinheim, Basel 2016, S. 267–276
Ansen, Harald/Krahmer, Utz: Gegenwärtige Befunde zur Wirksamkeit der Sozialen Schuldnerberatung: Impulse für die Weiterentwicklung unter besonderer Berücksichtigung der sozialempirischen Forschung sowie insbesondere der gesetzgeberischen Implementation eines sozialhilferechtlichen Rechtsanspruchs auf Schuldnerberatung. In: Zeitschrift für das Fürsorgewesen 4/2015, S. 86–91
Ansen, Harald/Schwarting, Frauke: Werthaltigkeit und Nachhaltigkeit von Sozialer Schuldner- und Insolvenzberatung. Eine Metastudie empirischer Arbeiten. In: BAG-SB Informationen 4/2015, S. 166–211
Becker-Lenz, Rolf u. a. (Hrsg.): Professionalität in der Sozialen Arbeit. Wiesbaden 2013
Becker-Lenz, Rolf/Müller-Hermann, Silke: Die Notwendigkeit von wissenschaftlichem Wissen und die Bedeutung eines professionellen Habitus für die Berufspraxis der Sozialen Arbeit. In: Becker-Lenz, Rolf u. a. (Hrsg.): Professionalität in der Sozialen Arbeit. Wiesbaden 2013, S. 203–229
Benner, Dietrich: Allgemeine Pädagogik. Weinheim, Basel 2012
Böllert, Karin: Prävention und Intervention. In: Otto, Hans-Uwe/Thiersch, Hans/Treptow, Rainer/Ziegler, Holger (Hrsg.): Handbuch Soziale Arbeit. München, Basel 2018, S. 1185–1190
Bollnow, Otto Friedrich: Die pädagogische Atmosphäre. Hamburg 2001
Bossong, Horst: Sozialverwaltung. Weinheim, München 2010
Braun, Andrea/Graßhoff, Gunther/Schweppe, Cornelia: Sozialpädagogische Fallarbeit. München, Basel 2011
Braun, Andrea/Lanzen, Vera/Schweppe, Cornelia: Junge Menschen, Geld, Schulden. In: Aus Politik und Zeitgeschichte 1–2/2016, S. 36–41
Brumlik, Micha: Advokatorische Ethik. Berlin, Wien 2004
Buchwald, Petra/Schwarzer, Christine/Hobfoll Stevan E. (Hrsg.): Stress gemeinsam bewältigen. Ressourcenmanagement und multiaxiales Coping. Göttingen 2004
Culley, Sue: Beratung als Prozess. Weinheim, Basel 2014
Dewe, Bernd: Reflexive Sozialarbeit im Spannungsfeld von evidenzbasierter Praxis und demokratischer Rationalität – Plädoyer für die handlungslogische Entfaltung reflexiver

Professionalität. In: Becker-Lenz, Rolf u. a. (Hrsg.): Professionalität in der Sozialen Arbeit. Wiesbaden 2013, S. 95–116

Dewe, Bernd/Otto, Hans-Uwe: Profession. In: Otto, Hans-Uwe/Thiersch, Hans/Treptow, Rainer/Ziegler, Holger (Hrsg.): Handbuch Soziale Arbeit. München, Basel 2018, S. 1191–1203

Dewe, Bernd/Scherr, Albert: Beratung und Beratungskommunikation. In: Neue Praxis 6/1990, S. 488–500

Dewe, Bernd/Schwarz, Martin P.: Beraten als professionelle Handlung und pädagogisches Phänomen. Hamburg 2013

Ebli, Hans: Wie es der Sozialen Arbeit gelang, die exklusive Zuständigkeit für die Bearbeitung von kreditspezifischen, finanziell schwierigen Situationen zu erhalten. In: Widersprüche Juni 2015, S. 53–63

Ebli, Hans/Herzog, Kerstin: Schuldnerberatung. In: Giesecke, Wiltrud/Nittel, Dieter (Hrsg.): Handbuch Pädagogische Beratung über die Lebensspanne. Weinheim, Basel 2016, S. 724–736

Bundesministerium für Arbeit und Soziales (Hrsg.): Fünfter Armuts- und Reichtumsbericht der Bundesregierung, Berlin 2017

Fine, Sara F./Glasser, Paul H.: The First Helping Interview. California 1996

Finis Siegler, Beate: Ökonomik Sozialer Arbeit. Freiburg 2009

Fischer, Roger/Urie, William/Patton, Bruce: Das Harvard-Konzept. Frankfurt 2015

Flückinger, Christoph/Wüsten, Günter: Ressourcenaktivierung. Bern 2015

Frommann, Anne/Schramm, Dieter/Thiersch, Hans: Sozialpädagogische Beratung. In: Zeitschrift für Pädagogik, 5/1976, S. 715–741

Gängler, Hans/Liebig, Manuela: Lehren und Lernen in der Sozialpädagogik. In: Kessl, Fabian/Kruse, Elke/Stövesand, Sabine/Thole, Werner (Hrsg.): Soziale Arbeit – Kernthemen und Problemfelder. Opladen, Toronto 2017, S. 253–260

Galuske, Michael: Methoden der Sozialen Arbeit. Weinheim, München 2013

Gastiger, Sigmund/Stark, Marius (Hrsg.): Schuldnerberatung – eine ganzheitliche Aufgabe für methodische Sozialarbeit. Freiburg 2012

Geiger, Udo: Leitfaden zum Arbeitslosengeld II. Frankfurt 2017

Giesecke, Herrmann: Pädagogik als Beruf. Weinheim, Basel 2015

Giesecke, Wiltrud/Nittel, Dieter (Hrsg.): Handbuch Pädagogische Beratung über die Lebensspanne. Weinheim, Basel 2016

Gitterman, Alex/Germain, Carel B.: The Life Model of Social Work Practice. New York 2008

Glasl, Friedrich: Konfliktmanagement. Stuttgart 2013

Göhlich, Michael/Wulf, Christoph/Zirfas, Jörg (Hrsg.): Pädagogische Theorien des Lernens. Weinheim, Basel 2007

Gordon, Thomas: Gute Beziehungen. Stuttgart 2017

Grunwald, Klaus/Thiersch, Hans: Lebensweltorientierung. In: dies. (Hrsg.): Praxishandbuch Lebensweltorientierte Soziale Arbeit. Weinheim, Basel 2016, S. 24–64

Grunwald, Klaus/Thiersch, Hans (Hrsg.): Praxishandbuch Lebensweltorientierte Soziale Arbeit. Weinheim, Basel 2016

Praxishandbuch Schuldnerberatung. Loseblattsammlung. Hrsg. von Groth, Ulf/Hornung, Rita/Maltry, Christian/Richter, Claus/Zimmermann, Dieter/Zipf, Thomas

Heiner, Maja: Kompetent handeln in der Sozialen Arbeit. München 2010

Heiner, Maja: Diagnostik in der Sozialen Arbeit: Zielsetzung, Gegenstand und Dimensionen. In: Archiv für Wissenschaft und Praxis der sozialen Arbeit 4/2010, S. 14–28

Heiner, Maja: Diagnostik in der Sozialen Arbeit. In: Otto, Hans-Uwe/Thiersch, Hans/Treptow, Rainer/Ziegler, Holger (Hrsg.): Handbuch Soziale Arbeit. München, Basel 2018, S. 242–255

Heinold, Hubert: Das neue Rechtsdienstleistungsgesetz. Frankfurt 2008

Hergenröder, Curt Wolfgang (Hrsg.): Unwirtschaftliche Haushaltsführung. Wiesbaden 2015

Herriger, Norbert: Empowerment in der Sozialen Arbeit. Stuttgart 2014

Herzog, Kerstin: Schulden und Alltag. Münster 2015

Hobfoll, Stevan E./Buchwald, Petra: Die Theorie der Ressourcenerhaltung und das multiaxiale Copingmodell – eine innovative Stresstheorie. In: Buchwald, Petra/Schwarzer, Christine/Hobfoll Stevan E. (Hrsg.): Stress gemeinsam bewältigen. Ressourcenmanagement und multiaxiales Coping. Göttingen 2004, S. 11–26
Hurrelmann, Klaus/Bauer, Ullrich: Einführung in die Sozialisationstheorie. Weinheim, Basel 2015
iff-Überschuldungsreport 2016 – Überschuldung in Deutschland. Hrsg. vom Institut für Finanzdienstleistungen e. V., erstellt von: Ulbricht, Dirk u. a. Online (29.03.2018)
Jahn, Wilfried: Schuldenregulierung. In: Gastiger, Sigmund/Stark, Marius (Hrsg.): Schuldnerberatung – eine ganzheitliche Aufgabe für methodische Sozialarbeit. Freiburg 2012, S. 75–82
Joachimiak, Walter: Erstmals hochgerechnete Ergebnisse der Überschuldungsstatistik. In: Statistisches Bundesamt/WISTA 2/2016, S. 26–34
Just, Werner: Schuldnerberatung ist Sozialarbeit. In: Gastiger, Sigmund/Stark, Marius (Hrsg.): Schuldnerberatung – eine ganzheitliche Aufgabe für methodische Sozialarbeit. Freiburg 2012, S. 13–18
Kähler, Harro Dietrich/Gregusch, Petra: Erstgespräche in der fallbezogenen Sozialen Arbeit. Freiburg 2015
Kaufmann, Franz Xaver: Konzept und Formen sozialer Intervention. In: Albrecht, Günter/Groenemeyer, Axel (Hrsg.): Handbuch soziale Probleme, Band 2. Wiesbaden 2012, S. 1285–1306
Kessl, Fabian/Kruse, Elke/Stövesand, Sabine/Thole, Werner (Hrsg.): Soziale Arbeit – Kernthemen und Problemfelder. Opladen, Toronto 2017
Kreft, Dieter/Mielenz, Ingrid: Wörterbuch Soziale Arbeit. Weinheim, Basel 2017
Lackmann, Frank/Binner, Esther: Schulden erfolgreich bewältigen. Hrsg. von der Bundesarbeitsgemeinschaft Schuldnerberatung e. V., München 2017
Langbahn, Martin: Krisenintervention. In: Gastiger, Sigmund/Stark, Marius (Hrsg.): Schuldnerberatung – eine ganzheitliche Aufgabe für methodische Sozialarbeit. Freiburg 2012, S. 33–68
Langer, Inghard/Schulz von Thun, Friedemar/Tausch, Reinhard: Sich verständlich ausdrücken. München, Basel 2015
Lenz, Karl/Nestmann, Frank: Handbuch persönliche Beziehungen. Weinheim, München 2009
Lenz, Karl/Nestmann, Frank: Persönliche Beziehungen. In: dies. (Hrsg.): Handbuch persönliche Beziehungen. Weinheim, München 2009, S. 9–29
Lishman, Jouce: Communication in Social Work. New York 2009
Loibl, Cäzilia: Internationale Ansätze der Überschuldungsprävention aus verhaltensökonomischer Sicht. In: SchuldnerAtlas Deutschland 2017. Überschuldung von Verbrauchern. Hrsg. von Creditreform Wirtschaftsforschung, S. 43–53
Lutz, Ronald: Soziale Erschöpfung. Weinheim, Basel 2014
Mania, Evelina/Tröster, Monika: Finanzielle Grundbildung. Bielefeld 2015
Mantseris, Nicolas: Ursachen der Überschuldung. In: Gastiger, Sigmund/Stark, Marius (Hrsg.): Schuldnerberatung – eine ganzheitliche Aufgabe für methodische Sozialarbeit. Freiburg 2012, S. 19–22
Mantseris, Nicolas: Entwicklung der Überschuldung privater Haushalte. In: BAG-SB Informationen 4/2017, S. 238–243
McLeod, John: Counselling – eine Eiführung in die Beratung. Tübingen 2004
Mecheril, Paul/Plößer, Melanie: Diversity und Soziale Arbeit. In: Otto/Thiersch 2015, S. 322-331
Miller, William R./Rollnick, S.: Motivierende Gesprächsführung. Freiburg 2015
Müller, Burkhard: Sozialpädagogisches Können. Freiburg 2012
Münchmeier, Richard: Einmischungsstrategie. In: Kreft/Mielenz 2017, S. 244–246
Mutzeck, Wolfgang: Kooperative Beratung. Weinheim, Basel 2014
Nestmann, Frank/Engel, Frank/Sickendiek Ursel (Hrsg.): Das Handbuch der Beratung. Band 3, Tübingen 2013

Noyon, Alexander/Heidenreich, Thomas: Schwierige Gespräche in Therapie und Beratung. Weinheim, Basel 2009
Oberloskamp, Helga/Borg-Laufs, Michael/Röchling, Walter/Seidenstücker, Barbara: Gutachtliche Stellungnahmen in der Sozialen Arbeit. Weinheim, Basel 2017
Otto, Hans-Uwe/Thiersch, Hans/Treptow, Rainer/Ziegler, Holger (Hrsg.): Handbuch Soziale Arbeit. München, Basel 2018
Overwien, Bernd: Informelles Lernen. In: Göhlich, Michael/Wulf, Christoph/Zirfas, Jörg (Hrsg.): Pädagogische Theorien des Lernens. Weinheim, Basel 2007, S. 119–132
Pantucek, Peter: Lebensweltorientierte Individualhilfe. Freiburg 1998
Pantucek, Peter: Soziale Diagnostik. Wien, Köln, Weimar 2012
Papenheim, Heiz-Gert/Baltes, Joachim/Dern, Susanne/Palsherm, Ingo.: Verwaltungsrecht für die soziale Praxis. Frankfurt 2015
Payne, Malcom: Modern Social Work Theory. New York 2014
Regehr, Cheryl: Crisis Theory and Social Work Treatment. In: Turner, Francis J. (Hrsg.): Social Work Treatment. New York 2011, S. 134–143
Rosenberg, Marshall B.: Gewaltfreie Kommunikation. Eine Sprache des Lebens. Paderborn 2016
Rein, Andreas: Qualität kostet Geld – Zur Finanzierung und rechtlichen Verankerung der Schuldnerberatung. In: BAG-SB Informationen 2/2013, S. 116–127
Saleeby, Dennis (Hrsg.): The Strength Perspective in Social Work Practice. Boston 2009
Saleeby, Dennis: Power in the People. In: ders. (Hrsg.): The Strength Perspective in Social Work Practice. Boston 2009a, S. 1–21
Saleeby, Dennis: The Strengths Approach to Practice. In: ders. (Hrsg.): The Strength Perspective in Social Work Practice. Boston 2009b, S. 93–107
Sander, Klaus/Ziebertz, Thorsten (2010): Personenzentrierte Beratung. Weinheim, München 2010
Schaarschuch, Andreas: Theoretische Grundelemente Sozialer Arbeit als Dienstleistung. In: Neue Praxis 6/1999, S. 543–560
Schemmel, Heike/Schaller, Johannes (Hrsg.): Ressourcen. Ein Hand- und Lehrbuch zur therapeutischen Arbeit. Tübingen 2003
Schiepek, Günter/Cremers, Sandra: Ressourcenorientierung und Ressourcendiagnostik in der Psychotherapie. In: Schemmel, Heike/Schaller, Johannes (Hrsg.): Ressourcen. Ein Hand- und Lehrbuch zur therapeutischen Arbeit. Tübingen 2003, S. 147–195
Schilling, Johannes: Didaktik/Methodik Sozialer Arbeit. München, Basel 2016
Schmid Noerr, Gunzelin: Ethik in der Sozialen Arbeit. Stuttgart 2012
Schruth, Peter u. a. (Hrsg.): Schuldnerberatung in der Sozialen Arbeit. Weinheim, München 2011
Schruth, Peter: Schuldnerberatung als Aufgabe der Sozialen Arbeit. In: ders. u. a. (Hrsg.): Schuldnerberatung in der Sozialen Arbeit. Weinheim, München 2011a, S. 17–37
Schruth, Peter: Finanzierung der Schuldnerberatung in der Sozialen Arbeit. In: ders. u. a. (Hrsg.): Schuldnerberatung in der Sozialen Arbeit. Weinheim, München 2011b, S. 87–108
SchuldnerAtlas Deutschland 2017. Überschuldung von Verbrauchern. Hrsg.: Creditreform Wirtschaftsforschung
Schwarze, Uwe: Schuldnerberatung – Profession zwischen Armenfürsorge und Insolvenzmanagement. In: Archiv für Wissenschaft und Praxis der sozialen Arbeit 1/1998, S. 32–52
Schwarze, Uwe: Schuldnerberatung: »Querschnittsaufgabe« im Geflecht von Verbraucherinsolvenz, aktivierender Arbeitsmarktpolitik und Sozialarbeit? Eine steuerungstheoretische Analyse. In: BAG-SB Informationen 2/2011, S. 76–92
Schwing, Rainer/Fryszer, Andreas: Systemisches Handwerk. Göttingen 2012
Seibert, Ulrich: Soziale Arbeit als Beratung. Weinheim, Basel 1978
Sickendiek, Ursel/Engel, Frank/Nestmann, Frank: Beratung: Eine Einführung in sozialpädagogische und psychosoziale Beratungsansätze. Weinheim, München 2008

Sickendiek, Ursel: Diversität in der Beratung: Unterschiedlichen Lebenswelten gerecht werden. In: Nestmann, Frank/Engel, Frank/Sickendiek Ursel (Hrsg.): Das Handbuch der Beratung. Band 3, Tübingen 2013, S. 1429–1447
Sonneck, Gernot/Kapusta, Nestor/Tomandl, Gerald/Voracek, Martin (Hrsg.): Krisenintervention und Suizidverhütung. Wien 2012
Spiegel, Hitrud von: Methodisches Handeln in der Sozialen Arbeit. München 2008
Stark, Marius: Von der Existenzsicherung zur professionellen Schuldnerberatung. Die Geschichte eines jungen Arbeitsfeldes in der Schuldnerberatung. In: Gastiger, Sigmund/Stark, Marius (Hrsg.): Schuldnerberatung – eine ganzheitliche Aufgabe für methodische Sozialarbeit. Freiburg 2012, S. 7–11
Statistisches Bundesamt 2017: Statistik zur Überschuldung privater Personen 2016
Staub-Bernasconi, Silvia: Soziale Arbeit als Handlungswissenschaft. Bern 2007
Stein, Claudius: Psychotherapeutische Krisenintervention. Tübingen 2015
Stimmer, Franz/Weinhardt, Marc: Fokussierte Beratung in der Sozialen Arbeit. München 2010
Stimmer, Franz/Ansen, Harald: Beratung in psychosozialen Arbeitsfeldern. Stuttgart 2016
Turner, Francis J. (Hrsg.): Social Work Treatment. New York 2011
Westerath, Jürgen/Wolkowski, Boris: Konsum und Überschuldung. In: Schruth, Peter u. a. (Hrsg.): Schuldnerberatung in der Sozialen Arbeit. Weinheim, München 2011, S. 186–236
Widulle, Wolfgang: Gesprächsführung in der Sozialen Arbeit. Wiesbaden 2012
Zier, Ulrike/Letzel, Stephan/Münster, Eva: Probleme der Erfassung von Überschuldungsgründen am Beispiel der Ursachen »unwirtschaftliche Haushaltsführung« und »Krankheit«. In: Hergenröder, Curt Wolfgang (Hrsg.): Unwirtschaftliche Haushaltsführung. Wiesbaden 2015, S. 219–245

Marion Laging

Soziale Arbeit in der Suchthilfe

Grundlagen – Konzepte – Methoden

2018. 204 Seiten, 10 Abb., 12 Tab. Kart. € 28,-
ISBN 978-3-17-031707-9

auch als EBOOK

Grundwissen Soziale Arbeit, Band 28

Suchthilfe und Suchtprävention sind zentrale Tätigkeitsfelder für Fachkräfte der Sozialen Arbeit. Das Wissen um Suchtgefährdung und der fachliche Umgang mit missbrauchenden und abhängigen Menschen sind angesichts der Risiko-Klientel in vielen Bereichen der Sozialen Arbeit (z.B. der Wohnungslosenhilfe, Jugendhilfe) wesentlicher Bestandteil des Berufsprofils. Das Buch ist angelegt als systematisches Grundlagenwerk zur Sozialen Arbeit in der Suchthilfe und Suchtprävention. Es entfaltet die Theorie und die relevanten Wissensbestände in enger Ausrichtung auf ihre Bedeutung für die Bewältigung beruflicher Anforderungen und stellt die dafür notwendigen Handlungskonzepte anschaulich vor.

Dr. Marion Laging hat die Professur „Theorien und Konzepte der Sozialen Arbeit in der Suchtprävention und Suchthilfe" an der Hochschule Esslingen inne.

Leseproben und weitere Informationen unter www.kohlhammer.de

W. Kohlhammer GmbH
70549 Stuttgart